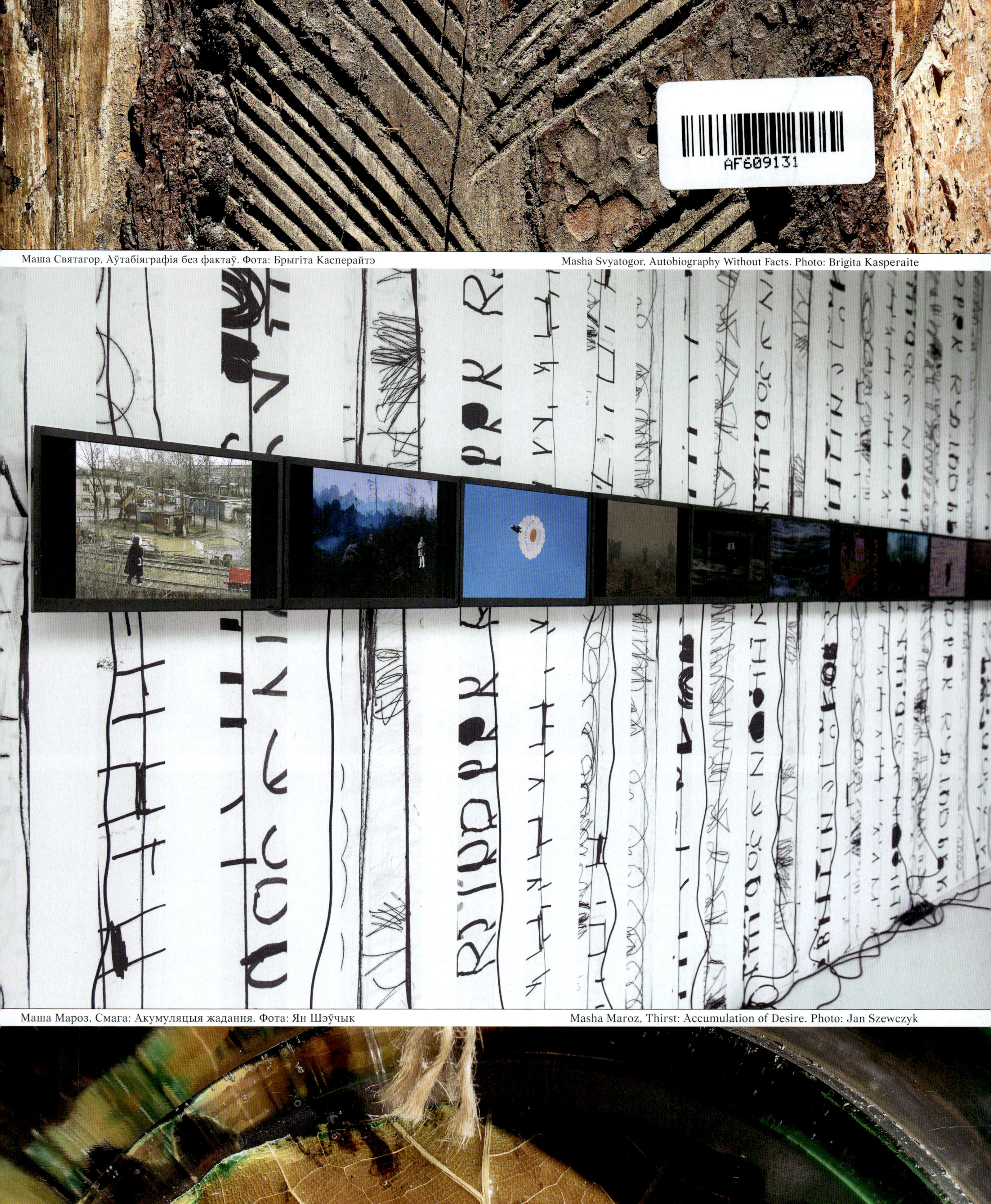

Маша Святагор. Аўтабіяграфія без фактаў. Фота: Брыгіта Касперайтэ

Masha Svyatogor. Autobiography Without Facts. Photo: Brigita Kasperaite

Маша Мароз. Смага: Акумуляцыя жадання. Фота: Ян Шэўчык

Masha Maroz. Thirst: Accumulation of Desire. Photo: Jan Szewczyk

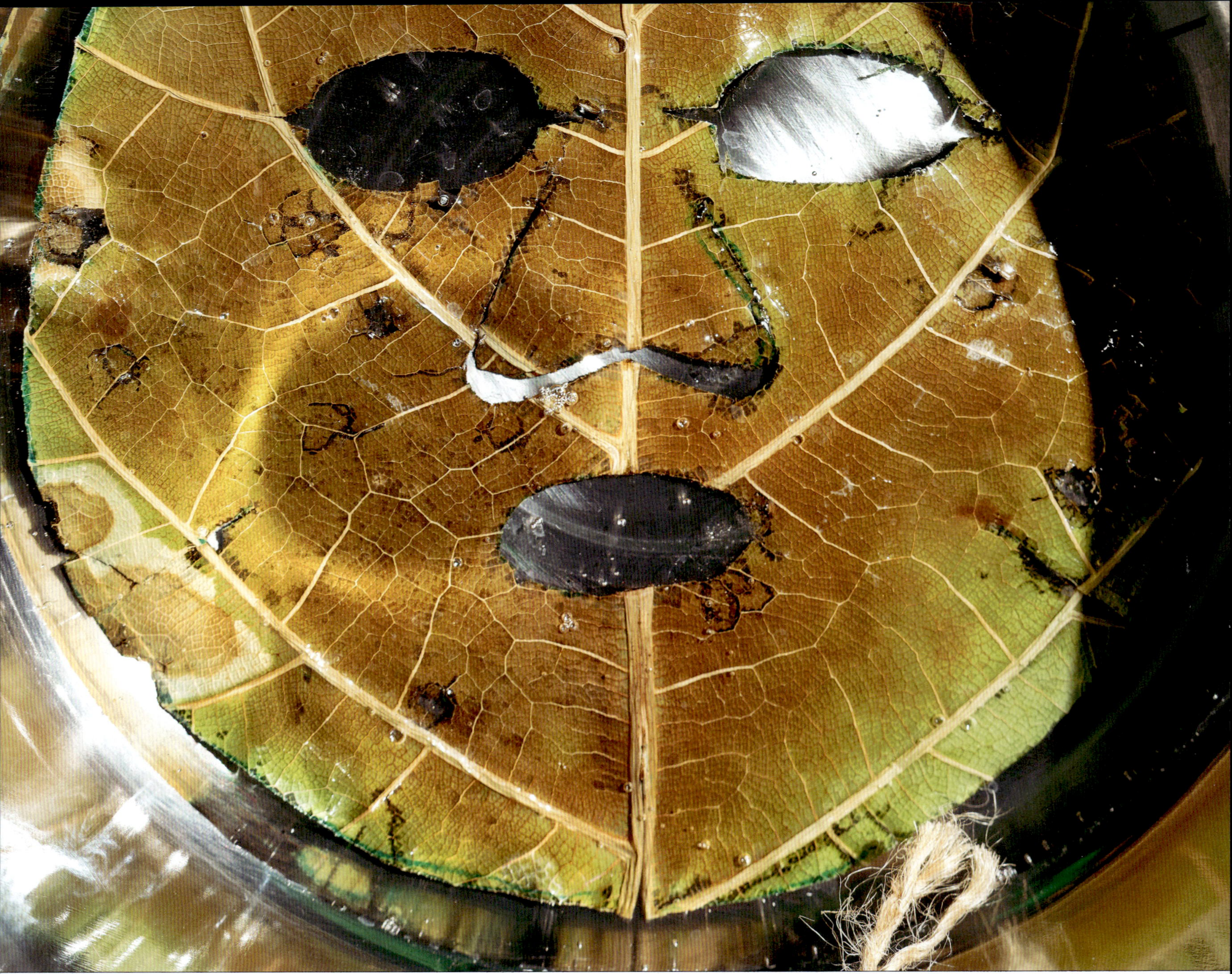

Эвеліна Домніч, Дзмітрый Гельфанд, ER=EPR. Фота: Ян Шэўчык

Evelina Domnitch, Dmitry Gelfand, ER=EPR. Photo: Jan Szewczyk

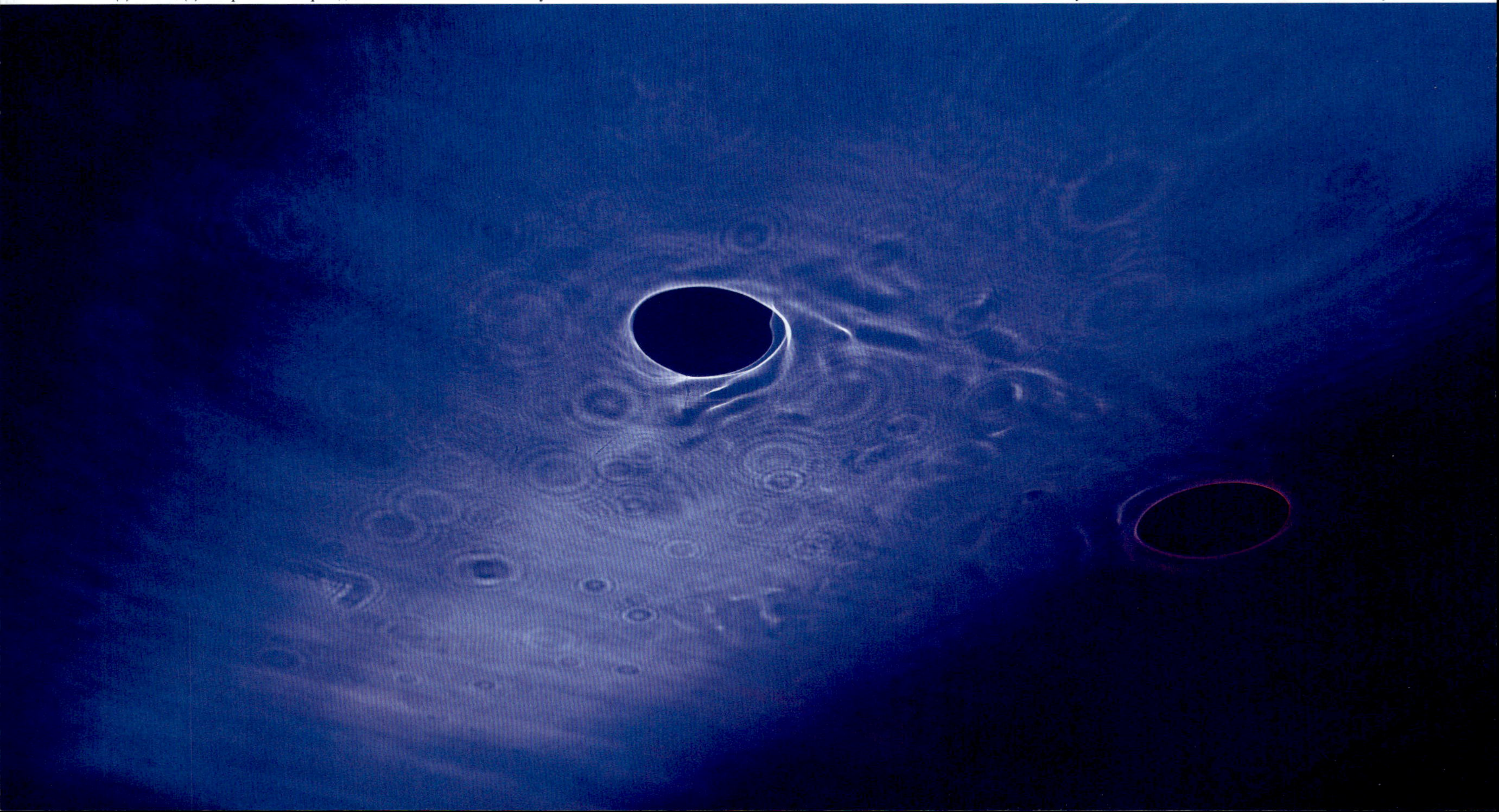

Базіната. Калі спячы прачнецца, свет стане іншым. Фота: Брыгіта Касперайтэ Bazinato. When the Sleeper Wakes, the World Will Be Different. Photo: Brigita Kasperaite

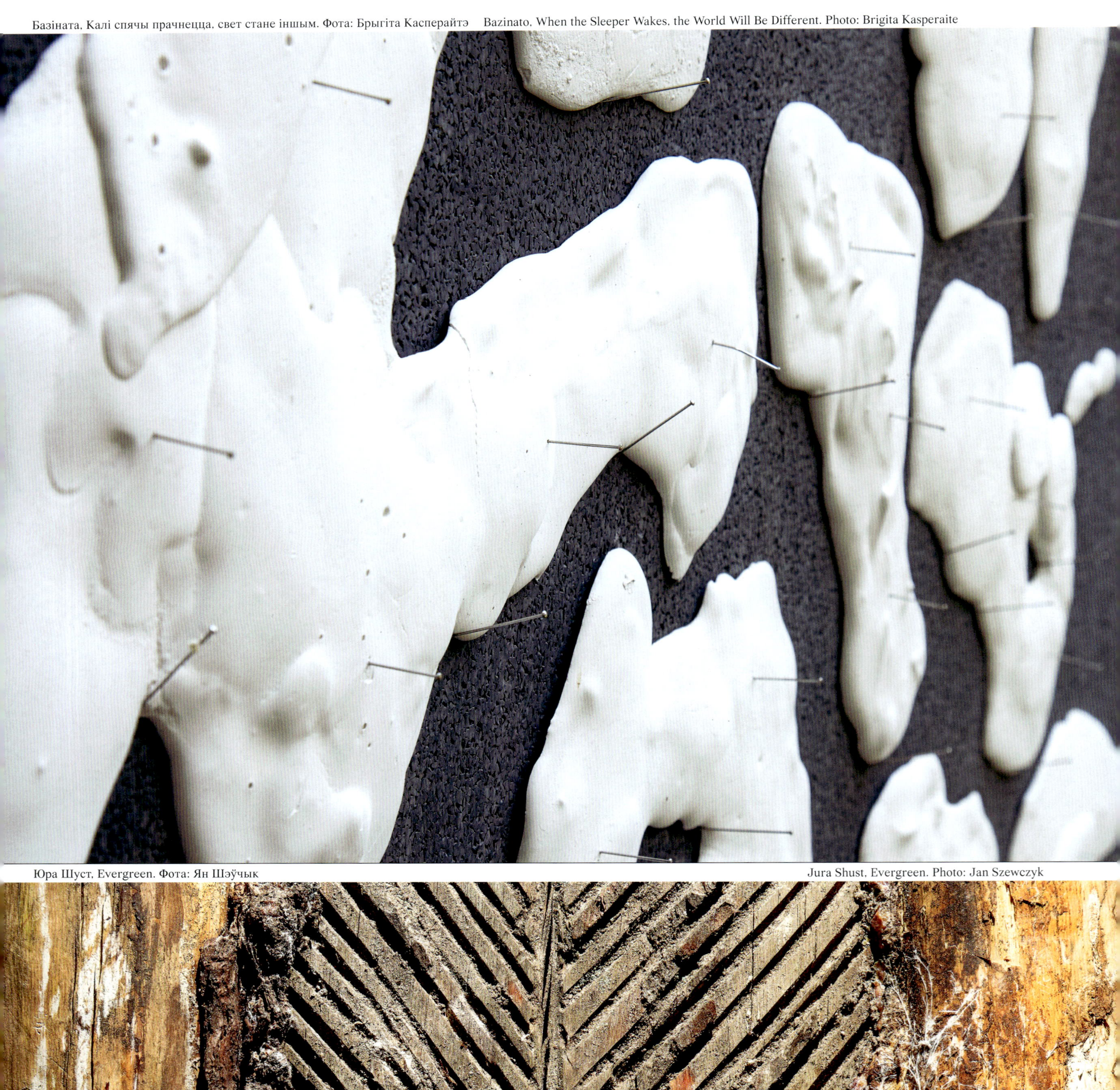

Юра Шуст. Evergreen. Фота: Ян Шэўчык Jura Shust. Evergreen. Photo: Jan Szewczyk

Сяргей Шабохін, Сады Мандрагоры. Фота: Брыгіта Касперайтэ

Sergey Shabohin, Mandrake Gardens. Photo: Brigita Kasperaite

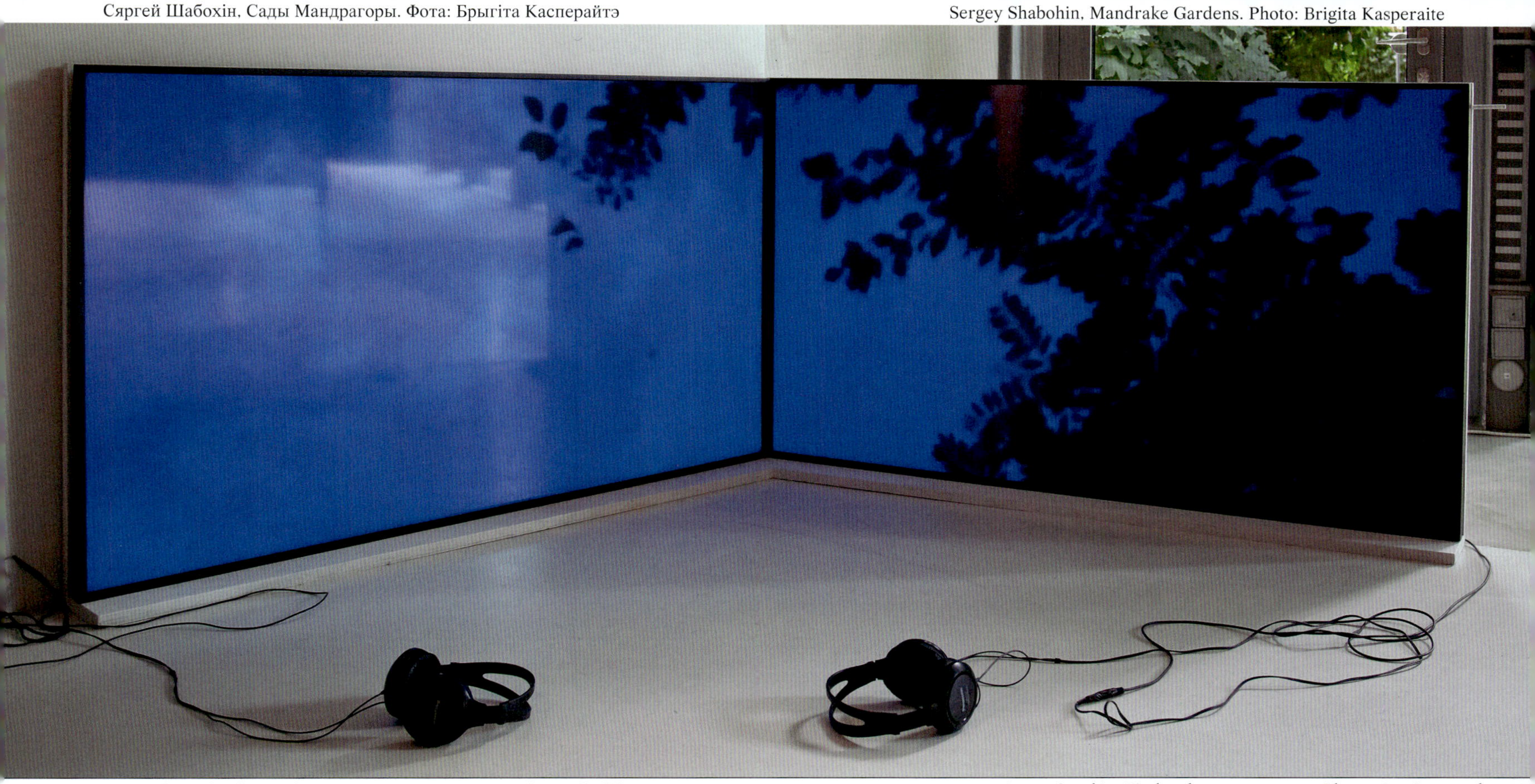

Антон Сарокін, Знайдзі месца, якому давяраеш ... Фота: Ян Шэўчык

Anton Sarokin, Find a place, you trust ... Photo: Jan Szewczyk

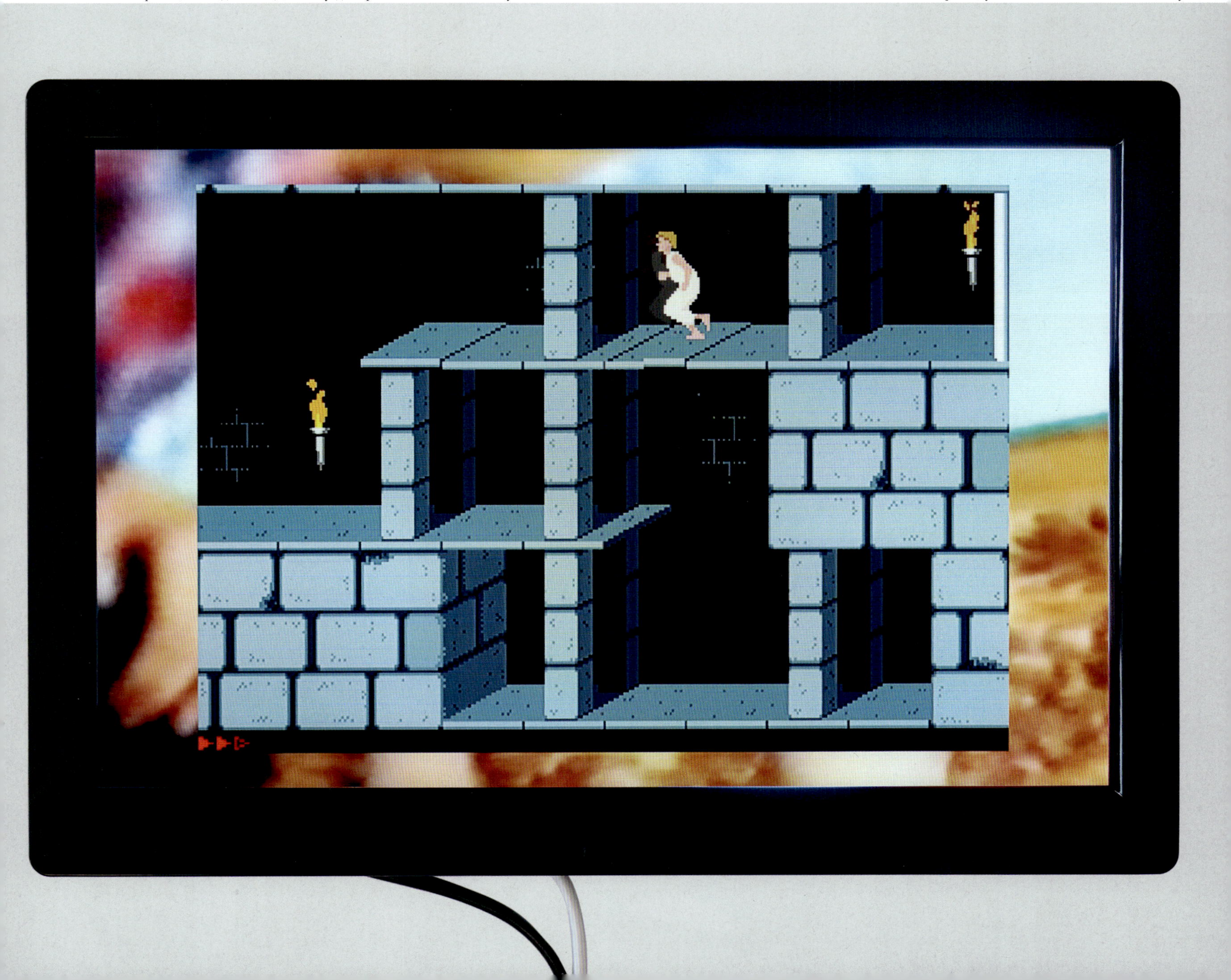

Вольга Сазыкіна. Дзённік дыхання. Міміка лёгкіх. Фота: Аляксандра Іванцыу Olga Sazykina, Diary of Breath. The Mimic of Lungs. Photo: Alexandra Ivanciu

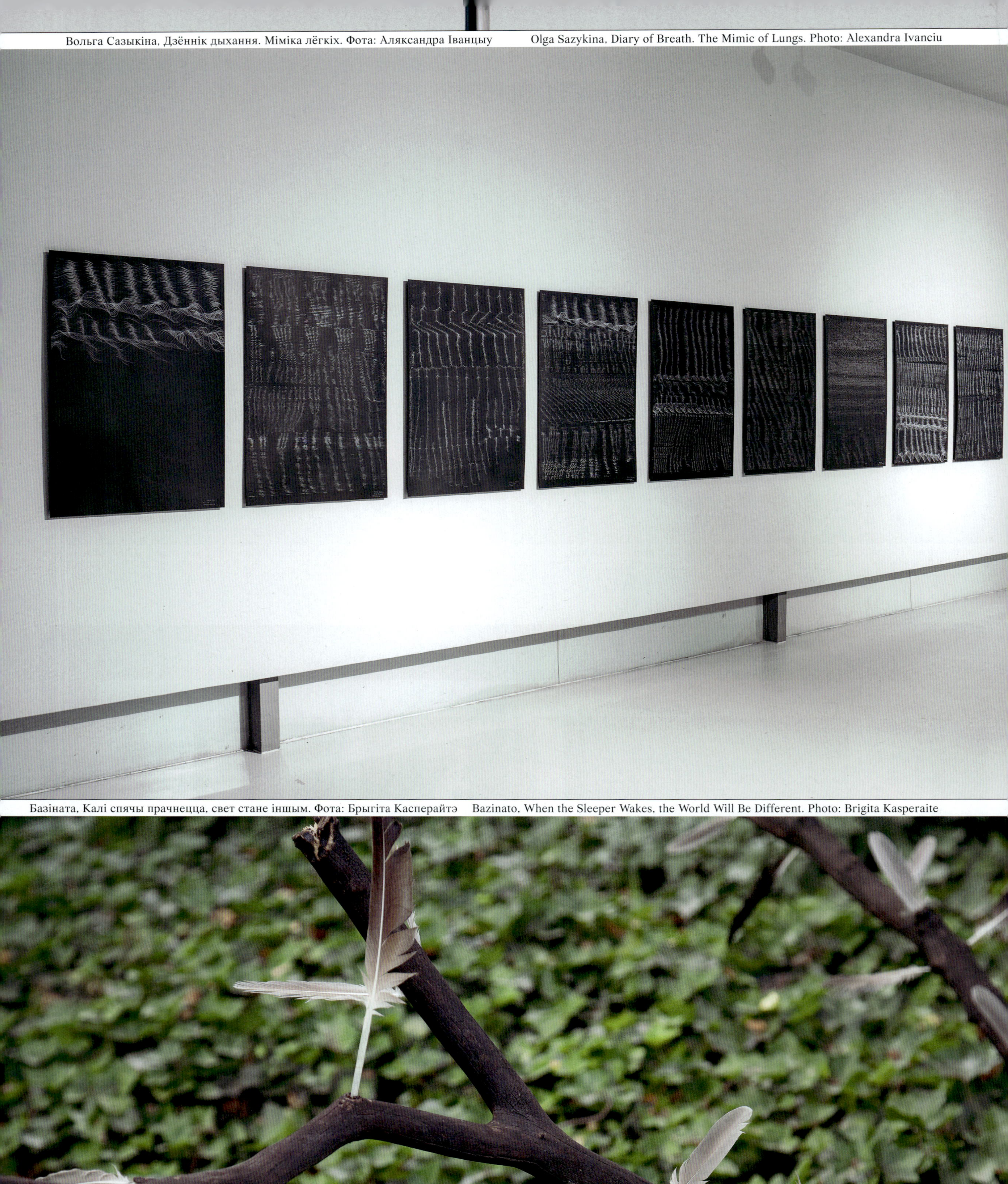

Базіната, Калі спячы прачнецца, свет стане іншым. Фота: Брыгіта Касперайтэ Bazinato, When the Sleeper Wakes, the World Will Be Different. Photo: Brigita Kasperaite

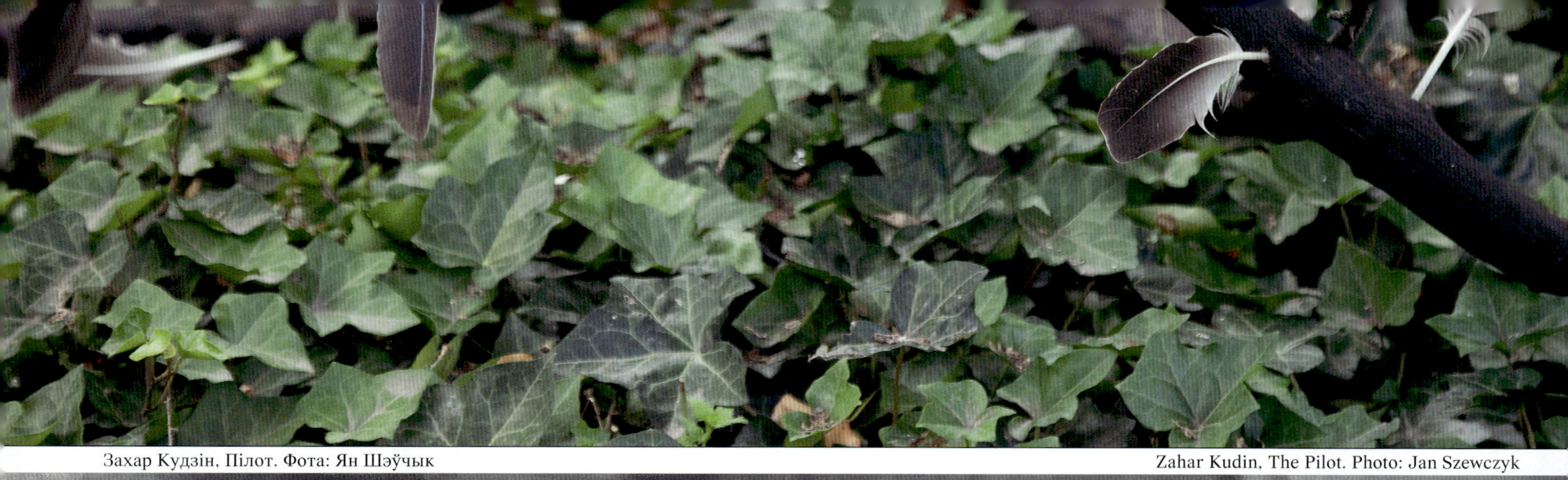

Захар Кудзін, Пілот. Фота: Ян Шаўчык

Zahar Kudin, The Pilot. Photo: Jan Szewczyk

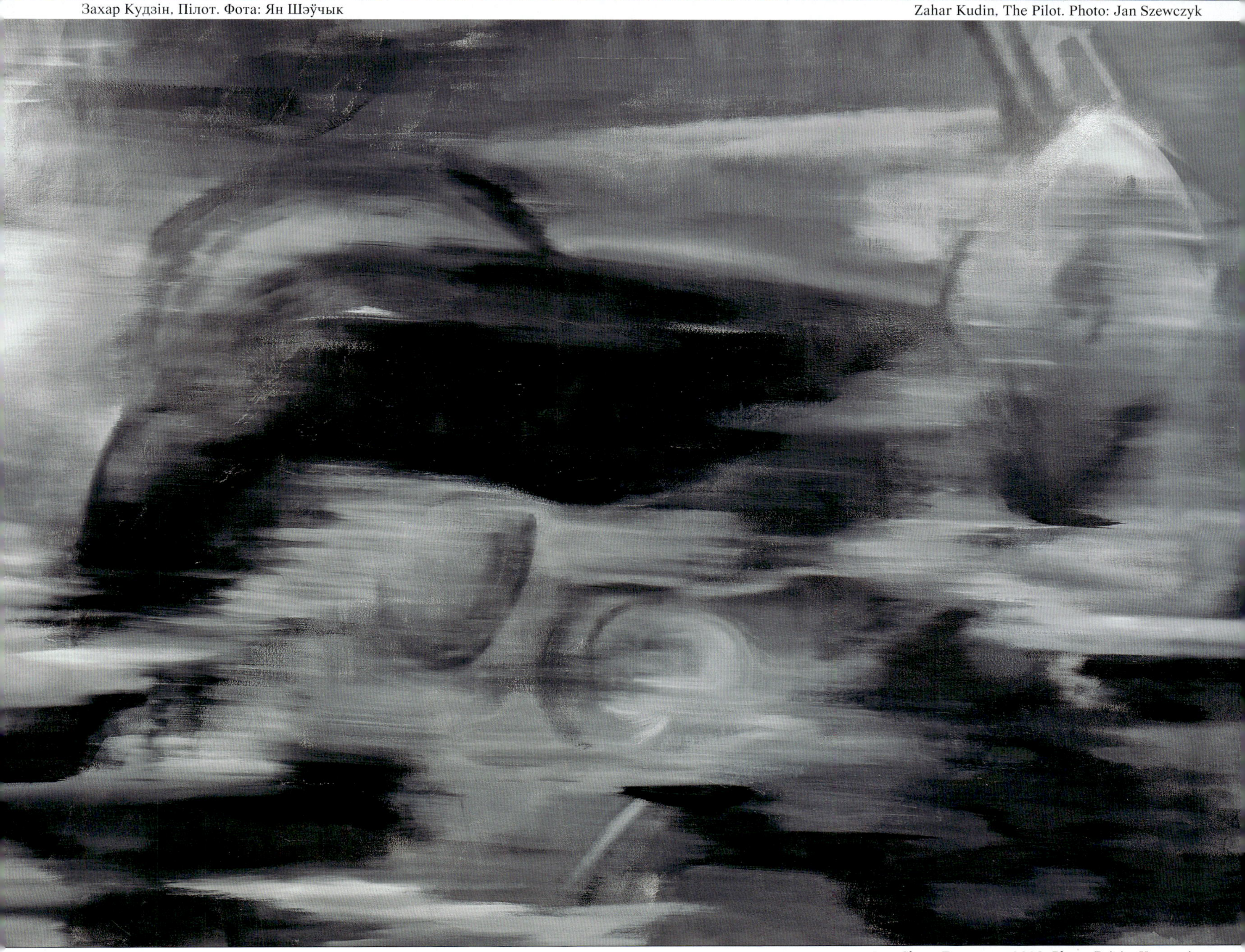

Юра Шуст, Evergreen, 2022. Фота: Брыгіта Касперайтэ

Jura Shust, Evergreen, 2022. Photo: Brigita Kasperaite

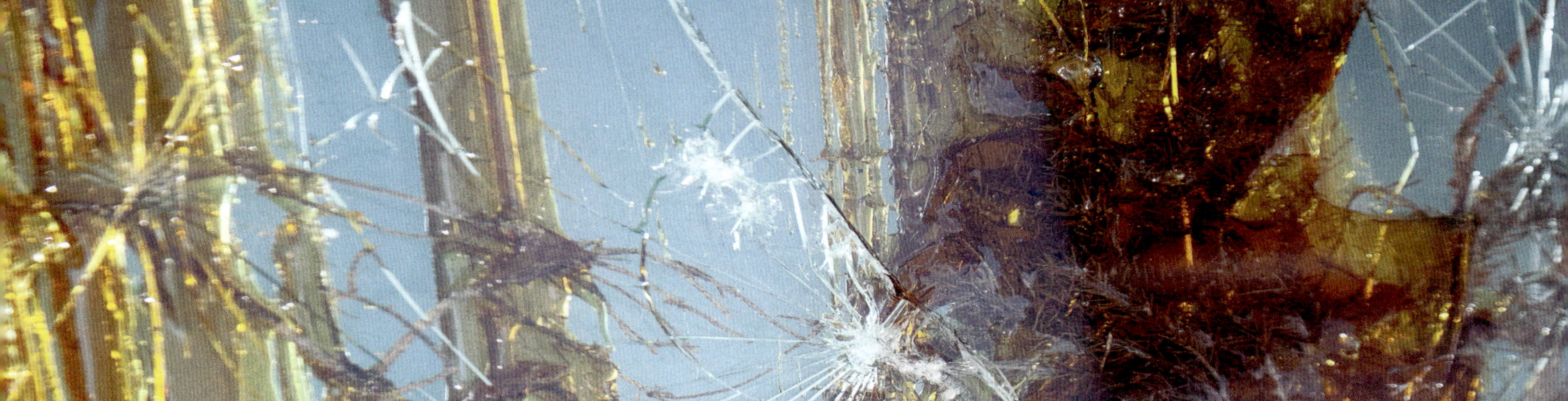

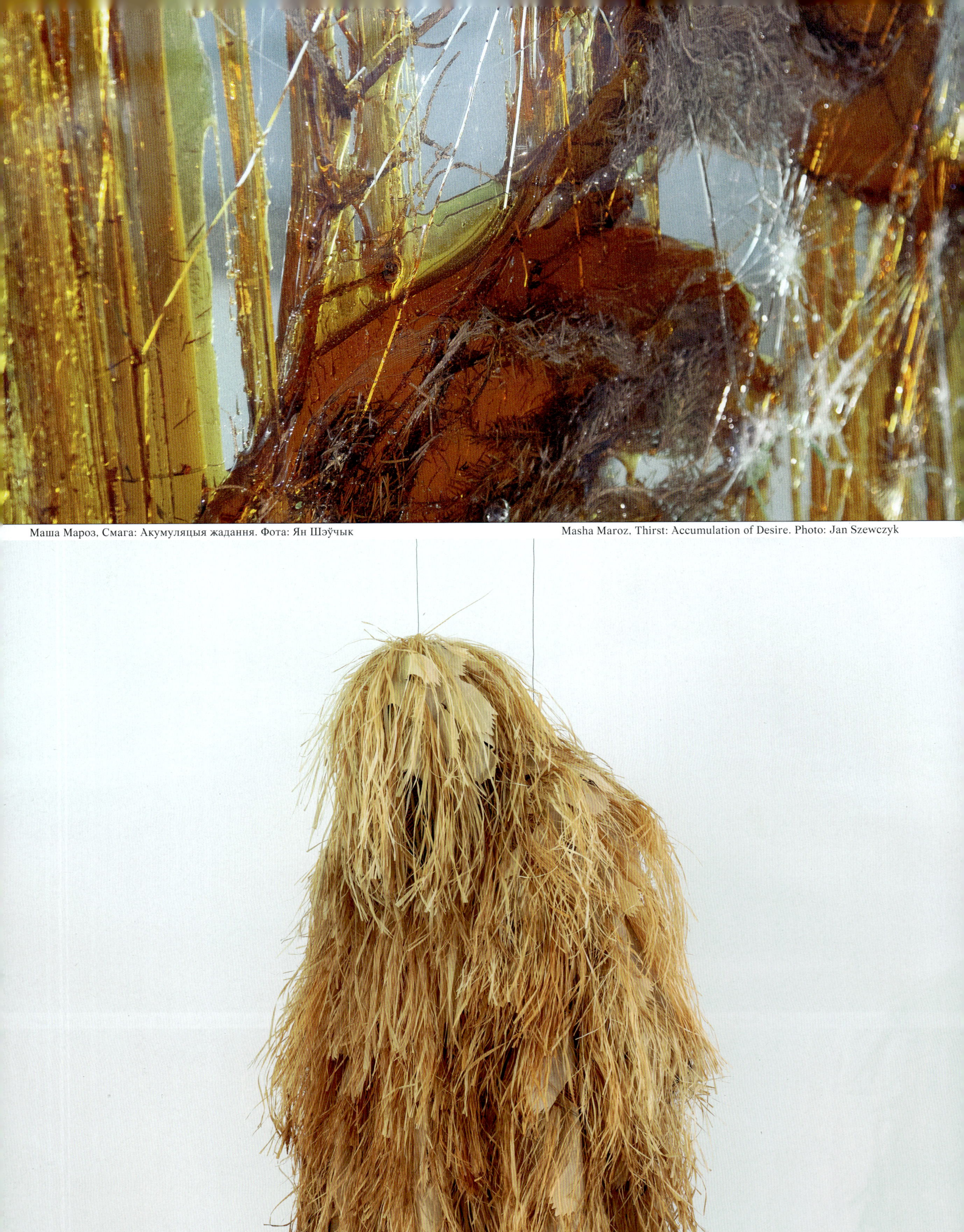

Маша Мароз. Смага: Акумуляцыя жадання. Фота: Ян Шэўчык

Masha Maroz. Thirst: Accumulation of Desire. Photo: Jan Szewczyk

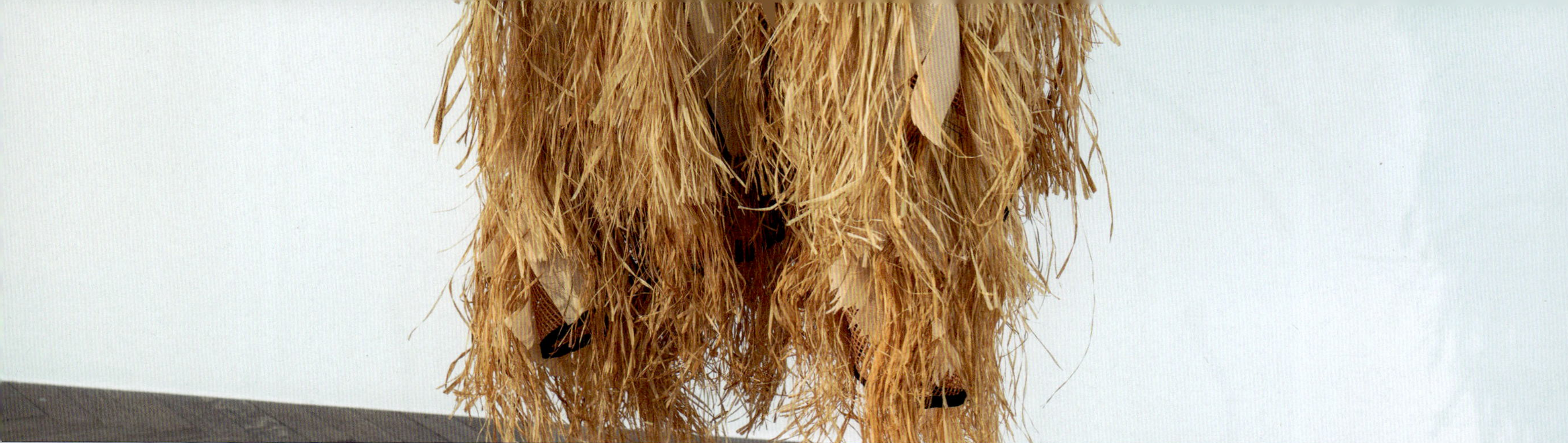

Базіната, Калі спячы прачнецца, свет стане іншым. Фота: Брыгіта Каспрайтэ Bazinato, When the Sleeper Wakes, the World Will Be Different. Photo: Brigita Kasperaite

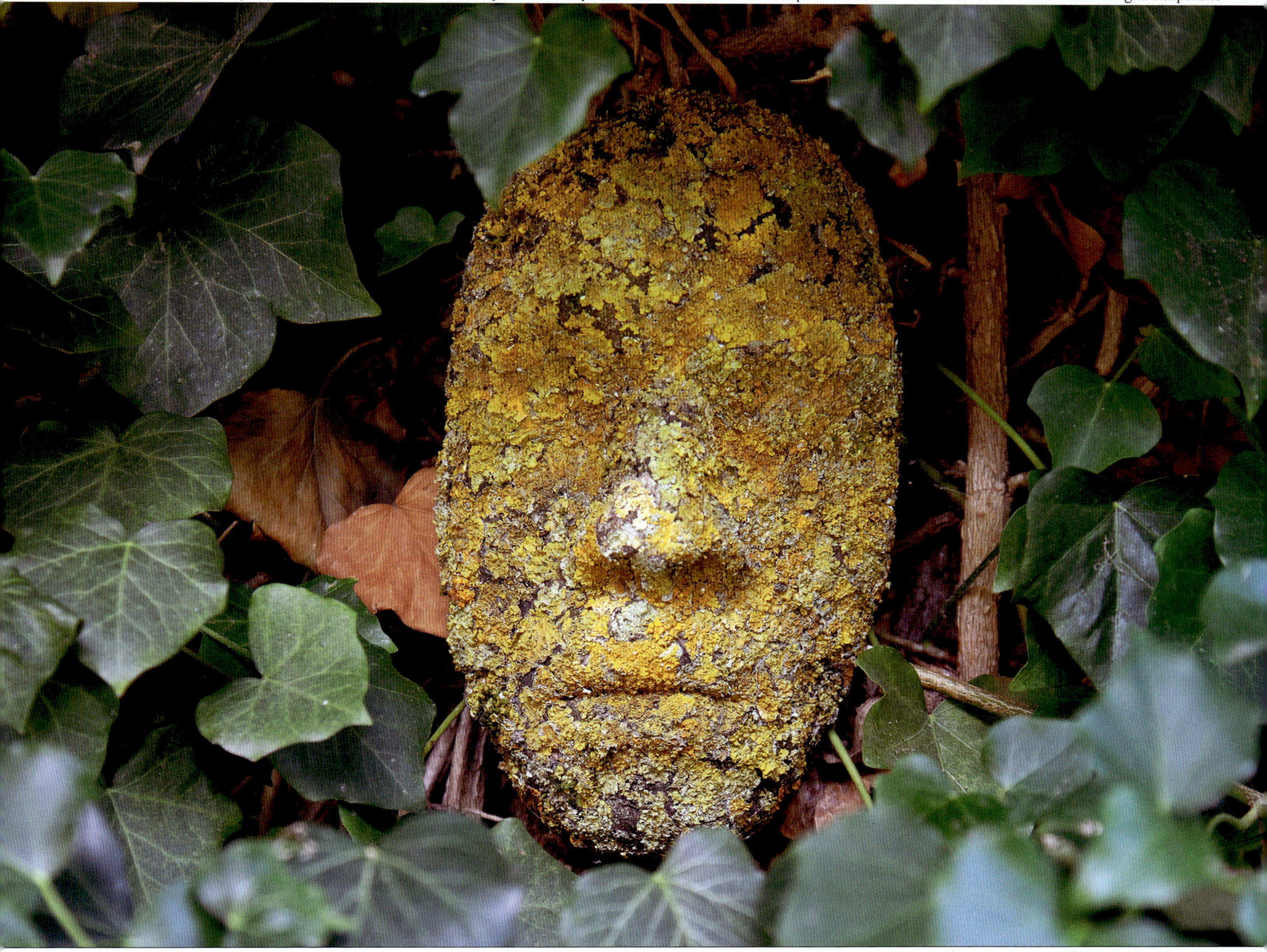

Юра Шуст, Evergreen. Фота: Брыгіта Каспрайтэ Jura Shust, Evergreen. Photo: Brigita Kasperaite

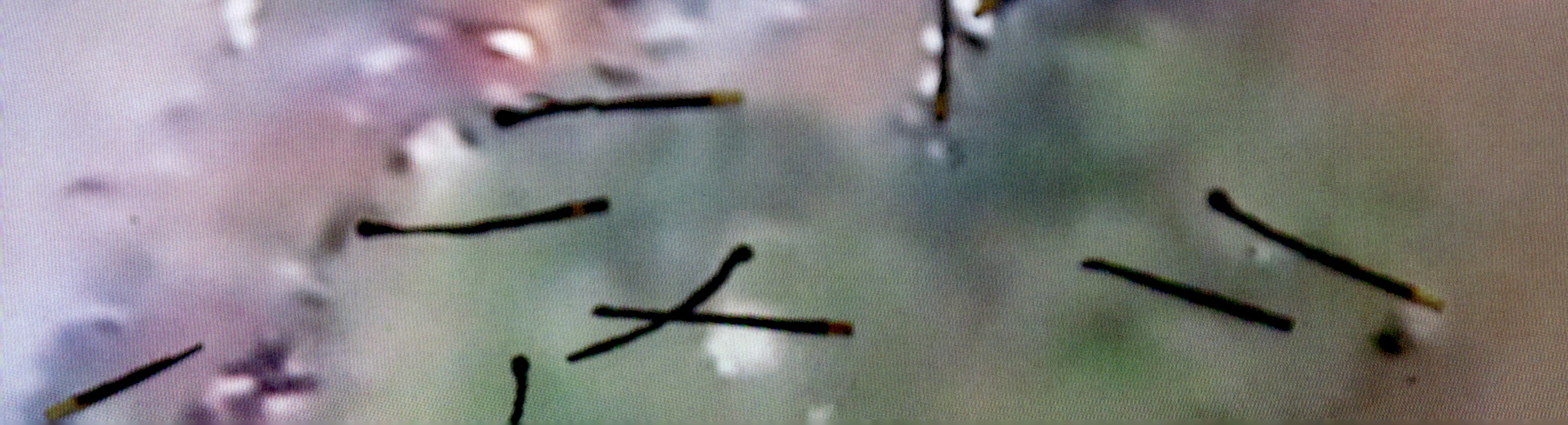

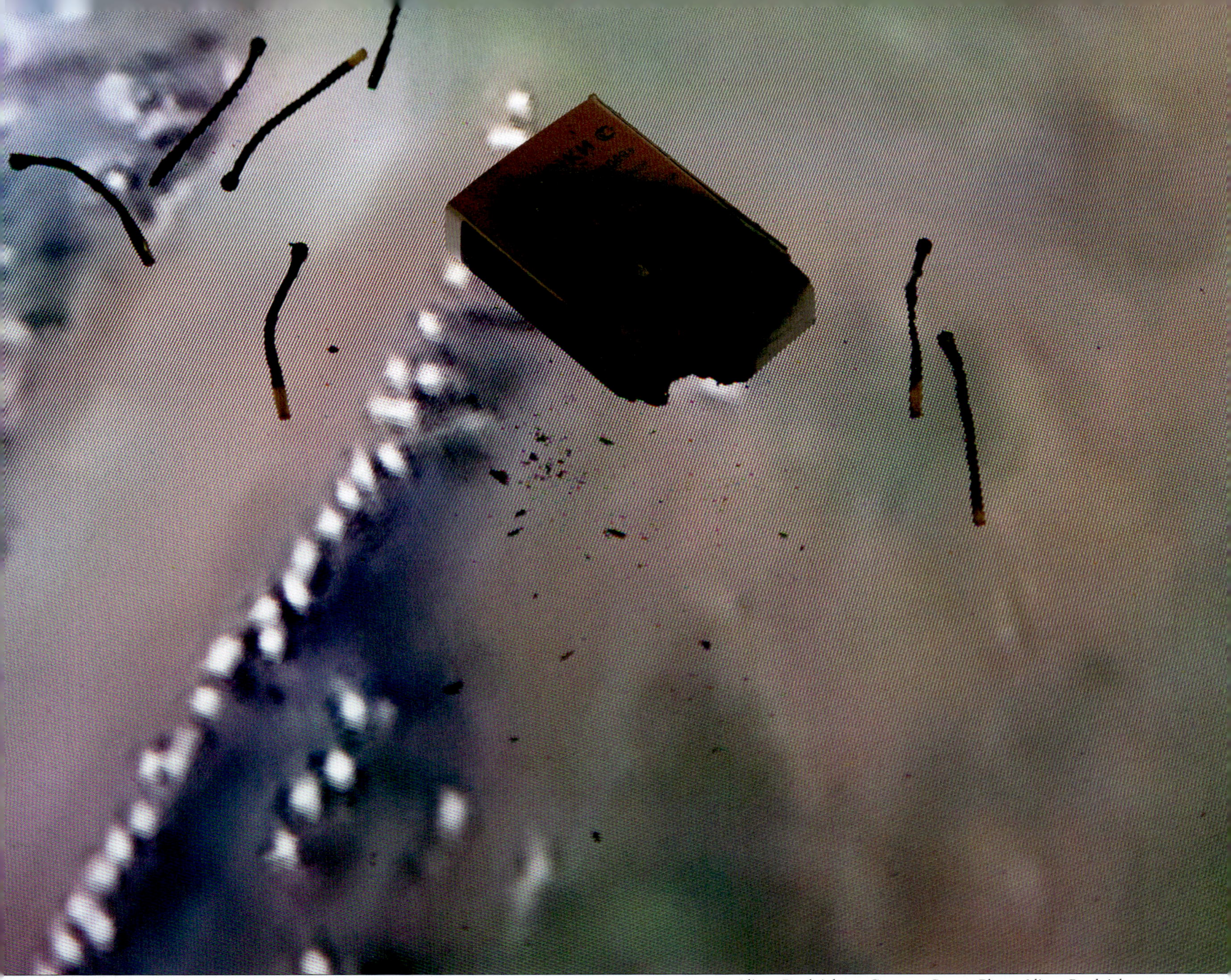

Алёна Пазднякова. Агульны сакрэт. Фота: Алёна Пазднякова

Aliona Pazdniakova. Common Secret. Photo: Aliona Pazdniakova

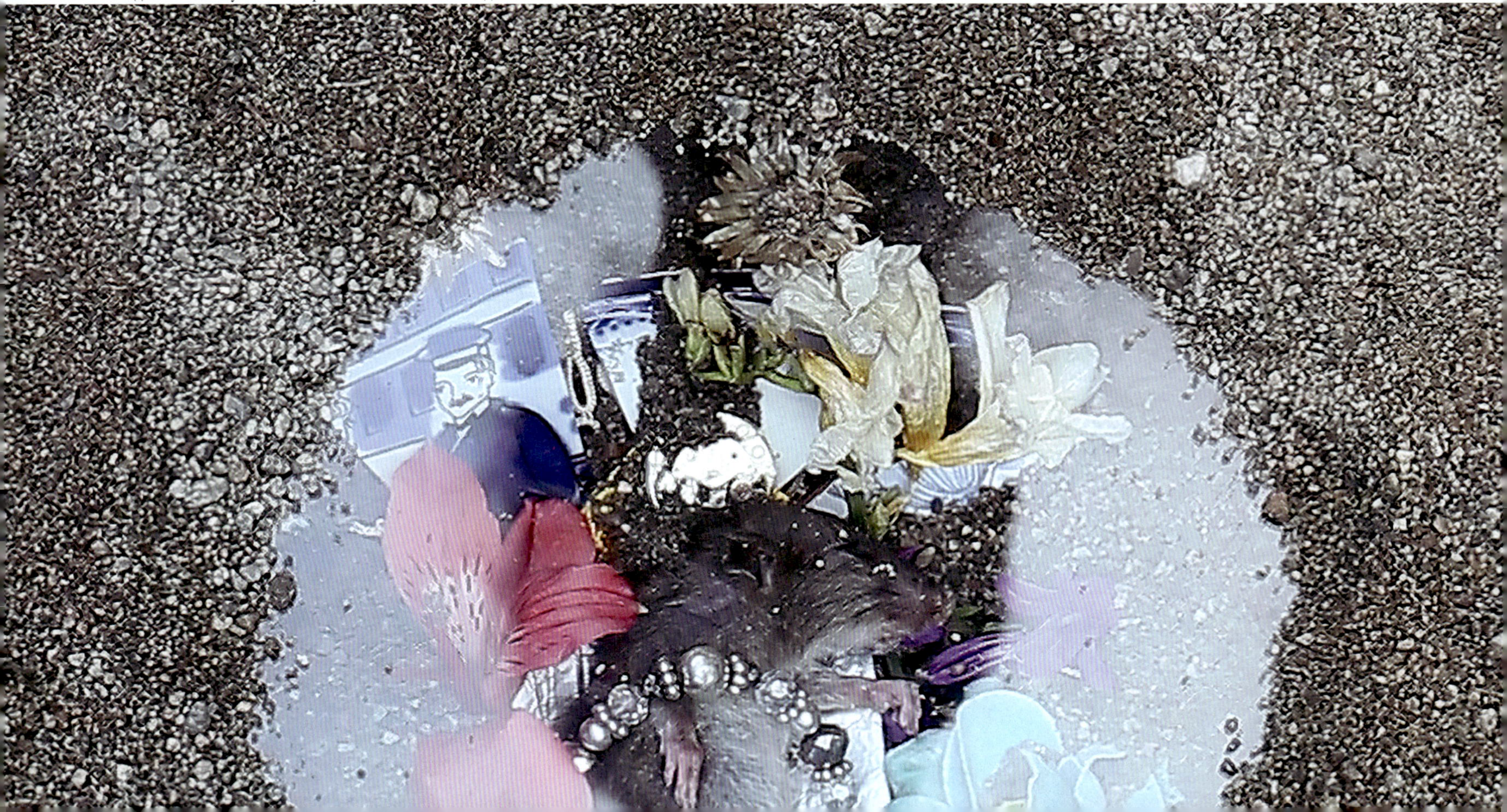

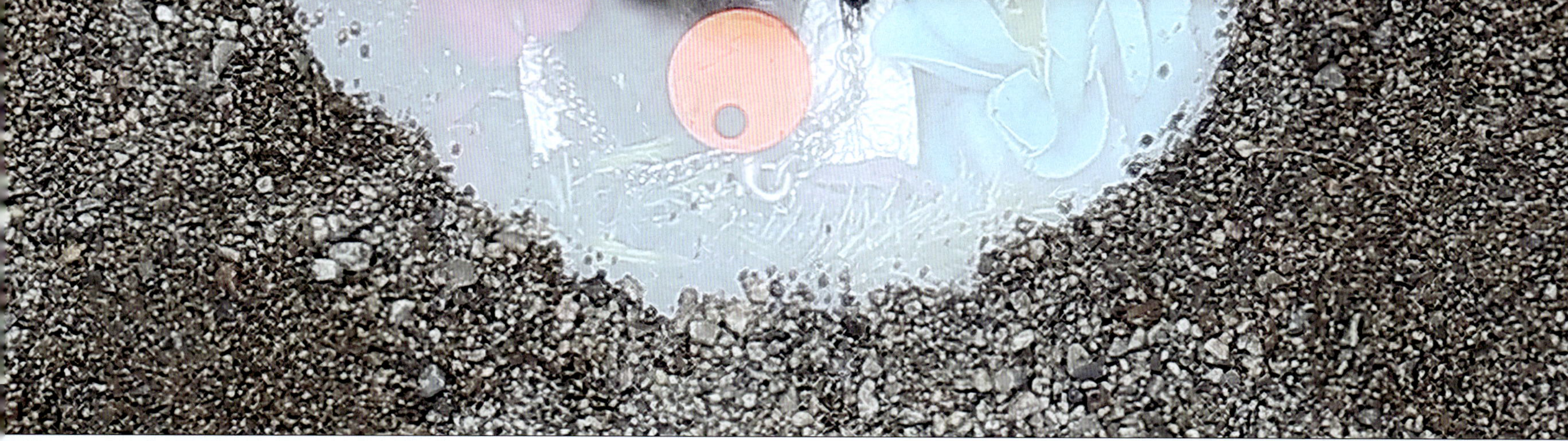

Ала Савашэвіч, Шыйце самі. Фота: Ян Шэўчык

Ala Savashevich, Sew it Yourself. Photo: Jan Szewczyk

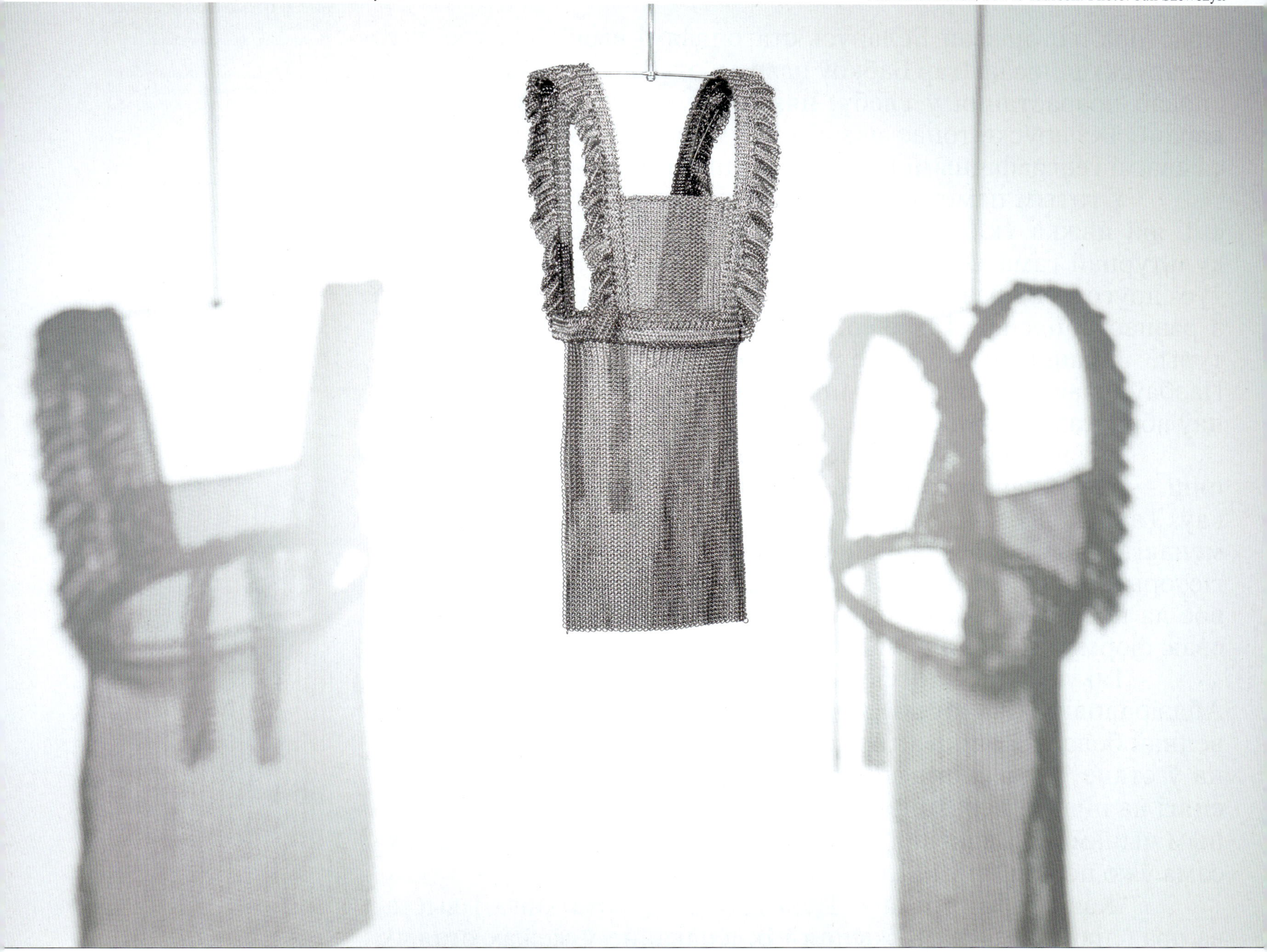

Выходныя звесткі: "Калі Сонца Нізка – Цені Доўгія"
пад рэдакцыяй Ганны Карпенка
Графічны дызайн і канцэпцыя: Малін Гевінар
Літаграфія: Ральф Лэнк, ScanColor Ляйпцыг
Пераклад: Марына Ігнатовіч (En), Марыя Пушкіна (Be),
Аляксандра Собчак (Pl), Аляксандра Сайкоўская (Be),
Луіз Бромбі (En), Таня Мілеўскі (De)
Рэдактура: Ася Фруман (En), Аляксандра Сайкоўская (Be)
Карэктура: Ася Фруман (En), Аляксандра Сайкоўская (Be),
Хведар Сумкін (Be)
Друк: Gutenberg Beuys Feindruckerei, Лангенхаген

Выданне падрыхтавана па матывах выставы
"Калі Сонца Нізка – Цені Доўгія", прадстаўленай
у Галерэі "Арсенал" у Беластоку
1.4.2022–14.5.2022
і ў Музеі сучаснага мастацтва (GfZK) у Лейпцыгу
10.6.2022–25.9.2022

Куратарка: Ганна Карпенка
Сукуратарка: Сафія Садоўская

Мастачкі і мастакі: Аляксандр Адамаў, Ірына Ануфрыева,
Базіната, Эвеліна Домніч / Дзмітрый Гэльфанд,
Язэп Драздовіч, Жана Гладко, Ян Гелда, Захар Кудзін,
Сяргей Лескець, Маша Мароз, Алёна Пазднякова, Антон
Сарокін, Ала Савашэвіч, Вольга Сазыкіна, Сяргей Шабохін,
Юра Шуст, Ганна Сакалова, Уладыслаў Страмінскі,
Маша Святагор

Рэалізацыя праекту: Галерэя "Арсенал" у Беластоку,
Музэй сучаснага мастацтва (GfZK), Лейпцыг,
Goethe-Institut Warsaw (Гётэ-Інстытут у Варшаве)

Праект падтрыманы Фондам польска-нямецкага
супрацоўніцтва, Амбасадай Каралеўства Нідэрландаў,
Ініцыятывай Марціна Рота

Выдаўніцтва
Spector Books, Харкорштрассе, 10,
04107 Ляйпцыг
www.spectorbooks.com

Дыстрыбуцыя:
Германія, Аўстрыя: GVA, Gemeinsame Verlagsauslieferung
Göttingen GmbH&Co. KG,
www.gva-verlage.de
Швейцарыя: AVA Verlagsauslieferung AG, www.ava.ch
Францыя, Бельгія: Interart Paris, www.interart.fr
Вялікабрытанія: Central Books Ltd, www.centralbooks.com
Злучаныя Штаты Амерыкіб Цэнтральная і Паўднёвая
Амерыка, Афрыка: ARTBOOK / D.A.P., www.artbook.com
Паўднёвая Карыя: The Book Society,
www.thebooksociety.org
Японія: twelvebooks, www.twelve-books.com
Аўстралія, Новая Зеландыя: Perimeter Distribution,
www.perimeterdistribution.com

Першае выданне: 2023
Надрукавана ў ЕЗ
ISBN 978-3-95905-728-8

Калі сонца нізка – цені доўгія

Ганна Карпенка

Прастора пад назвай Беларусь стагоддзямі выяўляла тое, што беларускі філосаф Ігар Бабкоў назваў “этыкай памежжа”[1] – такі спосаб прарастання ў глебу, няздольную ўтрымліваць у сабе карані. Беларускі топас аказваецца разарваным і не супадае са сваімі геаграфічнымі і этнаграфічнымі межамі.

У гэтым памежным стане фарміруецца тып ідэнтычнасці, які цяжка ўкладаецца ў сталыя формы. Бо патрабаванне культурнай гамагеннасці і выразнасці выключае адно і акцэнтуе другое. Выразнасць і афармленасць рэдка ўжываюцца з разнастайнасцю. Так фарміруюцца сталыя бінарныя структуры, замацаваныя на механізмах падаўлення і кантролю. Пазбаўленая руху плынь жыцця замірае, а камяні нашых палацаў абрастаюць зямлёй.

Кожную вясну на Палессі адбываецца вялікі разліў Прыпяці – ракі, якая нясе ў сабе воды больш за сто розных вытокаў. Такі разліў называюць “морам Герадота”, бо лічыцца, што менавіта гэтую з’яву аднойчы згадаў у летапісы старажытны гісторык. Воды гэтага паўмістычнага мора заклікаюць усё жывое да новага цыкла жыцця, з’яўляюцца і знікаюць, змяняюць сваю форму і вечна цякуць.

Такую “ліючую форму” жыцця філосаф і паэт Ігнат Абдзіраловіч (Канчэўскі) лічыў найбольш змястоўнай і адпаведнай беларускай прасторы, бо сама гэта прастора знаходзіцца ў стане “Адвечнага шляху”[2], змяняючы адныя дзяржаўныя сцягі на іншыя, пераходзячы ад адной імперыі да другой і дзіўным чынам утрымлівае ідэю свабоды і незалежнасці, якія таксама ўжо перайшлі ў катэгорыю паўмістычных.

“Калі Сонца Нізка – Цені Доўгія” – гэта кніга і выстава пра “ліючыя формы” жыцця і іх існаванне ў межах сталых, рэпрэсіўных структур. Калі сонца нізка, дакладна невядома, ці гэта сонца ўзыходу, ці захаду. Гэта сонца адкідвае доўгія цені на руіны, якія прарастаюць новым жыццём.

1 Ігар Бабкоў “Этыка памежжа: транскультурнасьць як беларускі досьвед”/ https://knihi.com/storage/frahmenty/ 6babkow2.htm.

2 Ігнат Абдзіраловіч (Канчэўскі). Адвечным шляхам. Эсэ, вершы. – Мн.: Выдавец Зміцер Колас, 2021.

When The Sun Is Low – The Shadows Are Long

Anna Karpenko

For centuries, the space named Belarus has manifested itself in what the Belarusian philosopher and poet Ihar Babkoŭ described as "the ethics of the frontier".[1] It is a way of growing into soil that is unable to hold roots firmly. The Belarusian topos turns out to be torn; it does not correspond to the geographical or ethnographic borders of Belarus.

This in-between state generates a kind of identity that is hard to place into rigid categories. The thing is, being homogeneous and clearly defined as a culture means excluding something and emphasizing something else. Clarity and "establishedness" rarely go along with diversity. This is how rigid binary structures, based on the mechanisms of suppression and control, are formed. The flow of life stops when its freedom is restricted; stones of our palaces are growing into the ground.

Every spring, a flood occurs in the region of Palesse, when the Pripyat river rises. This flood is nicknamed "the Sea of Herodotus" because the ancient historian allegedly mentioned such a sea in connection with this area. The waters of this half-mystical sea are calling all things living to the new life cycle, emerging and disappearing, changing their form and forever flowing.

The philosopher and poet Ihnat Abdziralovič (Kančeŭski) believed this "flowing form" of life to be the most meaningful and appropriate for the Belarusian space. After all, this space itself is an "Eternal Path":[2] it changes its national flags, passing from one empire to another, and yet, remarkably, it manages to retain the idea of freedom and independence, which have, by now, become half-mystical as well.

When The Sun Is Low – The Shadows Are Long is a book and an exhibition about the "flowing forms" of life and their existence within rigid oppressive structures. When the sun is low, it's not clear whether it is setting or rising. It casts long shadows on the ruins, among which new life is sprouting.

1 Ігар Бабкоў "Этыка памежжа: транскультурнасьць як беларускі досьвед" / https://knihi.com/storage/frahmenty/6babkow2.htm

2 Ігнат Абдзіраловіч (Канчэўскі). Адвечным шляхам. Эсэ. вершы. – Мн.: Выдавец Зміцер Колас, 2021.

Маша Мароз

Маша Мароз (*1991) – мастачка, даследчыца, заснавальніца платформы "Past Perfect", прысвечанай захаванню і папулярызацыі гісторыка-этнаграфічнай спадчыны Беларусі. Нарадзілася ў Берасці. Жыве і працуе ў Менску. Мастацкую, даследчую і дызайнерскую практыку звязвае з Палессем і захаваннем яго ўнікальнага культурнага кода.

Маша Мароз, Смага: Акумуляцыя жадання, 2022, інсталяцыя: аб'екты, гук. Фота: Ян Шэўчык

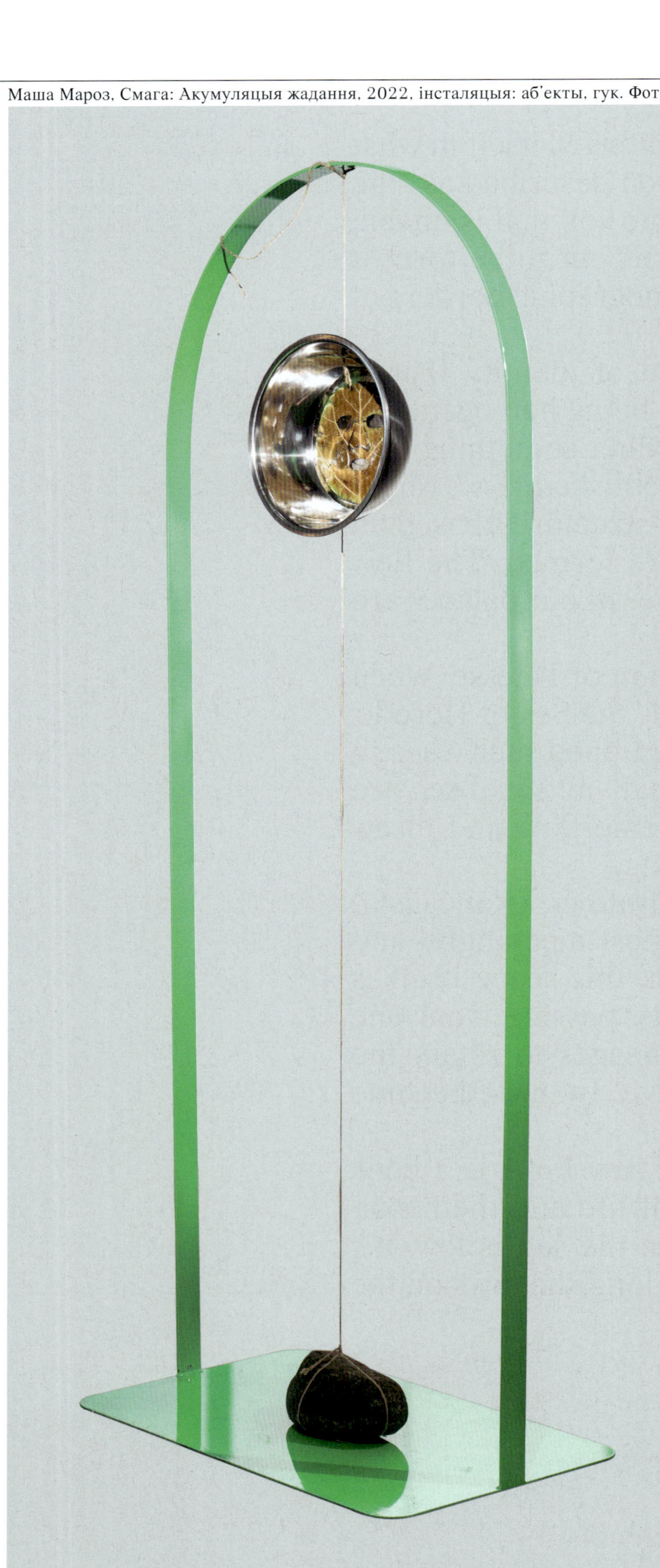

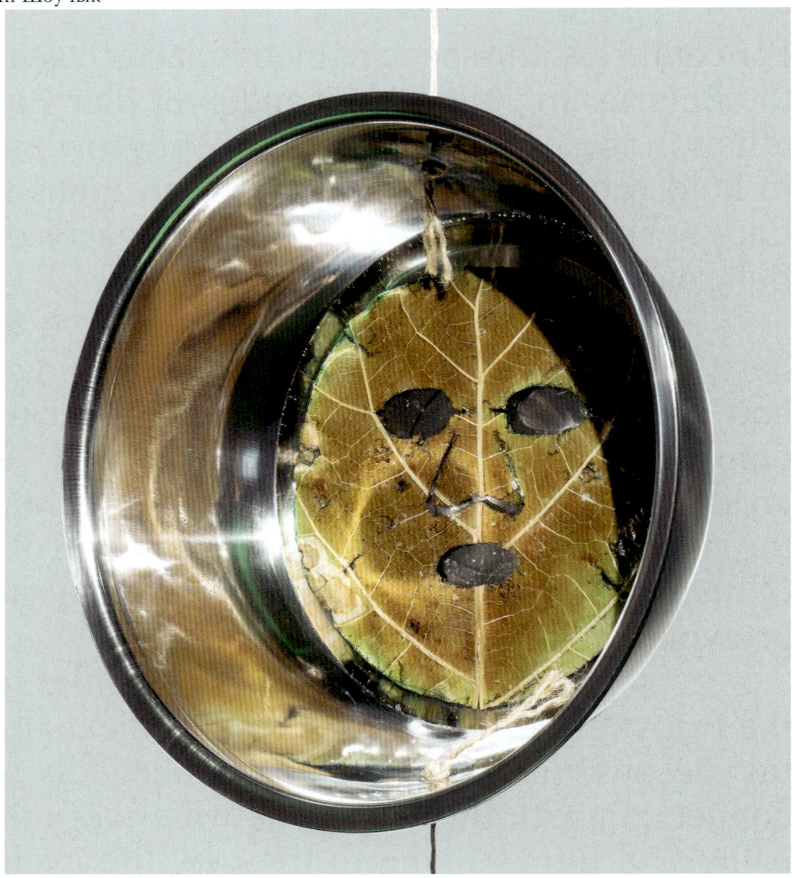

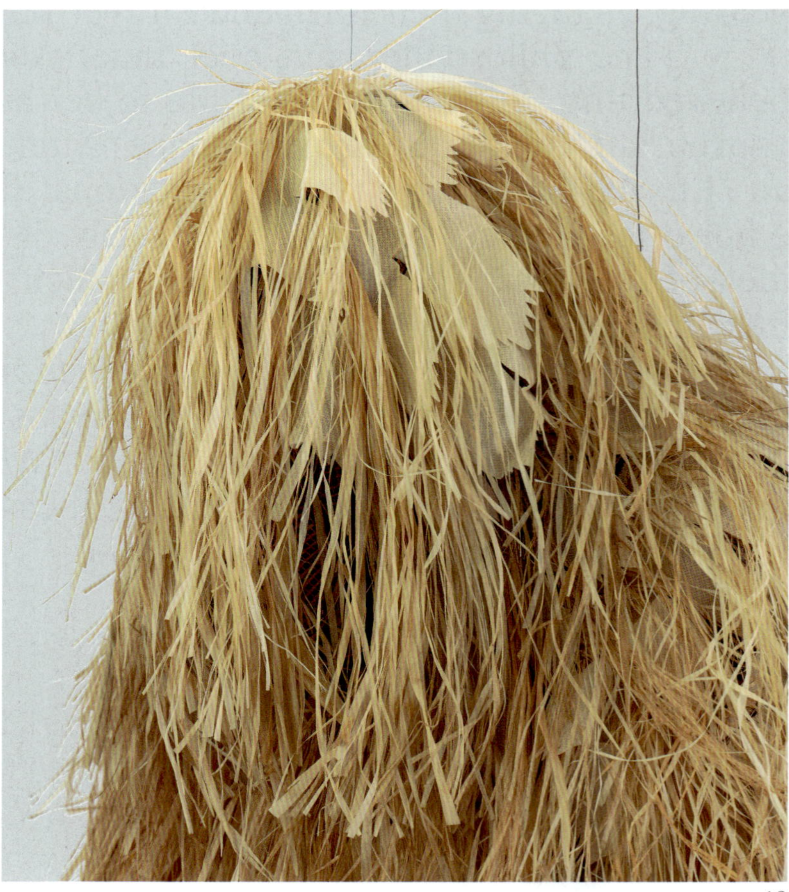

Маша Мароз, Смага: Акумуляцыя жадання, 2022, інсталяцыя: аб'екты, гук. Фота: Аляксандра Іванцыу

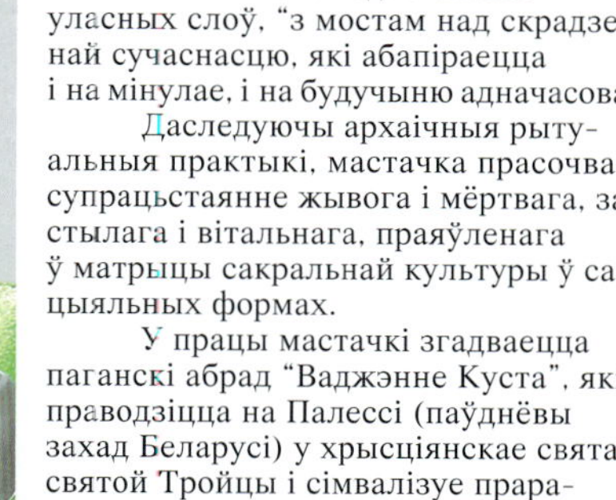

У сваёй мастацкай практыцы Маша Мароз узаемадзейнічае з фенаменалагічным вымярэннем часу. Атаясамліваючы сябе, паводле ейных уласных слоў, "з мостам над скрадзенай сучаснасцю, які абапіраецца і на мінулае, і на будучыню адначасова".

Даследуючы архаічныя рытуальныя практыкі, мастачка прасочвае супрацьстаянне жывога і мёртвага, застылага і вітальнага, праяўленага ў матрыцы сакральнай культуры ў сацыяльных формах.

У працы мастачкі згадваецца паганскі абрад "Ваджэнне Куста", які праводзіцца на Палессі (паўднёвы захад Беларусі) у хрысціянскае свята святой Тройцы і сімвалізуе прарастанне новага жыцця і пачатак новага цыкла ўрадлівасці. У інсталяцыі спалучаюцца простыя побытавыя прадметы і натуральныя матэрыялы, якія выступаюць крыніцай жыццёвай сілы паўсядзённасці, якая часам, здаецца, застыла ў нерухомасці. Імкненне вярнуць быццё аб'ектаў у іх утылітарнасці і прастаце штодзённага выкарыстання, як святкаванне самога жыцця, выяўляецца кодам, што падрывае змярцвелую матрыцу сацыяльнага часу.

Masha Maroz, Thirst: Accumulation of Desire, 2022, installation: objects, sound. Photo: Jan Szewczyk

Masha Maroz is the founder of Past Perfect, a project devoted to the preservation of the historical and ethnographical heritage of Belarus. She is interested in archaic practices and rituals of the past in an attempt to evade the lifelessness of the present. In various sacred customs, the artist traces social confrontation with the living and the dead, the vital and the moribund. Her work cites the pagan custom of "leading the bush", which is performed at Whitsun in the Palesse area in southwestern Belarus. It symbolises the emergence of new life and the beginning of a new cycle of fertility. In the installation, simple everyday objects and natural materials are combined to give new vitality to everyday social life, which sometimes appears to be standing still.

Masha Maroz

Masha Maroz, born in 1991 in Brest, is an interdisciplinary artist, designer, ethnographer and teacher. She graduated from the Belarusian State Academy of Arts with a degree in costume design. Founder and curator of the Past Perfect platform, dedicated to the preservation and popularisation of the historical and ethnographic heritage of Belarus. Works primarily within the Belarusian context, reflecting on the transformational potential of traditional culture in the dominant socio-political matrix.

Ігар Бабкоў

Ігар Бабкоў (*1964) – філосаф, паэт, празаік, перакладчык, выкладчык. Нарадзіўся ў Гомелі, жыве і працуе ў Менску. Скончыў філасофскі факультэт і аспірантуру БДУ (Менск). Працаваў у Інстытуце філасофіі Нацыянальнай Акадэміі навук Беларусі. Стажыраваўся ў Лондане, Варшаве, Парыжы і Берліне. Займаецца сучаснай посткаляніяльнай тэорыяй і гісторыяй філасофіі. Адзін з сузаснавальнікаў "Беларускага Калегіума" — нефармальнай адукацыянай установы, якая працуе ў Беларусі з 1997 года, пашыраючы гуманітарныя веды сярод шырокіх грамадскіх колаў. Лаўрэат літаратурных прэмій "Гліняны Вялес" (1992), "Залатая літара" (2005), "Залаты апостраф" (2012), Прэміі імя Ежы Гедройца (2014) і Вышаградскай літаратурнай прэміі (Брацiслава, 2014), прэміі "Празрысты Эол" (2019). Фіналіст сярэднееўрапейскай літаратурнай прэміі Angelus 2009 (Уроцлаў).

Руіны, рунь, і неба блізка: сузіраючы ландшафт ру(і)наў пасля Каралеўства

Ігар Бабкоў у размове з Ганнай Карпенка

ГК Як з цягам часу змяніўся тэарэтычны канструкт "вытлумачэння руінаў[1]", якім вы калісьці апісалі Беларусь? Што сталася з руінамі і каралеўствам амаль праз 30 гадоў? з якім гістарычным, культурным, палітычным і экзістэнцыяльным слоем рэчаіснасці мы сутыкнуліся сёння?

ІБ Канцэпт ру(і)наў адсылае да хрэстаматыйнага верша Алеся Разанава[2]. Верш, — касмічны, метафізічны і бязлюдны, там толькі руіны, рунь, і неба блізка. Каралеўства Беларусь — да апавядання, ці, больш дакладна, успамінаў пра дзяцінства Казіміра Брандыса. Аповед Брандыса — трагічны і посткаланіяльны, у ім з'яўляецца цень беларускага жаўнера, выгнанца БНР, які на пытанне польскага мальца, адкуль ён, расказвае амаль казку пра каралеўства Беларусь, за якое яны змагаліся і прайгралі.

Напачатку дзевяностых, калі гэтыя вобразы склаліся ў канцэптуальную цэласць, усё выглядала зблытана і шматабяцальна. Ру(і)ны, якія раптоўна праявіліся праз морак познесавецкіх формаў жыцця, вялі нас назад у мінулае, зачароўвалі магчымасцямі, якія так і не адбыліся. Мінулае было эпічным, задавала маштаб, было каталогам форм і ідэяў. Каралеўства, адваротна, трымала адкрытай будучыню. Трывожную і непазбежную.

Сёння мы разумеем: гэтыя канцэпты працавалі разам і паралельна, хаця і займалі розныя нішы рэальнасці. З аднаго боку, мы бачым утапічны характар "каралеўства" як рэакцыю на брутальна-рэчаісную паверхню. Але гэтая ўтапічнасць зусім не была эскейпізмам культуры, уцёкамі ад рэчаіснага. Хутчэй, антыкаланіяльным механізмам

1 "РУІНЫ" – адно з сутнасных словаў беларускай культурнай традыцыі, дасюль не распазнанае й не прадуманае. Самі руіны заўсёды навідавоку. Але пэўныя інстынкты мысьленьня не дазваляюць успрымаць іх у сваёй яўнасьці, самадастатковасьці. Яны адводзяць думку – у мінуласьць ці ў будучыню – і пакідаюць руіны іхнаму сапраўднаму гаспадару – спрадвечнаму "цяпер". Насуперак гэтым інстынктам, што маюць справу толькі зь "велічнай мінуласьцю" і натхняюць на "велічную будучыню" (і якія памылкова завуцца ў нас "адраджэнскім думаньнем"), паспрабуем застацца тут і цяпер, сярод руінаў, прадумваючы дарэшты іхны панятак і іхную праўду.
Сам панятак руінаў шмат у чым парадаксальны. Чалавецтва набыло вялікі досьвед у ператварэньні прасторы прыроды ў прастору цывілізацыі. Для сёньняшняе плянэтарнае сьвядомасьці зямля — толькі матэрыял для чалавечае працы, яна мусіць быць "перапрацавана", "выкарыстана", "пастаўлена на службу". Тэхніка й тое, што зь яе вынікае, усё больш і больш становяцца "штучным целам" чалавека, ягоным самаствораным домам.
Руіны пазначаюць адваротны працэс: пераход прасторы цывілізацыі ў прастору прыроды. Руіны руйнуюцца, зьнікаюць, ад іх застаюцца толькі словы. Гэтыя словы мы называем СПАДЧЫНАЙ. Руіны, заняпад, бяздомнасьць — непрамоўленая сутнасьць усялякае спадчыны, ейны грунт і апірышча. Так, цывілізацыі сьмяротныя. Яны пакідаюць нам у спадчыну мёртвыя знакі, зь якімі мы ня можам даць сабе рады. Гэтую спадчыну нельга ні рэстаўраваць, ні зруйнаваць — толькі вытлумачыць. Задача вытлумачальніка — "рабіць словы істотнымі".
Бабкоў, І. М. Каралеўства Беларусь. Вытлумачэнні ру[і]наў. – Мінск: Логвінаў, 2007. С. 10

2 Алесь Разанаў, з цыкла "Квантэмы" // Выстрыё стралы. — Мінск: Мастацкая літаратура, 1988. Алесь Разанаў, Ales Rasanaŭ (1947–2021) – беларускі паэт і перакладчык

адкрыцця будучыні ў сітуацыі геапалітычнай прывіднасці. Мяккай апазіцыяй геапалітыцы, для якой нас не было ў сучаснасці.

Мінулае ж — ру(і)ны — дабудоўвала лінію часу, давала нам стратэгічную глыбіню разумення саміх сябе. Дарыла пачуццё гісторыі, вучыла не надта давяраць і не надта прывязвацца да тых масак і структураў, якія мы бачым навонкі. Усё магло быць іншым! А, можа, і ёсць іншым, у другой, альтэрнатыўнай рэальнасці.

Гэтыя два вектары жыцця і мыслення скрыжоўваліся, сутыкаліся ў цяперашчыне, якая ў эпоху посткамунізму перажывалася як нішчымніца, як час пераходу. Парадаксальна, але ўсё разам гэта прымушала быць пазітыўнымі і інтэгратыўнымі, а не крытычнымі і дэканструктывісцкімі.

Вынікам сталася неверагоднае буйства форм і ідэяў найноўшай беларускай гісторыі. Нам усім хацелася прамінуць гэтую эпоху як найхутчэй, прыйсці нарэшце на канчатковы пункт. У нармальнасць.

Сёння мы маем яснае адчуванне, што гэты перыяд скончаны, хаця і зусім не тым, на што мы спадзяваліся. Завяршыўся беларускі (і не толькі) посткамунізм, завяршыўся трагічна. Зусім не ў канферэнц-зале, з дакладчыкамі, кветкамі і падсумаваннямі. Завяршыўся рэвалюцыяй, вайной, руінамі, няпэўнай будучыняй. Абнуленнем часу.

Новая эпоха, перад якой мы стаім, можа быць названа эпохай няпэўнасці, часам без парадыгмы. З аднаго боку, перад намі неверагодны тэхналагічны ... нават не прарыў, не рэвалюцыя ... хутчэй, узлёт. З іншага боку, ёсць адчуванне, што пад пытанне пастаўленыя ўсе сацыяльныя і палітычныя формы, усе культурныя коды.

Навонкі мы бачым новыя лакальныя ўгрупаванні і рэгіянальныя саюзы, у тым ліку рэкансалідацыю Захаду. Ужо не на аснове Валерстынаўскай схемы глабальнага (і неэквівалентнага) абмену цэнтра супроць перыферыяў, а як новы магутны цывілізацыйна-палітычны звяз, патэнцыйна самадастатковы ўнутры. Перыферыі ж, (па)кінутыя самім сабе, вымушаныя інтэнсіўна сябе дабудоўваць, шукаць свае логікі і свае метафізікі.

Гэты новы разрыў прывёў да трагічных наступстваў унутры нашага рэгіёна: усходнееўрапейскага памежжа альбо Міжмор'а. Мы перайшлі ад формулы Фукуямы да формулы Гандынгтана, ад канца гісторыі да сутыкнення цывілізацый. Украіна выбрала Захад і атрымала вайну з Усходу (і з Усходам). Беларусь жа сутнасна разламілася ўнутры сябе самой. На дзве часткі, варожыя і трагічна разарваныя. Абедзве няпоўныя і несамадастатковыя.

Але. З намі засталася папярэдняя эпоха, якую мы пражылі. Засталася як месца ў часе і прасторы, якое неаспрэчна адбылося. Як плацдарм, як родны кут, як супольная памяць. Засталася, як свая краіна.

Гэта вельмі важна. Мінулае, ру(і)ны цяпер не проста каталог чужых формаў, але наш скарб і набытак. Новая беларуская культура, з абноўленымі культурнымі кодамі, ідэямі і стратэгіямі, новымі пакаленнямі творцаў. Наша "праяўленая ў часе спадчына", як сказаў бы Алесь Разанаў.

Асабліва гэта важна сёння, калі гісторыя вярнулася. Мы не можам болей трымацца ціхай правінцыйнай безадказнасці, спадзеючыся, што хтосьці важны за нас падумае і намі заапякуецца. Мы вымушаныя даваць сабе рады з супольным часам, з гістарычнай незваротнасцю: жыць і думаць не толькі за сябе, але і за ўсё чалавецтва. За ўсё жывое.

Вяртаемся да разанаўскага верша:

Алесь Разанаў з цыкла "Квантэмы" // Выстрыё стралы. — Мінск: Мастацкая літаратура, 1988.

руіны запарушваюцца
рунь
уваскрашае руны,
неба блізка

Адчуванне, што "неба блізка" я б назваў асноўным метафізічным вынікам і набыткам апошняга трыццацігоддзя.

ГК Універсальныя каноны, пачынаючы ад формаў сацыяльнага і палітычнага жыцця, якімі імперыі аздабляюць свае калоніі, і да прыняцця заходнееўрапейскай нормы мыслення як адзінай і ўніверсальнай, вядуць да вычышчэння і пустэчы таго ці іншага лакальнага топасу, калі геапалітычнай ці інтэлектуальнай перыферыі не знаходзіцца месца ў агульным раскладзе, нават калі ты з Беларусі "разумееш М. Фуко лепш, чым ён сябе сам". Дзе сёння месца Беларусі ці лакалізацыя беларускага топасу?

ІБ Ёсць спакуса сказаць: нашае трыццацігоддзе незалежнасці — гэта трыццаць год стратэгічнай самоты, адстойвання сябе і сваёй ідэнтычнасці ў сітуацыі няпоўнага/татальнага неразумення. І сёння мы на тым самым месцы, дзе і былі апошнія стагоддзі, але значна больш пэўныя ў саміх сабе і, відавочна, больш рэфлексіўныя. Мы жылі і тварылі свае формы, (ня)гледзячы на канцэптуальную адсутнасць у еўрапейскім дыскурсе, у супольным уяўленні Захаду. Гэта сапраўды дзіўны досвед.

З аднаго боку, работа машынаў выключэння і выцяснення, якія няспынна даводзяць, што тваё праўдзівае месца ў пустаце, у адсталасці, у затрымках, у памінулым.

З іншага — наша рэчаіснасць. Ты ўсё адно пражываеш/думаеш сябе — сваю гісторыю — у адзіным, супольным часе — і размяшчаеш прадуманае ў формах і фарматах культуры. Праз пэўны час гэтая рэальнасць — прадуманага і пражытага — стаецца аўтаномнай і самадастатковай. Апірышчам і плацдармам. Пунктам суаднясення. Традыцыяй. Ты ўжо можаш выбудоўваць культурныя стратэгіі не толькі з апірышчам на кантэкст (тут і цяпер, "тутэйшасць"), не толькі прысвойваючы фрагменты канона (пераадольваючы ягоную адчужанасць, іншасць), але і абапіраючыся на генеалогію (традыцыя, блізкая гісторыя).

Што цікава, беларуская адсутнасць за гэтыя часы сталася ўлюбёнай тэмай мыслення, месцам культуры і нават фірмовым брэндам. А практыкі выключэння, забывання, прамінання — падставай не толькі крыўды на тое, што "пра нас зноў забылі" альбо дэканструкцыі "клятых імперыялістаў", але і нагодай для вясёлых гісторый, анекдотаў. Мы ўрэшце зразумелі, што адсутнасць — ідэальны пункт рэфлексіі, рошчына думкі, падстава і месца нараджэння усяго бытнага.

Недарма культавым мысляром гэтай эпохі стаў Валянцін Акудовіч,[3] са славутым інтэлектуальным імператывам "мяне няма".

Зрэшты, і "ўтульная беларуская адсутнасць" не назаўсёды.

ГК У сучасным посткаланіяльным дыскурсе, дзе мастацтва і пісьмо спалучаюцца з актывізмам, пытанне "нацыянальнага" асэнсоўваецца часта як прыналежнасць да правага дыскурсу, як тое, што павінна быць адкінута як перажытак еўрапейскай мадэрнасці. Для абаронцаў такой стратэгіі пытанне нацыянальнай мовы разглядаецца як неабходнае для пераадолення ці рудымент мадэрніцкай карціны свету. Але з 2020 года ў Беларусі "моўнае пытанне" атрымала другое жыццё: людзі, якія дзесяцігоддзямі не размаўлялі на беларускай мове і лічылі яе мёртвай, неўзабаве пачалі карыстацца мовай нават у паўсядзённым жыцці. Як упісваецца мадэрна-нацыянальнае ў кантэкст універсальна-посткаланіяльнага? Якая посткаланіяльная тэорыя падыходзіць для апісання Беларусі?

ІБ Перадусім пэўнае ўдакладненне: тая інтэлектуальная пазіцыя, якую вы апісалі, тычыцца ўсё ж такі левага

3 Валянцін Акудовіч – беларускі філосаф, чый твор "Код адсутнасці" (выдавецтва "Логвінаў", 2007 год) стаў праграмным у дыскусіях наконт беларускай ментальнасці.

і лева-ліберальнага флангу заходняга мэйнстрымнага дыскурсу. Для якога "нацыянальнае" і "нацыяналістычнае" — гэта перажытак, дазволены на адсталых перыферыях, і толькі як інструмент мабілізацыі і барацьбы з імперыялізмам альбо з лакальнымі, яшчэ больш архаічнымі, чым нацыяналізм, сацыяльнымі і палітычнымі формамі. Агулам "забарона на нацыяналізм" унутры сучасных еўрапейскіх грамадстваў мае сваё месца ў часе і звязаная з познемадэрнымі практыкамі капілярнай ўлады, мягкай сілы, якая працуе праз разнастайнасць і якая непазбежна псуецца і ламаецца пры любых спробах папулізму альбо татальнай мабілізацыі.

Для рэшты ж посткаланіяльнага свету "нацыянальнае" — проста адна з формаў сацыяльнага ўяўлення, што мае карані ў заходняй мадэрнасці, але ўжо даўна адарвалася ад іх, гібрыдызавалася і стала проста сацыяльным топасам і інструментам. Посткаланіялізм не сакралізуе і не дэманізуе нацыянальнае (як і ўсю спадчыну заходняй мадэрнасці), а спрабуе бачыць яго ў канкрэтных абставінах, у пэўных формах і з пэўнымі задачамі.

Як мы памятаем, камунізм у сацыялагічным бачанні, як сацыяльна-палітычны праект, быў спробай перыферыйнай мадэрнізацыі, памкненнем "дагнаць і перагнаць" заходнюю мадэрнасць. У гэтым сэнсе ён залежны ад заходняй мадэрнасці, наследуе яе формам. Ён абапіраецца на практыкі гвалтоўнага, таталітарнага сацыяльнага канструктывізму, нават сацыяльнай інжынерыі, і выступае адмысловым ценявым бокам Асветніцтва. У савецкай версіі на гэта накладаліся неаімперскія практыкі русіфікацыі, пры якіх расейска-савецкая культура "надбудоўвалася" ў якасці ўніверсальнага слоя над лакальнымі "нацыянальнымі" фрагментамі. Што важна разумець, сама расейская культура пры гэтым "ачышчалася" ад усялякай лакальнасці, ад рэгіянальных асаблівасцяў, ад усялякіх сувязяў з часам і месцам, а сацыялістычныя нацыі — ад усялякай гістарычнай суб'ектнасці.

Інтэлектуальная гісторыя эпохі посткамунізму звязаная, з аднаго боку, з пераменай універсальнасці, з вяртаннем да парадыгмы Захаду ў яе асноўнай, мэйнстрымнай версіі, а не ў альтэрнатыўнай, перыферыйна-расейскай. І з ускладненнем культурнага ландшафту, пераходам ад савецка-расейскага маналіту да ўсё больш складаных і разнастайных формаў жыцця і мыслення. Асабліва ў нашым рэгіёне, ва ўсходнееўрапейскім памежжы.

Таму паўстанне тэмы "нацыяналізму" ў дачыненні да ўсходнееўрапейскага памежжа, тройчы каланізаванага, цывілізацыйна і геапалітычна падзеленага, традыцыйна шматмоўнага і шматэтнічнага, можа разглядацца як класічны прыклад канцэптуальнага фармалізму, інтэлектуальнай неадэкватнасці, калі познемадэрная схема сучасных заходніх грамадстваў некрытычна пераносіцца ў зусім іншы кантэкст.

Увогуле ж ёсць штосьці глыбока цынічнае і амаральнае ў спробе навешвання ярлыкоў нацыяналізму на першыя спробы рэканструкцыі забытых і забітых галасоў і культурных кодаў. І тут важна быць заўсёды канкрэтным. Бачыць і разумець, хто гэта робіць і навошта. У якіх кантэкстах. І як гэта працуе.

Выпадак з беларускай мовай тут асабліва цікавы і паказальны.

Па-першае, вяртанне беларускай мовы – перадусім прыгожы і этычна бездакорны жэст. Гэты рух распачынаецца ў гарадскіх асяродках васьмідзясятых, у сітуацыі, калі натуральныя месцы і фактары яе развіцця (беларуская вёска і традыцыйная культура) былі альбо знішчаныя, альбо нейтралізаваныя, працягваецца ў дзевяностыя, калі мова "ўрбанізуецца", становіцца сваёй у гарадскіх асяродках, далей нулявыя і дзясятыя, калі творыцца новая і дзёрзкая беларуская культура. Пры гэтым беларуская мова ўвесь час трымае важнае месца ў спісе нацыянальных прыярытэтаў, а пасля 2020 года яшчэ і становіцца каштоўнасцю для тутэйшага сярэдняга класа.

Па-другое, гэта не замена адной мовы на другую (расейскай на беларускую), а дадаванне, пераход ад моналінгвізма да рэальнага шматмоўя, да полікультурнасці, і ў гэтым сэнсе – карэктыроўка ідэнтычнасці. Пераход ад парадыгмы таталітарнай і каланіяльнай ускраіны да ідэі культурнага і цывілізацыйнага памежжа. Бо там, дзе беларуская, там і украінская з польскай. Там, дзе вяртанне традыцыі, там і літоўская, і тутэйшае габрэйства.

Яшчэ адно. Як мы памятаем, правае і левае ў палітычным полі мадэрнасці генеалагічна звязана з выбарам пазіцыі ў зале парламента альбо ў прасторы рэпрэзентацыі: справа альбо злева ад караля. У гэтым сэнсе ў прасторы посткамунізму сімвалічнае размеркаванне месцаў было іншым: істотным быў сам допуск у залу, у прастору еўрапейскай "прысутнасці". Гэты допуск кантраляваўся цэнтрам, і гутарка ішла не пра выбар між правым і левым, а хутчэй пра выбар месца ў чарзе. Пра дазвол на прысутнасць.

Калі вярнуцца да "нацыяналізму" і "мовы" і да гісторыі з лакальнымі ўсходнееўрапейскімі адказамі на агульнаеўрапейскую павестку, недастаткова сцвердзіць, што сітуацыя ўсходнееўрапейскага памежжа яшчэ і постканіальная. Мала проста бегаць і шукаць каланізатараў. Важна паказаць пазітыўную праграму. У пэўны момант пераадолець саму дыхатамію. Забыць пра посткаланіяльнасць.

Гэты пераход і адбыўся на мяжы 2019–2020 гадоў. Усе мы памятаем дзіўнае пачуццё: перад намі нешта нечаканае, амаль містычнае, але ў той жа момант абсалютна рэальнае, як быццам у рэчаіснасці паўстала яшчэ адно вымярэнне – супольная будучыня. Тое, што палітолагі і журналісты называюць "рэвалюцыяй 2020 года у Беларусі", было насамрэч не змаганнем за ўладу (не было каму), а менавіта адкрыццём, нараджэннем яшчэ аднаго вымярэння беларускай тоеснасці – пачуцця будучыні. Беларускай мары. А, можа, нават і беларускай ідэі.

ГК Складанне любога канона цесна звязанае з друкаваным словам. У выпадку Беларусі гэта мае яшчэ і "моўнае вымярэнне". З аднаго боку, ёсць гісторыя, напісаная не намі і не ад нашага імя. Тут я маю на ўвазе, перш за ўсё, традыцыю савецкай рускамоўнай гістарыяграфіі і тых рэдкіх выпадкаў супрацьстаяння ёй на прыкладзе кнігі Аляксандра Цвікевіча (1888–1937) "Западно-руссизм". Нарысы з гісторыі грамадзкай мысьлі на Беларусі ў XIX і пачатку XX стагодзьдзя", дзе аўтар разглядае гісторыю паслядоўнай і маштабнай русіфікацыі Беларусі ў часы Расейскай Імперыі[4].

З іншага боку, ёсць прыклад Францыска Скарыны, які друкаванае беларускае слова памясціў ва ўніверсальны еўрапейскі праект, надрукаваўшы у 1517–1519 гг. Біблію на нацыянальнай мове. *Калісьці вы прадставілі Скарыну авантурыстам, бізнесоўцам і кроскультурным суб'ектам. Як спадчына Скарыны звязаная сёння з ідэяй свабоды ў Беларусі?*

ІБ "Парадыгма Скарыны" яшчэ толькі адкрываецца як магчымасць, яна сёння ёсць не мінулым, а будучыняй культуры. З аднаго боку, гэта памкненне прайсці формы наскрозь, усё паспрабаваць і ўсё зразумець, з іншага, – вельмі глыбокае адчуванне свайго дому, у які мы вяртаемся з ведай і да якога маем любоў і пяшчоту. Скарына не проста вандроўнік, а ўважлівы назіральнік і ўдумлівы каментатар "глыбіняў і вышыняў". Не дарма Канчэўскі менавіта яго выбраў у якасці культурнага героя, стваральніка асноўнага кода беларускай культуры.

Сёння гэтая парадыгма Скарыны не тое каб адкладзеная, але разарваная. Мы фактычна перайшлі да рэальнасці дзвюх Беларусяў з дзвюма логікамі культуры. І гэта не проста разрыў між аўтарытарным і дэмакратычным альбо між мацерыковым і эміграцыйным. Гэта два розныя шляхі: шлях культурнага авангарду, які ідзе наперад, праз увесь свет, заглыбляючыся ў чужыя мовы і культуры, у незнаёмыя ландшафты, зрэшты, у а-рэальнасць. І шлях тутэйшасці, укаранёнасці, вяртання да цёплых, кантэксту-

4 Цвікевіч А. "Западно-руссизм": Нарысы з гісторыі грамадзкай мысьлі на Беларусі ў XIX і пачатку XX в. / Пасьляслоўе Арэсьнія Ліса / Менск: Навука і тэхніка, 1993. 2-е выданьне.
Увесь наклад кнігі (3000 асобнікаў) быў цалкам знішчаны ў 1929 годзе адразу пасля выхаду з друку.

альных практыкаў культуры, калі сэнсы і значэнні нараджаюцца тут і цяпер, у канкрэтным месцы і часе. І на адным, і на другім шляху магчымыя набыткі, адкрыцці, узаемныя прэтэнзіі, нязгоды і спрэчкі, кантрабандысты і кніганошы, новыя гучныя праекты і ціхія сады сэнсаў.

Пры гэтым сама культура не дзеліцца, яна вымушана застаецца адзінай і супольнай, нават падчас вайны і падзелаў. Яна творыць сваю ўласную тэрыторыю, "трэцюю рэчаіснасць", як калісьці назваў гэта Разанаў.

Калісьці, у другой палове 90-х, калі беларускі ПЭН ладзіў "кангрэсы ў абарону свабоды і дэмакратыі", дарагія і крыху пампезныя, Разанаў выступіў з двума дакладамі. Непачутымі тады і непрачытанымі пазней. Адзін – пра аўтаномнасць літаратуры, што сама мусіць тварыць рэальнасць, а не проста спадарожнічаць, дапамагаць ці адлюстроўваць. Другі – пра свабоду ці, больш дакладна, пра яе радыкальную адсутнасць у рэчаісным свеце, сярод жывой і мёртвай матэрыі. Свабода можа паўстаць, нарадзіцца толькі як акт глыбока метафізічны. У сваёй сутнасці свабода і ёсць метафізікай, яе практычным наступствам.

Сёння я баюся не знешняга прымусу, не відавочнай замарозкі ўнутры краіны і нават не непрытомнай мітусні, бессэнсоўнай актыўнасці па-за яе межамі, а знікнення метафізікі, адкладання місіі.

Пасярод трагізму вайны, гвалту, тысячаў смярцей вельмі лёгка можна адкласці ўбок саму ідэю культуры як аўтаномнай тэрыторыі, месца свабоды. Пераўтварыць яе проста ў яшчэ адзін аргумент (і інструмент) справядлівай вайны "нашага боку".

Усе "гатэлі Ламбер[5]" і эміграцыйныя ўрады знікаюць цягам аднаго пакалення, а часам і раней. Застаюцца кнігі, застаюцца тэксты і ідэі, пераклады і творы мастацтва. Застаецца традыцыя, калі людзі духа захоўваюць і перадаюць далей у часе "вечна жывы агонь" думкі, абуджанасці, адвагі, супольнай памяці.

У гэта я веру.

5 У 1830–1831 гадах у Рэчы Паспалітай, куды ўваходзілі беларускія і літоўскія землі, Польшча і частка Украіны, адбылося паўстанне за аднаўленне Рэчы Паспалітай у межах 1772 года, значыць, да падзелаў, калі частка зямель адышла ў склад Расейскай Імперыі. Частка ўдзельнікаў гэтага паўстання ў Парыжы ў гатэлі "Ламберт" стварыла каардынацыйны офіс, які мысліўся пасля вяртання ўдзельнікаў паўстання на радзіму як легальны ўрад. Сама традыцыя існавання ўрадаў у выгнанні мае ў Беларусі доўгую гісторыю. Так, напрыклад, Рада Беларускай Народнай Рэспублікі (БНР), заснаваная ў 1918 годзе, ужо ў 1919 вымушана была пакінуць Беларусь праз пераслед і сёння з'яўляецца самым старым урадам у выгнанні ў свеце.

Рунь – усходы, пасевы азімых культур.

Максім Гарэцкі "Рунь" (вокладка), Вільня, 1914

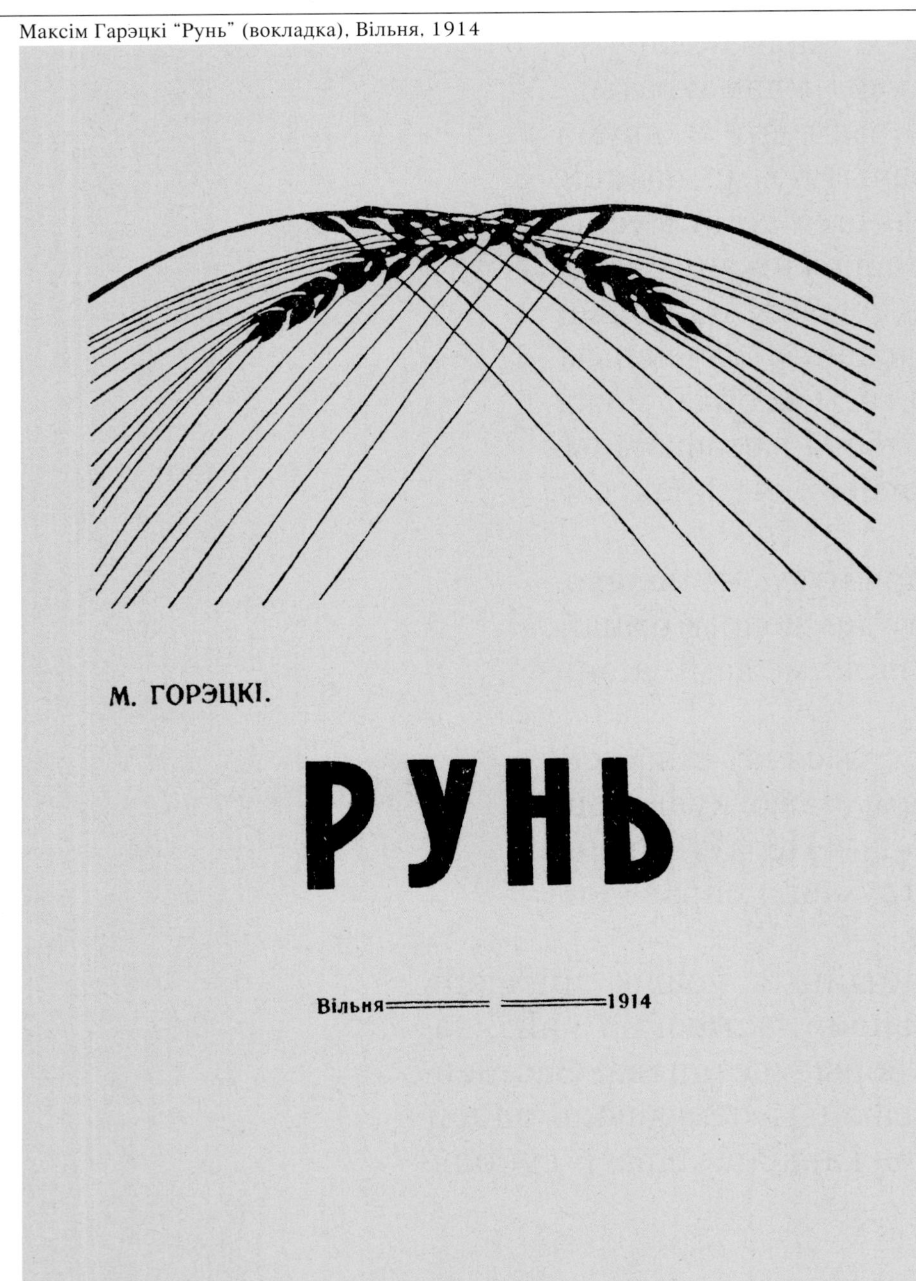

"Рунь" – зборнік прозы і першая кніга пісьменніка Максіма Гарэцкага, а таксама аднайменнае лірычна-філасофскае апавяданне пра беларускую інтэлігенцыю ў першым пакаленні, для якой паўстае пытанне нацыянальнай самасвядомасці.

Максім Гарэцкі (1893–1938) – беларускі пісьменнік, фальклярыст, літаратуразнаўца і грамадскі дзеяч часоў беларускага нацыянальнага адраджэння першай паловы XX стагоддзя*. У 1930-я гады, разам са 108 беларускімі дзеячамі навукі і культуры, быў арыштаваны па сфабрыкаванай справе так званага "Саюза вызвалення Беларусі" – гэта адзін з першых прыкладаў маштабных савецкіх рэпрэсій, якія абазначылі барацьбу камуністычнай партыі з любымі праявамі нацянальна-дэмакратычнага руху.

У тыя гады Максім Гарэцкі быў актыўным удзельнікам розных суполак у Вільні і Менску, якія найперш выступалі за незалежнасць Беларусі ад Расейскай імперыі. На адной з сустрэч у межах такіх суполак Гарэцкі пазнаёміўся з маладой паэтэсай Наталляй Арсенневай, якую стаў падтрымліваць. У 1943 годзе яна напіша верш "Малітва", які пачынаецца наступнымі радкамі: "Магутны Божа! Ўладар сусветаў,//вялізных сонцаў і сэрц малых,// над Беларусяй ціхой і ветлай//рассып праменне Свае хвалы". У 1949 годзе кампазітар Мікола Равенскі напіша да гэтага верша музыку, і на доўгія гады гэты твор стане неафіцыйным гімнам пасляваеннай беларускай эміграцыі.

У 2020 годзе падчас мірных пратэстаў супраць сфальсіфікаваных выбраў і паліцэйскага гвалту гэты гімн неаднаразова гучаў у розных кропках Мінска, ад станцый метрапалітэна да гандлёвых цэнтраў і фае сталічнага вакзала. На такі флэшмоб звычайна было не больш за 10 хвілін, пакуль, як у 1930-х, не прыязджалі міліцэйскія "варанкі", каб арыштаваць пратэстоўцаў.

Напачатку 30-х Максім Гарэцкі быў сасланы ў Вятку (тэрыторыя сучаснай Расіі), у лістападзе 1937 года арыштаваны і расстраляны, верагодна ў Курапатах – месцы масавых расстрэлаў, якія ладзіў савецкі НКВД у 1937–1938 гг. Там пахавана цэлае пакаленне беларускай інтэлігенцыі. За тэрыторыю Курапатаў амаль 30 апошніх гадоў ідзе барацьба паміж ліберальным грамадствам і афіцыйнай беларускай уладай, якая не прызнае Курапаты мемарыялам. Максім Гарэцкі быў афіцыйна рэабілітаваны ў 1957 годзе, але ніводзін з ягоных твораў не выдаваўся амаль да канца 1980-х.

Аповесць М. Гарэцкага "Дзве душы" стала крыніцай натхнення для філосафа і паэта Ігната Канчэўскага, аўтара праграмнага для беларускай філасофіі твора "Адвечным шляхам": у якасці псеўданіма Канчэўскі ўзяў прозвішча героя "Дзвюх душ" – Абдзіраловіч. Містычным чынам, у познесавецкі час дзвюма асабліва забароненымі беларускімі кнігамі аказаліся менавіта "Дзве душы" і "Адвечным шляхам".

* Беларускае Нацыянальнае Адраджэнне – сацыяльна-палітычны і культурны рух, галоўнай мэтай якога ставілася будаванне і захаванне беларускай незалежнасці і дзяржаўнасці на базе беларускай культуры, у тым ліку захаванне беларускай мовы як яе істотнай часткі.

"Мы – рунь, якая прабіваецца страшэннымі дажджамі і халадамі, але мы яшчэ некалі, як спелыя каласы на добрай ніве, закрасуем на роднай зямлі нашай..."

Ruń is Belarusian for "seedlings" or "winter crops"

Backcover of *Ruń* by Maksim Harecki, Vilnius, 1914

3500.

Прыймаецца падпіска на першы сельска-гаспадарскі месячнік

„САХА"

Падпісная цэна с перэсылкай: на 1 год—1 р. 20 к.; на 6 м.—60 к. Цэна асобнай кніжкі 8 к., с перасылкай 10 к.

Падпіска прыймаецца с кожнага месяца.

Адрэс: Мінск, Александроўская вул. № 25.

Рэдактар-Выдавец **А. Уласоў.**

Падпіску прыймае такжэ **„Беларуская кнігарня"** Вільня, Завальная 7.

„ЛУЧЫНКА"

Літэрат.-навуковы месячнік Беларускай Моладзі

Выходзіць што месяц кніжкамі ад 32—48 стр. у кожнай; падпісная цэна с перасылкай: на 1 год—2 р.; на 6 м—1 р., на 3 м.—50 к. Цэна асобнай кніжкі — 15 кап., с перасылкай—17 к.

Падпіска прыймаецца с кожнага месяца.

Адрэс Рэдакціі: Мінск Александроўская вуліца № 25.

Рэдактар-Выдавец **А. Уласоў.**

Падпіску прыймае такжэ **„Беларуская кнігарня"**, Вільня, Завальная 7.

„ІСКРАЧКА"

Беларускі месячнік для даяцей, выходзіць кніжкамі ад 16 страніц.

Падпісная цэна с перасылкай: на 1 г. 60 к., на 6 м. 30 к. Цэна асобнай кніжкі 3 к., с перасылкай 5 к.

Адрэс: Мінск, Александроўская вул. № 25.

Рэдактар Выдавец А. Уласоў.

Ad paczatku 1913 hodu wychodzić u Wilni tydniowaja katalickaja hazeta

„BIEŁARUS"

Kasztuje na hod 1 r. 50 k. na 6 m. 80 k. Asobny numer 3 k., s pierasyłkaj 5 k. Probnyje numery wysyłajucca DARMA. Adr.: Wilnia, Wilenskaja wulica 18—6.

Ruń, the first book by the writer Maksim Harecki (1893–1938), is a collection of prose and an eponymous lyrical and philosophical story about the first generation of Belarusian intellectuals who raised the question of national identity.

Maksim Harecki (1893–1938) was a Belarusian writer, folklorist, literary critic and public figure in the period of Belarusian national revival of the first half of the twentieth century.* In the 1930s, he and 108 other Belarusian scientists and cultural figures were arrested in the fabricated case of the so-called Union of Liberation of Belarus. It was one of the first examples of the large-scale Soviet repressions which marked the beginning of the Communist Party's crackdown on any manifestation of the national democratic movement.

In those years, Maksim Harecki was an active member of various associations in Vilnius and Minsk that primarily advocated for Belarus's independence from the Russian Empire. At a meeting of one such association, Harecki met a young poetess, Natallia Arsienjeva. In 1943, she wrote a poem entitled "Malitva" (Prayer), which begins with the following lines: "O God Almighty! O Lord of creation, // Of splendid suns and of humble hearts, // To Belarus, peaceful and patient, // The radiance of Thy glory impart." Composer Mikola Ravienski set this poem to music in 1949, and for many years it was the unofficial anthem of the post-war Belarusian émigrés.

During the peaceful protests against electoral fraud and police brutality in 2020, this anthem was sung multiple times in various locations in Minsk–from subway stations to shopping malls, and even in the hall of the capital's railway station. The participants of these flash mobs usually had no more than ten minutes before police squads arrived–like in the 1930s–to detain the protesters.

In the early 1930s, Maksim Harecki was exiled to Vyatka (now–Russia). In November 1937, he was arrested and shot, presumably at Kurapaty–the site of mass shootings orchestrated by the NKVD in 1937–1938. A whole generation of Belarusian intellectuals is buried there. For almost 30 years now, the territory of Kurapaty has been the subject of a dispute between the liberal society and official Belarusian authorities.

Maksim Harecki was officially rehabilitated in 1957 but none of his writings were published until the late 1980s.

Harecki's novel *Two Souls* (1919) was an inspiration for the philosopher and poet Ihnat Kančeŭski, author of the seminal philosophical work *Following the Eternal Path* (1921): Kančeŭski chose his pen name, Abdziralovič, after the protagonist of *Two Souls*. Mystically, the two Belarusian books that were particularly tabooed during the late Soviet period were *Two Souls* and *Following the Eternal Path*.

* Belarusian National Revival was a social, political and cultural movement whose main goal was to build and preserve Belarusian independence and statehood on the basis of Belarusian culture, including the Belarusian language as its integral part.

"We are ruń pushing through dreadful rains and frosts, but one day we, like ripe ears of wheat on good soil, will flourish in our homeland..."

Знак Скарыны
Skaryna sign

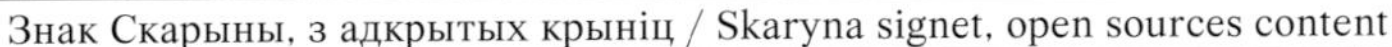
Знак Скарыны, з адкрытых крыніц / Skaryna signet, open sources content

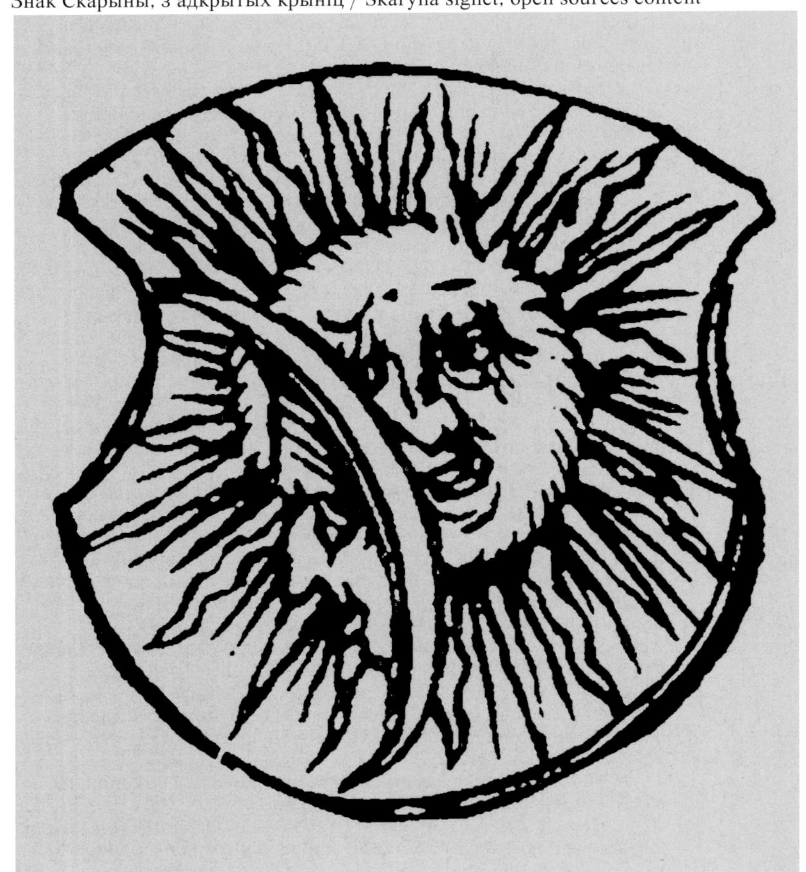

Знак Скарыны – асабісты сігнэт Францыска Скарыны, які ўвасабляе вобраз Сонца, паглынаючага Маладзік, і звычайна звязаны з некалькімі інтэрпрэтацымі. Па адной з версій, Сонца ўвасабляе веды і адсылае да хрысцінскага сімвалізму, перш за ўсё звязанага з фігурай Хрыста і новага запавета. У той час, як Маладзік – гэта сымбаль маладосці і будучыні, якая звязана з вобразам Божай Маці.

Згодна з другой версіяй, у гэтым сігнэце Скарына зашыфраваў дату свайго нараджэння, акурат у год поўнага сонечнага зацьмення ў 1486 годзе.

Francysk Skaryna’s personal signet, known as “Skaryna’s Sign”. It represents the Sun, swallowing the Moon and invites multiple interpretations; among other things, the sun was used as a symbol of knowledge and as a metaphor for Christ, while the moon in its first phase could be a reference to youth and the future, a representation of Virgin Mary.

Another version is that Skaryna encoded the year of his birth into the signet, implying that it was a year when a solar eclipse occurred (1486).

Ihar Babkoŭ

Ihar Babkoŭ, born in 1964 in Homiel, is a philosopher, poet, and cultural studies scholar. After graduating from the Faculty of Philosophy of the Belarusian State University, Babkoŭ completed his Ph.D. studies in philosophy there. He worked at the Institute of Philosophy of the National Academy of Sciences of Belarus. His main field of interest involves postcolonial theory and the history of philosophy. Ihar Babkoŭ is one of the co-founders of the "Belarusian Collegium"—an informal educational institution that has been working in Belarus since 1997, spreading the knowledge of the humanities to a wider audience. Babkoŭ is the laureate of literary awards such as Gliniana Viales (1992), Golden Letter (2005), Golden Apostrophe (2012), Jerzy Giedroyc Award (2014), Vyšehrad Literary Award (Bratislava, 2014), "Transparent Aeolus" Award (2019). Finalist of the Angelus Central European Literary Award 2009 (Wrocław), he lives and works in Minsk.

Ruins, Ruń,[1] and Heaven is Near: Contemplating the Landscape of Ruins Left by the Kingdom

1 Ruń is Belarusian for "winter crops", or "field ready for sowing".

Ihar Babkoŭ in conversation with Anna Karpenko

AK How has the theoretical construct of "interpreting ruins,"[2] which you once used to describe Belarus, changed over time? What has become of the ruins and the Kingdom some 30 years later? What historical, cultural, political, and existential layer of reality are we dealing with today?

IB The notion of "ruins" refers to the textbook poem by Ales Razanaŭ. The poem is cosmic, metaphysical and desolate; all that's there are the ruins, the ruń, and the heaven is near. The Kingdom of Belarus refers to a short story or, more precisely, a recollection from Kazimir Brandys's childhood. It features a shadow of a Belarusian soldier, an exile from the Belarusian People's Republic; when a Polish boy asks him where he's from, he tells the boy an almost-fairy tale about the Kingdom of Belarus, something they fought for and lost.

In the early 1990s, when these images came together as a conceptual whole, things looked confusing, but promising. The ruins that suddenly appeared out of the gloom of the late-Soviet life forms, took us back in time, enchanting us with possibilities that never materialized. The past was epic; it set the scale and was a catalogue of forms and ideas. The Kingdom's future, on the other hand, was open-ended, disturbing and imminent.

Today we understand that these concepts worked together and in sync, although they occupied different niches of reality. On one level, we see the utopianism of the "Kingdom" as a reaction to the brutal and realistic surface of things. But this utopianism was not by any means cultural

2 "RUINS" is one of the essential words of Belarusian cultural tradition; this word is yet to be recognized and comprehended. Ruins per se are always in plain sight. However, certain instincts of thinking prevent us from perceiving their explicit and self-sufficient nature. Such instincts divert thoughts—to the past or the future—and leave the ruins to their true master, the eternal "now". In defiance of these instincts, which only deal with the "great past" or inspire people to build a "great future" (which we mistakenly call the "renaissance mindset"), let us try to stay here and now, among the ruins, delving into their concept and their truth.

The very notion of ruins is in many ways paradoxical. Humanity has gained rich experience in transforming the space of nature into the space of civilization. For today's global consciousness, the Earth is nothing but material for human labour; it must be "cultivated", "utilized", and "put to work". Technology and what arises from it increasingly becomes an "artificial body", or a self-made home, of a human.

Ruins mark the reverse process: the transition of the space of civilization into the space of nature. They crumble and disappear, leaving nothing but words. We refer to these words as HERITAGE. Ruin, decay, and homelessness are the tacit essence of all heritage, its foundation and support. Indeed, civilizations are mortal. They leave us a heritage of dead signs that we can't make use of. You cannot restore or destroy this heritage, you can only interpret it. The interpreter's job is to "give meaning to words."

Babkoŭ, I. M. Karaleŭstva Belarus. (Babkoŭ I. M., The Kingdom of Belarus) Vytlumačenni ru[i]naŭ (Interpreting Ruins).—Minsk: Lohvinaŭ, 2007, p. 10.

escapism, not a getaway from reality. Rather, it was an anti-colonial mechanism for unlocking the future in a context of geopolitical haziness; a gentle opposition to the geopolitics which had no place for us at the time.

Meanwhile, the past (the ruins) was completing the line of time, giving us a strategic depth of insight into ourselves. It presented us with a sense of history and taught us not to trust too much or get too attached to the masks and structures we saw on the outside. Everything could have been different! Or maybe it is different, in another, alternate reality.

These two vectors of life and thought intersected and collided in the present, which, in the postcommunist era, was perceived as a fasting period, or a time of transition. Ironically, all of these things combined forced us to be positive and integrative rather than critical or "deconstructivist".

As a result, we witnessed an incredible outburst of forms and ideas in the recent history of Belarus. We all wanted to get through this era as quickly as possible, so we could finally reach our final destination: normality.

Today we have a clear feeling that this period has finished, although not at all in the way we hoped. Postcommunism in Belarus (and beyond) ended tragically. It was nothing like a meeting hall with speakers, flowers, and a closing address. It ended with revolutions, wars, ruins, and an uncertain future. With time being reset to zero.

The new era that we are facing can be called the era of uncertainty; sometimes it does not have any paradigm. On the one hand, there is an incredible technological ... not a breakthrough, nor a revolution ... rather, a leap. On the other hand, there is a feeling that all social and political forms, all cultural codes, are being challenged.

On the outside, we see new local groupings and regional alliances, including the reconsolidation of the West which is no longer based on Wallerstein's scheme of global (and non-equivalent) exchange between the centre and the periphery, but on a new powerful civilizational and political alliance, potentially self-sufficient. As for the peripheries, they are largely left to themselves, forced to construct themselves, to search for *their own* logic and *their own* metaphysics.

This new rupture has led to tragic outcomes within our region—the Eastern European frontier, or the Intermarium. We have come all the way from Fukuyama's *end of history* to Huntington's *clash of civilizations*. Ukraine chose the West and got a war from the East (and with the East). Meanwhile, Belarus essentially split within itself—into two parts, hostile to each other and painfully separated, each of them incomplete and dependent.

Nevertheless, we still have the previous era that we have lived through. It has persisted as a place in time and space that undeniably did happen. As a foothold, as a home. As collective memory. It has persisted as *our country*.

It's very important. The past and the ruins are now not just a catalogue of alien forms, but our treasure and heritage. New Belarusian culture with updated cultural codes, ideas and strategies, new generations of creators. Our "heritage manifested in time", as Ales Razanaŭ would say.

This is especially important now that our history is repeating itself. We can no longer cling to placid provincial irresponsibility, hoping that somebody of importance will think for us and take care of us. We are forced to cope with the shared time and historical irreversibility; to live and think not only for ourselves but also for all of humanity. *For all living things.*

Let's get back to the poem by Ales Razanaŭ:

Алесь Разанаў з цыкла "Квантэмы" // Выстрыё стралы, Мінск. – Мастацкая літаратура, 1988.

the ruins are covered with dust
ruń
resurrects the runes,
Heaven is near

I would call the feeling that "Heaven is near" the main metaphysical outcome and achievement of the past thirty years.

AK Adopting universal canons—from the forms of social and political life with which empires adorn their colonies, to the Western European mode of thinking as the only and universal—leads to the depletion of the local topoi, if there is no place for geopolitical or intellectual periphery in the general scheme of things, even if you "understand Foucault better than he understands himself". Where does Belarus belong today, or where can we locate the Belarusian topos?

IB I am tempted to say that our thirty years of independence have been *thirty years of strategic solitude*, of standing up for ourselves and our identity in a situation of partial/total misunderstanding. And today we are in the same place where we have been for the last few centuries, but we are feeling much more self-confident and obviously more reflective. We have lived and created our own forms, (not) being aware of our conceptual absence in European discourse, in the collective image entertained by the West. It is indeed a strange experience.

On the one hand, there are exclusion and displacement mechanisms in operation, which relentlessly try to persuade you that your true place is in the void, in the backwardness, in the lag, in the bygone days.

On the other hand, there's our reality. Despite everything, you are experiencing/contemplating yourself—your history—in a unified, shared time, shaping the results of contemplation into forms and formats of culture. After a certain amount of time, this contemplated and experienced reality becomes autonomous and self-sufficient. It becomes a backbone and a foothold. A point of reference. A tradition. Now, when developing cultural strategies, you don't necessarily have to rely on the context (being here and now, "tuteišasc"[3] (localness), or to appropriate fragments of the canon (overcoming its alienation and otherness); you can also lean on genealogy (tradition, recent history).

Curiously enough, Belarusian absence during this time has become a favourite topic for reflection, a place for cultural discoveries, and even a corporate brand. These practices of exclusion, oblivion, and disregard provide grounds not only for the "we-have-been-forgotten-again" kind of resentment or deconstruction of the "damned imperialists", but also for funny stories and anecdotes. We have finally realized that absence is a perfect point of reflection, a ferment for thought, soil and birthplace of all things existential.

It is no coincidence that Valiancin Akudovič[4] with his renowned intellectual imperative "I'm absent" has become the iconic thinker of the era. Yet, this "comfortable Belarusian absence" is not forever.

AK In recent postcolonial discourse, which unites art and writing with activism, the issue of "the national" is often understood as a right-wing concept or something that should be rejected as an anachronism of European modernity. Supporters of this stance view the national language issue as something that should soon become obsolete or as a vestige of the modernist worldview. But since 2020, the "language issue" in Belarus has been enjoying a second life: people who had not spoken the Belarusian language for decades and had considered it dead, eventually switched to it and began to use it on a daily basis. How does the modern-national fit into the context of the universal-postcolonial? Which postcolonial theory is suitable for describing Belarus?

IB Yet, this "comfortable Belarusian absence" is not forever. First of all, let me clarify something: the intellectual position you've described is characteristic of the left and

3 Tuteišyja (Polish "tutejsi", Lithuanian "tuteišiai") was the name that the inhabitants of Paliessie (southern Belarus) and Padliašša (western part of Belarus) used to call themselves in the 1920s. The population of this region was multicultural and polyethnic. Because the region changed hands frequently over the centuries, and the people who lived there were variously part of Poland, Germany, or the Russian Empire, they did not understand themselves to belong to any mono-ethnic community. Instead, they held their "tutejšyja" identity—a certain Dasein in a certain territory of "here and now". The term became especially popular and widely used as a synonym for Belarusianness after the publication of Janka Kupala's tragicomedy, a classic of Belarusian literature, "Tuteišyja". The piece recounts the events during the civil war, when various occupying authorities succeeded one another in Belarusian lands over the course of several years, sometimes as often as every few months: first there were the Germans, then the Poles, then the Red Army. Mikita Znosak, the main character of Kupala's tragicomedy, practices political opportunism in the ever-changing environment, which results in his being arrested by the Soviet NKVD in the end. The first attempt to stage "Tuteišyja" was made in 1925–1926 by the Belarusian Drama Theatre, but the play was banned. The original piece was not staged until 1990 when the Janka Kupala National Academic Theatre in Minsk included it in its repertoire. The play was part of the theatre's season scedule for many years. The 2020 protests saw almost the entire theatre staff denounce police brutality and torture and resign. Most of them are now living in exile.

4 Valiancin Akudovič is a Belarusian philosopher whose work *The Code of Absence*, Minsk: Lohvinaŭ Publishers, 2007, has become one of the keynotes in discussions about Belarusian mentality.

left-liberal wing of Western mainstream discourse. They see "the national" and "the nationalistic" as a vestige, allowed in backward peripheral regions and only as a tool of mobilization and fight against imperialism–or against some local social and political forms that are even more archaic than imperialism. In general, the "ban on nationalism" within modern European societies has its place in time and is related to the late-modern practice of "capillary power", a soft power that is fueled by diversity and that inevitably deteriorates and fails in any attempt at populism or total mobilization.

For the rest of the postcolonial world, "the national" is simply one of the forms of social perspective, which has its roots in Western modernity, but has long been separated from them, hybridized, and became simply a social topos and tool. Postcolonialism does not sacralize or demonize the national (nor the entire legacy of Western modernity), but tries to see it in specific circumstances, in certain forms and with certain objectives.

As we remember, communism, as a sociopolitical project seen from a sociological perspective, was an attempt to modernize the periphery, an aspiration to "catch up and overtake" Western modernity. In this sense, it is dependent on Western modernity and inherits its forms. It relies on the practices of violent, totalitarian social constructivism, social engineering even, and is a special dark side of the Enlightenment. The Soviet version of communism had additional neoimperial practices of russification, in which Russian-Soviet culture was "built on top" of local "national" fragments as a universal layer. What is important to understand is that Russian culture was then being "cleansed" of any local, regional features, of any ties binding it to time and place, while socialist nations were being robbed of any historical agency.

The intellectual history of the postcommunist era is associated, firstly, with a shift in universality, with the return to the Western paradigm in its basic, mainstream version, as opposed to its alternative, peripheral Russian one; it's also associated with the increasing complexity of the cultural landscape, and the transition from the Soviet-Russian monolith to ever more sophisticated and diverse forms of life and thought. Especially in our region, in the Eastern European frontier.

Therefore, raising the topic of "nationalism" in respect of the Eastern European frontier—thrice-colonized, civilized and geopolitically divided, traditionally multilingual and multiethnic–can be considered a classic example of conceptual formalism, intellectual inadequacy in that the Late Modernist scheme of modern Western societies is projected uncritically onto a completely different context.

There is something deeply cynical and immoral about trying to label the first attempts to reconstruct the forgotten, silenced voices and cultural codes as nationalism. In this case, it's important to always be specific. To see and understand who is doing this and why. In what context. And how it works.

The case of the Belarusian language is particularly interesting and revealing.

First, the return of the Belarusian language is foremost a beautiful and morally impeccable gesture. This movement begins in the urban neighbourhoods of the 1980s, in a situation where natural places and drivers of its development (the Belarusian village and traditional culture) were either destroyed or neutralized; it then continues into the 1990s, when the language is "urbanized" and becomes intrinsic to the cities; then come the 2000s and the 2010s, when a new, defiant Belarusian culture is born. All along, the Belarusian language has been high on the list of national priorities; moreover, after 2020 it gained value in the eyes of the local middle class.

Second, it is not a replacement of one language by another (Russian by Belarusian), but an addition, a shift from monolingualism to true multilingualism and multiculturalism. In this sense, it's identity modification. A shift from the paradigm of totalitarian colonial outskirts to the idea of a cultural and civilizational frontier. After all, where there is Belarusian, there is also Ukrainian and Polish. Where there is a return of tradition, there is Lithuanian and local Jewry.

One more thing. As we recall, the right and the left in the political field of modernity are genealogically linked to the choice of a position in the hall of parliament, or in the space of representation—to the right or to the left of the king. From this perspective, the symbolic distribution of seats in the postcommunist space was different: it was the very access to the hall, to the space of European "presence" that was essential. This access was controlled by the centre, and it was not a question of choosing between the right and the left, but rather of choosing a place in the queue. Of permission to be present.

If we go back to "nationalism" and "language", and to the history of local Eastern European responses to Pan-European challenges, it is not enough to state that the Eastern European frontier is still still intrinsically postcolonial. It's not enough to just run around looking for colonizers. It is important to show a positive agenda. To overcome the dichotomy at some point. To forget postcolonialism.

This shift happened at the turn of 2019–2020. We all remember the strange sensation of seeing something unexpected, almost mystical, but at the same time absolutely real. It was as if reality gained another dimension: our common future. What political scientists and journalists label as the "2020 revolution in Belarus" was not really a fight for power (there was no one who could fight). It was a revelation, the birth of another dimension of Belarusian identity—a sense of a future. A Belarusian dream. Or maybe even an idea of Belarusian nationhood.

AK The creation of any canon is closely linked to the printed word. In the case of Belarus, there is an additional "linguistic dimension" to it. On the one hand, there's a history written not by us and not on our behalf. Here I am referring primarily to the tradition of Soviet Russian-language historiography and the rare instances when somebody opposed it, like Aliaksandr Cvikievič's (1888–1937) in his book *Western Russicism. Essays in the History of Public Thought in Belarus in the 19th and Early 20th Centuries*, where the author examines the history of consistent and widespread russification of Belarus under the Russian Empire.[5]

On the other hand, there is the example of Francysk Skaryna,[6] who brought the Belarusian printed word to the table of the pan-European project, having printed the Bible in the national language in 1517–1519. You once presented Skaryna as an adventurer, a businessman and a cross-cultural figure. How is Skaryna's legacy connected to the idea of freedom in Belarus today?

IB "The Skaryna Paradigm" is still being discovered as a possibility; today it is not the past but the future of the culture. On the one hand, it is a desire to go through the forms, to experience and understand everything; on the other hand, it is a very intimate feeling of home, to which we return with knowledge, and to which we harbour love and fondness. Skaryna is not just a traveller but a careful observer and a thoughtful commentator of "depths and heights". No wonder Kančeŭski chose him as a cultural hero, the creator of the main code of Belarusian culture.

Today, this Skaryna paradigm is not so much on hold as it is torn. We have actually arrived at the point where there are two Belarusian realities with two separate modes of cultural logic. And it's not just a gap between authoritarian and democratic, or between the mainland and the diaspora. These are two different paths. The path of a cultural avant-garde that pushes forward across the world, delving into foreign languages and cultures, into unfamiliar landscapes—and, furthermore, into a non-reality. And the path of localness, rootedness, by which one returns to the warm, contextual practices of culture with values and meanings being born here and now, in a particular place and time. Both paths could bring new acquisitions and discoveries, present mutual claims, cause disagreements and disputes, give way to smugglers and book peddlers,

5 Cvikievich A. "Zapadno-russizm": Narysy z historyi hramadzkaj mysli na Belarusi u 19 i pachatku 20 v. / Pasliaslouje Aresnija Lisa / Miensk: Navuka i Technika. 1993. 2-je vydannie.
The entire print run of the book (3,000 copies) was destroyed in 1929, immediately after publication.

6 Francysk Skaryna (1490(?) Polack–1551–1552 Prague)—Belarusian enlightener, first East Slavic book printer, humanist and writer. Bachelor of Arts (Jagiellonian University, 1506). Doctor of Medicine (University of Padua, 1512). Between 1517 and 1519, he published over 23 illustrated Bibles in Prague, having translated them into the Belarusian variant of the Church Slavonic language. After moving to Vilnius in 1520, he opened the first printing house in Eastern Europe. The building on present-day Stiklių Street that housed the printing house has been preserved and marked with a commemorative plaque.
In 2005, by the decree of Lukashenka the main avenue, which had borne the name of Francysk Skaryna since 1991, the year Belarus became independent after the collapse of the USSR, was renamed into Independence Avenue. A small street in Minsk, far from the centre, is now named after Skaryna. In the intellectual and cultural communities of the time, the event was immediately perceived as political. For conscious and committed Belarusians, Francysk Skaryna was a symbol of national revival and Europeanness. For supporters of the official authorities, he is an bothering figure, a proof of the centuries-old ties between Belarus and Europe as opposed to Russia (read: the USSR). In one of his speeches, Lukashenka once even blurted that Skaryna lived and worked in St. Petersburg (which was not founded until 1703!). The cluster of Russian-oriented Soviet culture has always been a powerful tool for the Belarusian authorities to repress and suppress dissidents. Prior to the renaming of Francysk Skaryna Avenue in Minsk, Lukashenka's press service said that these "toponymic changes took place to mark the 60th anniversary of the Soviet people's victory in the Great Patriotic War and in response to numerous requests from veterans and residents of the capital".
Prior to the renaming of Francysk Skaryna Avenue in Minsk in 2005, Lukashenka's press service said that these "toponymic changes took place to mark the 60th anniversary of the Soviet people's victory in the Great Patriotic War and in response to numerous requests from veterans and residents of the capital". On the same year along with Skaryna Avenue, the authorities also renamed the Avenue named after Piotr Masheraŭ, Head of the Soviet BSSR from 1965 to 1980; he died in a car crash under unknown circumstances and was considered a political figure who, despite his dependence on Moscow, successfully pursued a Belarusian-oriented policy.

inspire the growth of new high-profile projects and quiet gardens of meanings.

Yet this culture itself is not divided; it is forced to remain unified and common, even in times of war and partitions. It creates its own territory, a "third reality", as Razanaŭ once called it.

Once, in the second half of the 1990s, when the Belarusian PEN Centre was organizing expensive and somewhat pompous "congresses in defence of freedom and democracy", Razanaŭ gave two talks, unheard then and unread later. One was about the autonomy of literature, which should create reality, instead of merely accompanying, assisting or reflecting it. The second was about freedom, or rather its radical absence in the real world, in the midst of living and dead matter. Freedom can only arise or be born as a deeply metaphysical act. In its essence, freedom is metaphysics, its practical consequence.

These days, my concern is not external coercion, an apparent numbness within the country, nor even some unconscious turmoil, or senseless activism outside it. It is the disappearance of metaphysics, the postponement of the mission.

Amidst the tragedy of war, violence, thousands of deaths, it is very easy to put aside the very idea of culture as an autonomous territory, a place for freedom, to turn it into just another argument (and tool) for the righteous war that "our side" is fighting.

All the "Hôtels Lambert"[7] and governments-in-exile disappear within one generation. Sometimes even faster. All that remains are books, texts and ideas, translations and art works. When people preserve and pass on the "eternal fire" of thought, awakening, courage, and collective memory, the tradition remains.

This is what I believe in.

7 In 1830–1831, in the Polish-Lithuanian Commonwealth, which comprised the Belarusian and Lithuanian lands, Poland and parts of Ukraine, an uprising erupted to restore the Commonwealth within its 1772 borders, i.e. before the partitions, when some lands had fallen into the hands of the Russian Empire. Some of the uprising participants formed a coordination office in Paris at the Hôtel Lambert; the office was intended to become a legitimate government once the participants returned home. The very tradition of governments in exile has a long history in Belarus. The Council of the Belarusian People's Republic (BNR), founded in 1918, was forced to leave Belarus in 1919 due to persecution, and today one of the oldest government in exile.

Сяргей Лескець

Сяргей Лескець (*1984) – фатограф, даследчык. Нарадзіўся ў вёсцы Турэц-Баяры Маладзечанскага раёна Менскай вобласці. Жыве і працуе ў Маладзечне (Беларусь). Сваю даследчую і мастацкую працу прысвяціў вывучэнню архаічных рытуалаў і знікаючай культуры беларускага Палесся, чым і працягвае займацца. Аўтар кнігі-бестселера "Шэпт", прысвечанай традыцыі шаптання і загавораў.

Сяргей Лескець, Шэпт, 2012 – 2022, лайтбокс фота 140 × 160 см, аб'екты, гук. Фота: Сяргей Лескець

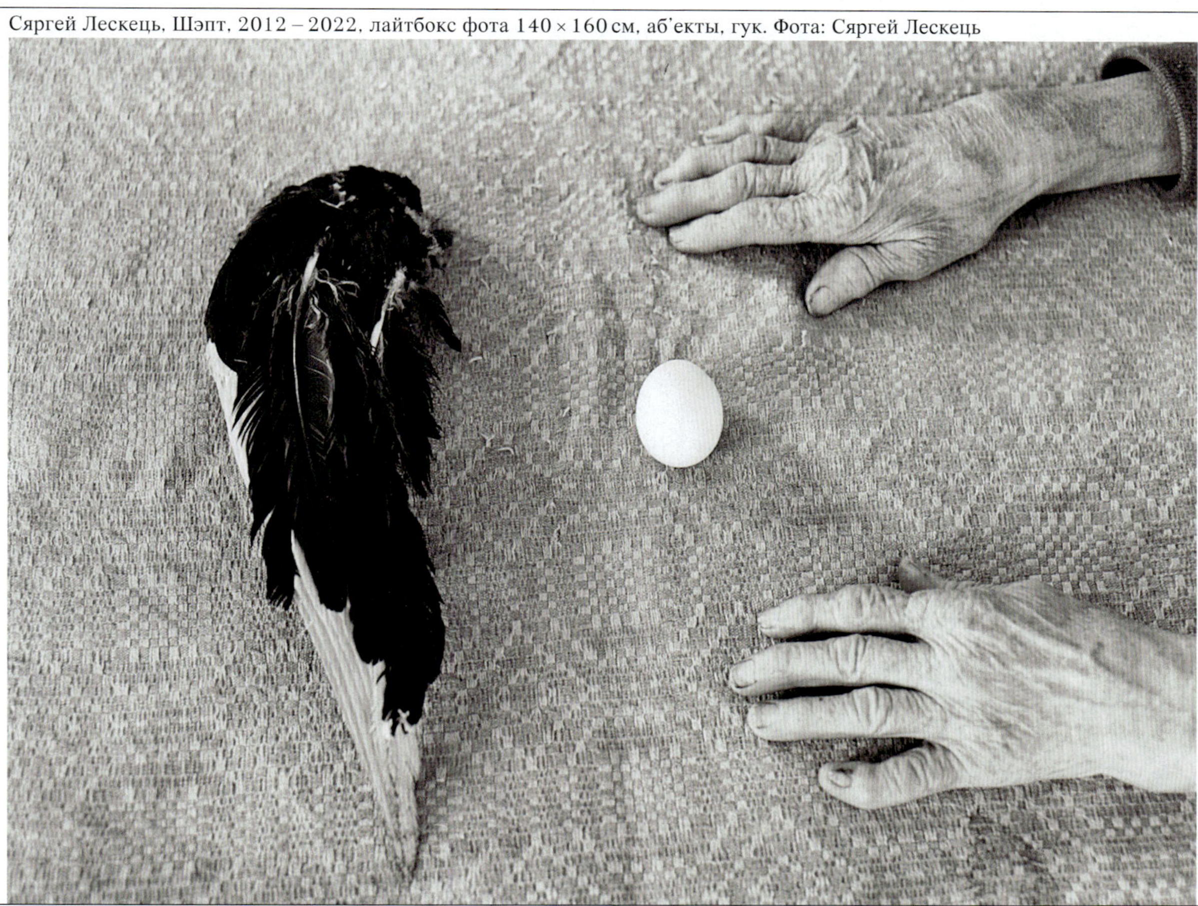

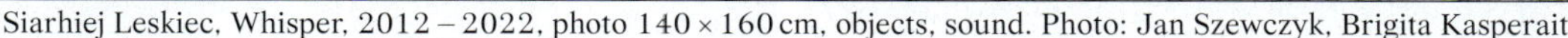

Беларусь – адзін з нешматлікіх рэгіёнаў кантынентальнай Еўропы, дзе захавалася традыцыя лекаваць шэптам, замовай. Традыцыя настолькі старажытная, што бярэ пачатак у глыбінях тысячагоддзяў, калі з'явілася само слова і набыло магічную моц. Таямнічыя і закрытыя для чужых веды зберагаліся і перадаваліся на працягу многіх пакаленняў пераважна па жаночай лініі, ад бабулі да ўнучкі.

Сёння тых лекарак становіцца ўсё менш. Большасць адыходзіць, так нікому і не перадаўшы навуку лекаваць родным словам, на мове, якая хутчэй мае статус маргінальнага дыялекту, чым штодзённай практыкі. Перажыўшы тысячагоддзе ўціску з боку пануючага хрысціянства і халады сталінскіх ГУЛАГаў, традыцыя шэпту знікае, не вытрымаўшы працэсаў урбанізацыі, а таксама праз незапатрабаванасць і бязвер'е нашчадкаў.

Сваё даследаванне самай закрытай і архаічнай беларускай з'явы Сяргей Лескець пачаў у 2012 годзе з мэтай "зняць партрэты апошніх людзей прасторы міфа".

Але неўзабаве сам апынуўся часткай знікаючай міфалагічнай прасторы палескага шэпту.

Siarhiej Leskiec, Whisper, 2012 – 2022, photo 140 × 160 cm, objects, sound. Photo: Jan Szewczyk, Brigita Kasperaite

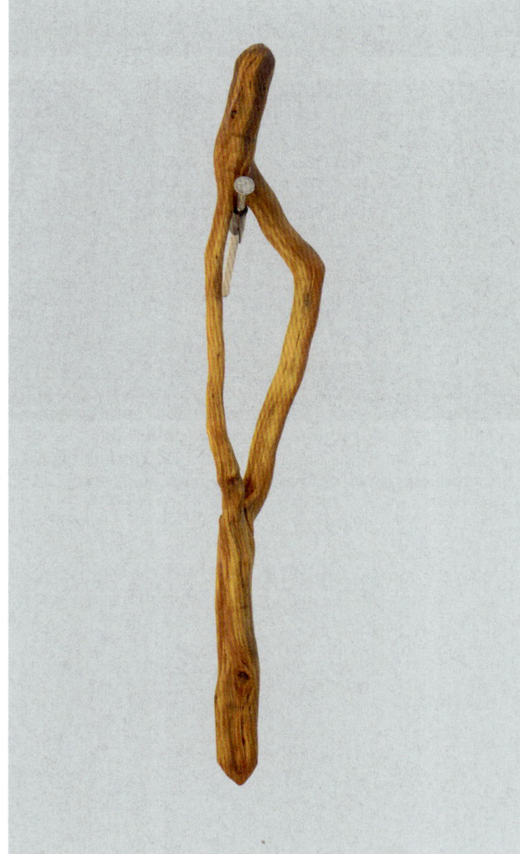

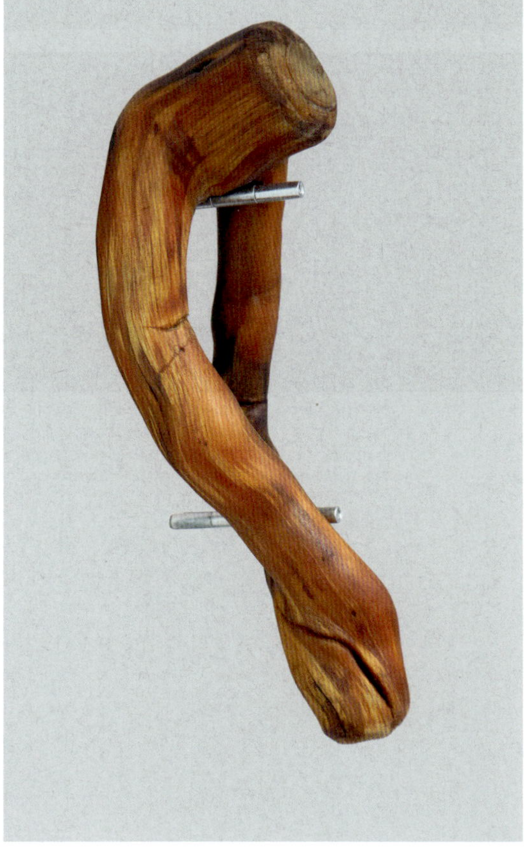

Palesse in Belarus is one of the only regions in Europe where the tradition of healing through whispering and prayers still exists, a tradition that goes back centuries. The secret knowledge, never imparted to outsiders, has been handed down over the generations, usually by grandmothers to their granddaughters. Today there are very few healers left, and it is almost impossible for them to pass on the art of healing in their own mother tongue. The tradition, which was suppressed by Christianity for centuries and survived the violence of the Stalinist penal camps, is dying, because it is no longer of interest to the younger, more urban population. Siarhiej Leskiec began his research on the archaic healing method in 2012, in order to "portray the last people who live in a world of myths."

Сяргей Лескець. Праект Шэпт. Фота з прыватнага архіва мастака

Siarhiej Leskiec: Whisper project, from the private archive of the artist

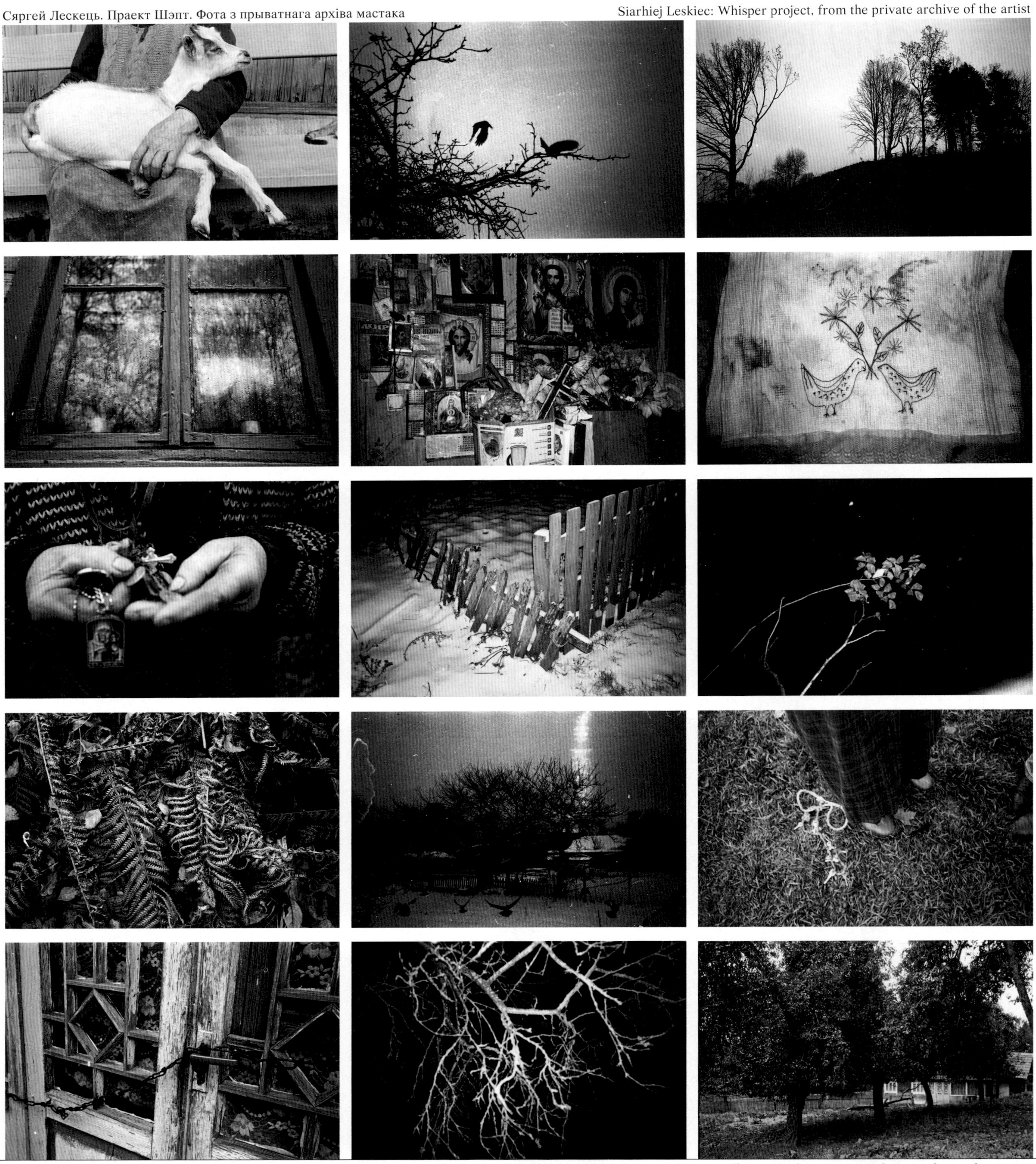

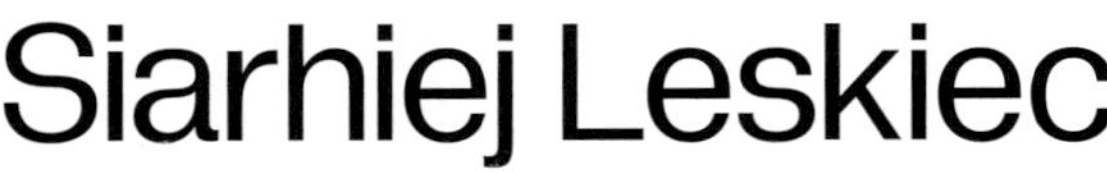

Siarhiej Leskiec

Siarhiej Leskiec, born in 1984 in Turets-Bayary village, Minsk region, is a photographer and researcher. His artistic practice focuses on daily life, folk traditions and the rituals of Belarusian rural culture. In a long-term project he documented the unique process of healing by whispering, practiced mainly by women in the Palesse region in Belarus.

Паганскі слоўнік ад Сяргея Лескеця

Шэпт

Сяргей Лескець

Шэпт – традыцыя лекавання словам, адна з самых старажытных і архаічных у Беларусі. Гэта можа быць простая замова-малітва, прачытаная напаўголасу, калі хворы чалавек чуе словы, але не можа да канца разабраць іх сэнс, бо словы гэтыя сакральныя, не для ўсіх. Шэпт таксама можа суправаджацца такімі рытуаламі, як вымерванне цела хворага льнянымі ніткамі, спальванне над галавой кудзелі, пераліванне вады праз адтуліну ў якім-небудзь прадмеце (вушка сякеры, нажніцаў, дзвярной клямкі, драўлянай крывулі).

На беларускіх землях шэпт існаваў задоўга да з'яўлення аўраамічных вераванняў. У гэтай традыцыі само па сабе слова і вымаўленне замовы ёсць рытуалам, першароднай магіяй. Натуральна, што не абышлося без пэўнага сінкрэтызму, змяшэння вераванняў і рэлігійных ідэй.

Носьбіты традыцыі шэпту лічаць сябе шчырымі хрысціянскімі вернікамі, але не ў тэалагічным, царкоўным, а ў народным разуменні рэлігіі. Знахар ці знахарка – гэта пасярэднікі, праваднікі паміж светамі, уладальнікі ўнікальнага дару, якія звяртаюцца да вышэйшых сілаў па дапамогу ў лекаванні хваробы. Для іх аднолькава роўна звяртацца да Дзевы Марыі ці Зары-Зараніцы, Ісуса Хрыста ці Палявога Гаспадара. У гэтым падабенства нашай традыцыі са шматлікімі лекавымі практыкамі свету, ад Лацінскай Амерыкі да Сібіры.

Усе замовы зафіксаваныя на беларускай мове, якая сёння знікае, як і сама традыцыя шэпту, замацаваная на словах гэтай мовы.

Традыцыя перажыла тысячагоддзе ціску з боку хрысціянства, якое прыйшло да нас у 980 годзе. І жыла яна, пакуль існавала беларуская вёска. Савецкі час заклаў такія працэсы, якія сёння знішчаюць вёску катастрафічнымі тэмпамі. Перш за ўсё, калектывізацыя фактычна зруйнавала збудаваную стагоддзямі сувязь чалавека са сваёй зямлёй, якая гвалтоўна была перададзена калгасам. Па-другое, канешне, шалёная ўрбанізацыя. І калі на Захадзе гэта адбывалася натуральна і паступова падчас індустрыяльнай рэвалюцыі, то ў савецкай прасторы ўсе гэтыя працэсы яшчэ суправаджаліся гвалтам і рэпрэсіямі. Традыцыйная культура становіцца зусім іншай, калі трапляе на гарадскую глебу.

КРЫВУЛІ

Сяргей Лескець

Крывуліна – анамальна зрослая ў кальцо галінка дрэва, якая ўтварае сабой невялічкае акенца. Такой прыроднай анамаліяй, калі галінка адрастае і зноўку зрастаецца са ствалом дрэва ў адно цэлае, карысталіся знахары пераважна на паўночным захадзе Беларусі. Людзі верылі, што гэта быццам партал у іншасвет, і некалькі разоў пералітая праз тую адтуліну вада перанараджаецца, калі пераадольвае прадмет, набывае звышздольнасць лекаваць хворых ад злога вока і спуду. У іншых рэгіёнах з такой самай мэтай маглі праліваць ваду праз вушка нажніцаў, пройму ў непрымацаванай сякеры, пячную юшку, дзвярную клямку, а таксама праз драўляныя вуголлі. Далей над вадой чыталі словы, пасля пілі яе, змывалі твар альбо хворае месца.

ЛЕС

Сяргей Лескець

Лес – старажытная і архаічная з'ява ў светабудове беларусаў. Яшчэ 100 гадоў таму лес займаў 70–80% тэрыторыі нашай краіны. Лічылася, што гэта прастора іншасвету, дзе знаходзяць прытулак душы памерлых. Чалавек заўсёды ішоў у лес як госць. Існавалі рытуалы, якія трэба было абавязкова выканаць перад тым, як зайсці ў лес, каб не быць пакрыўджаным яго гаспадаром, не патрапіць на звера і атрымаць лясныя дары – лекавыя травы, грыбы і ягады. Такім чынам, лес з'яўляўся месцам першароднага хаосу: у яго глыбіні нараджаліся хваробы і туды ж знахары зганялі іх назад. Для мяне было нечакана і прыемна пабачыць людзей, для якіх гэта сакральнасць навакольнага свету нікуды не знікла. Я з імі хадзіў па травы, бачыў, як яны ахвяруюць хлеб лясному гаспадару – на месца кожнай сарванай лекавай кветкі кладуць па кавалачку.

Siarhiej Leskiec
Vocabulary of Paganism

Whispering

Siarhiej Leskiec

Whispering is a tradition of healing with words, one of the most ancient traditions in Belarus. It can be a simple incantation/prayer, read in a low voice; the sick person hears the words but cannot fully make sense of them, because these words are sacred and not meant for everyone to understand. Whispering can also be accompanied by rituals such as measuring the patient's body with linen threads, burning flax tow above the patient's head, pouring water through holes in an object (eye of an axe, finger / thumb ring of scissors, door latch, wooden kryvulia).

Whispering had existed in Belarusian lands long before the Abrahamic religions took root here. In this tradition, the words themselves, as well as the act of recitation, are a kind of primordial magic, a ritual. Naturally, there exists a certain degree of syncretism, a mixture of various beliefs and religious concepts.

The "whisperers" consider themselves to be genuine Christian believers, yet not in the theological, ecclesiastical sense, but rather in the vernacular understanding of religion. Witch doctors are mediators, mediums between worlds, bearers of a unique gift, they turn to a higher power for help in curing illnesses. For them, there is no difference whether to turn to the Virgin Mary or Zara-Zaranica, to Jesus Christ or to the Spirit of the Fields. In this regard, that tradition is similar to many healing practices of the world, from Latin America to Siberia.

All the incantations described above have been documented in Belarusian; both the whispering tradition and the language are now in decline.

The tradition survived a millennium of pressure brought on by Christianity (which came to Belarusian territories in 980) and lived as long as the Belarusian village existed. The Soviet era laid the foundation for the processes that are now destroying the village at a catastrophic rate. Firstly, collectivisation, which virtually broke the centuries-old bond between people and their land, which had been forcibly transferred to collective farms. Secondly, the rampant urbanisation. While urbanisation was happening naturally and gradually (as part of the industrial revolution) in the West, in the Soviet world it was characterised by violence and repression. Traditional culture becomes completely different on urban soil.

Kryvulia (Squiggle)

Siarhiej Leskiec

A *kryvulia* is a tree branch that has grown back into the trunk and fused with it, forming a ring with a small eye. This natural anomaly was used by Belarusian witch doctors, mostly in the northwestern regions of the land. People believed that it was a portal to the otherworld and that the water poured through the hole several times got transformed, acquiring superpowers to heal people from diseases brought about by the evil eye. In other regions, water may have been poured, for the same purpose, through the finger/thumb ring of scissors, eye of an axe, stove damper, door latch, as well as through charcoal. Then incantations were said over the water; people drank it and washed their faces or sore spots with it.

Forest

Siarhiej Leskiec

The forest is an archaic element of the Belarusian worldview. As recently as 100 years ago, forests covered 70 to 80 percent of our country's territory. The forest was believed to be an otherworldly space where the souls of the dead found shelter. People always entered it as guests. There were rituals that had to be performed before entering the forest so as to appease its Spirit, avoid running into any beasts, and receive the gifts of the forest–medicinal herbs, mushrooms and berries. Thus the forest was a place of primordial chaos: down in its depths, diseases were born, and witch doctors drove them back there. I was pleasantly surprised to meet people to whom the sacredness of the world around them had not been lost. I used to go picking herbs with them, and I would see them offering bread to the Spirit of the Forest–they put a piece in place of each medicinal flower they picked.

Ян Гелда

Ян Гелда (*1981) – мастак, скульптар. Нарадзіўся ў Барысаве, Беларусь. Жыве і працуе ў Варшаве (Польшча). Скончыў факультэт філасофіі БДУ (Менск). Атрымаў PhD у Акадэміі Мастацтваў у Гданьску (Польшча).

Ян Гелда, Мяжа і час. Непастаянства межаў, 2019, відэа, аб'екты, дрэва, метал. Фота: Ян Гелда

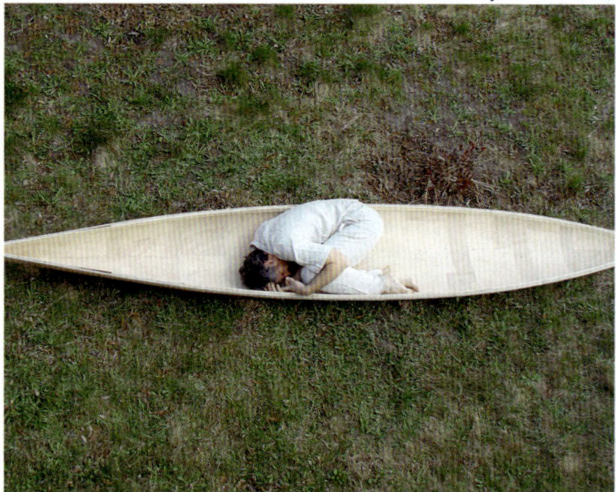

Адпраўным пунктам працы Яна Гелды з'яўляецца наяўны адрэзак воднай мяжы ЕС (Еўрапейскага Саюза) і ЕАЭС (Еўразійскага эканамічнага саюза), размешчаны на Аўгустоўскім канале. Узвядзенне помніка гідратэхнічнага дойлідства пачалося ў першай палове XIX стагоддзя, тут меўся паўстаць абходны шлях для транзіту тавараў з Літвы і Польшчы пасля мытнай забароны з боку Прусіі, але будоўля не была скончана з прычыны паўстання 1830 года супраць рускага царызму. Сёння канал праходзіць па тэрыторыі дзвюх процілеглых палітыкаэканамічных сістэм — Беларусі і Польшчы. Афіцыйна перасячы дадзеную мяжу могуць толькі вандроўнікі на лодках і байдарках.

Jan Helda, Borders and Time. The Uncertainty of Borders, 2019, video, objects, wood, metal. Photo: Jan Helda

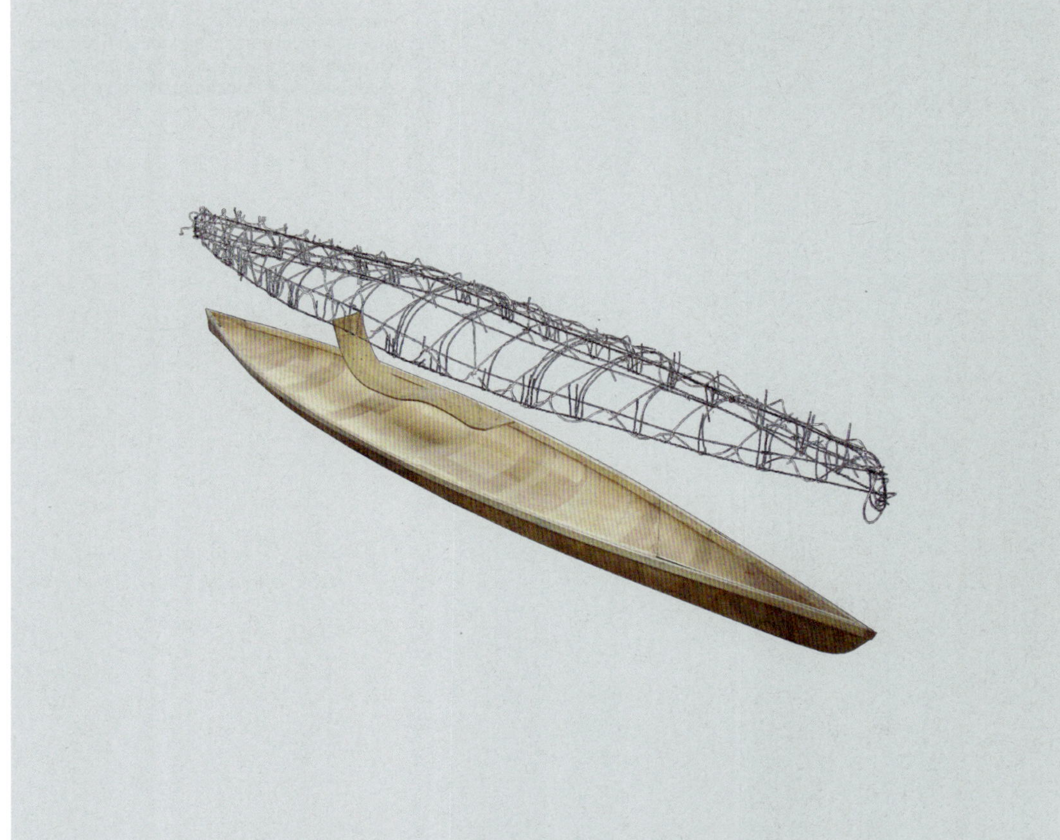

The starting point of Jan Helda's artwork is a section of the water border at the Augustów Canal, between the European Union (EU) and the Eurasian Economic Union (EAEU). This artificial waterway was constructed in the first half of the 19th century. It was built with the intention of diverting goods transport between Lithuania and Poland following a tightening of Prussian customs regulations. The unrest caused by the uprising against Russian Tsarist autocracy in 1930 prevented the completion of the canal. Today it runs through the territories of two opposing political and economic systems—Belarus and Poland. The only way to cross the border legally is by boat or kayak.

Jan Helda

Jan Helda, born in 1981 in Barysaw, is an artist and sculptor. He lives and works in Warsaw and holds an MA in Philosophy. He graduated from the Academy of Fine Arts in Warsaw and received a Ph.D. from the Academy of Fine Arts in Gdańsk.

Ала Савашэвіч

Ала Савашэвіч (*1989) – мастачка. Нарадзілася ў Століне (Беларусь). Жыве і працуе ва Уроцлаве (Польшча). Выпускніца ўроцлаўскай Акадэміі мастацтваў. Лаўрэатка прэміі Фонда польскага мастацтва ING (2021). Аспірантка Акадэміі мастацтваў у Кракаве.

Ала Савашэвіч, Шыйце самі, 2022, кальчужны фартух, металічная канструкцыя 80 × 26,50 × 40 см. Фота: Ян Шэўчык

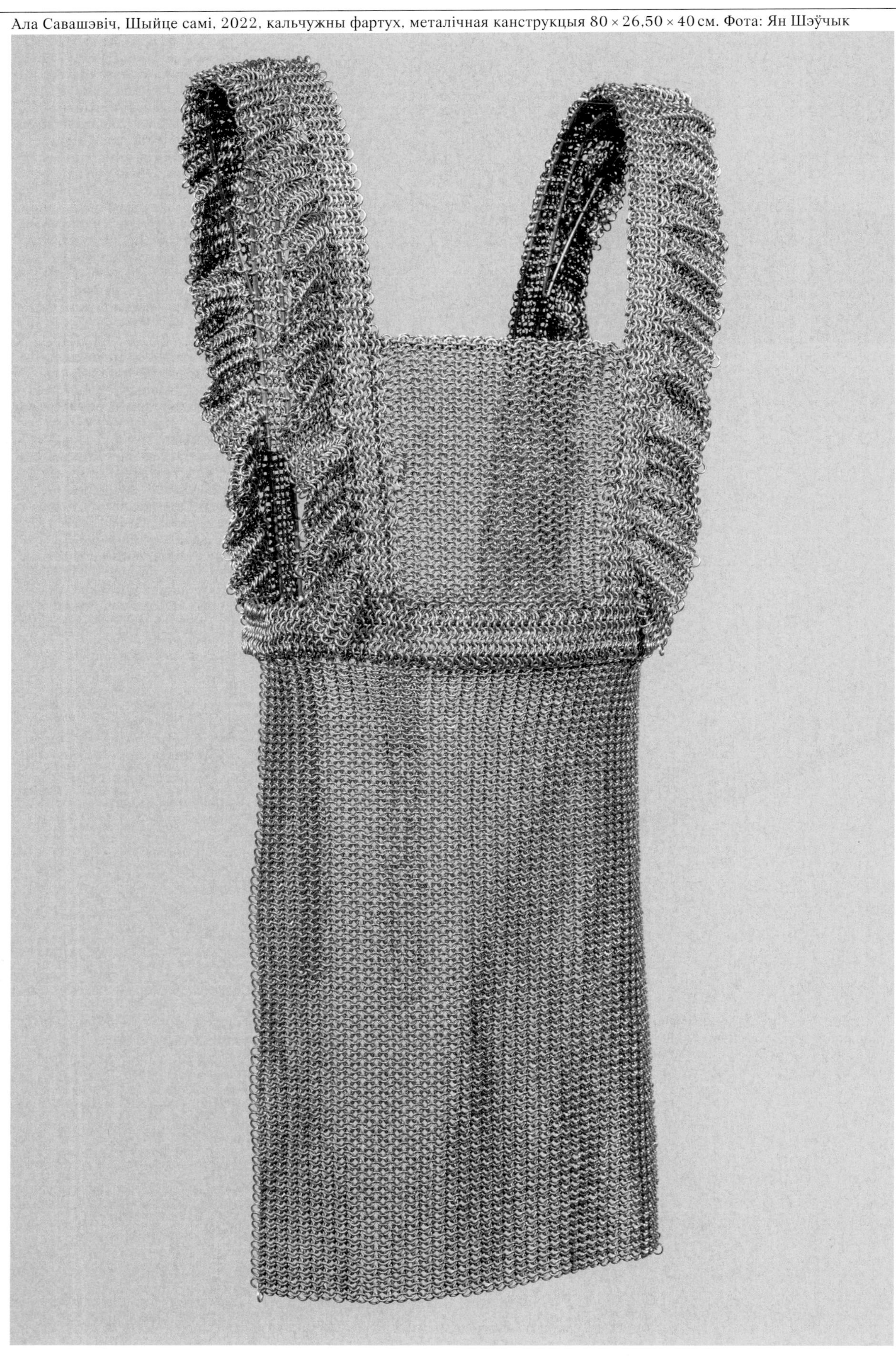

Ад моманту свайго з'яўлення па савецкіх швейных лякалах белы (урачысты) і чорны (штодзённы) фартухі сталі цырыманіяльнымі элементамі адзення. Накрухмалены белы фартушок трансляваў урачысты вобраз рахманай і паслужлівай вучаніцы. Чыстая форма стварала паслухмяныя целы.

У сваіх перфарматыўных і манументальных працах Ала Савашэвіч звяртаецца да гістарычнага ўнутры канкрэтнага матэрыялу (лямцу, воўны, баваўны, металу), назіраючы, як канва сацыяльнага і палітычнага ўплятаецца ў канву тканіны, з якой чалавецтва тысячагоддзямі стварае сабе адзенне як ахову, з аднаго боку, і, з другога боку, як форму вайсковага панцыра для ўціску і захопу.

Сплецены ўручную з тысячы металічных колцаў фартух – вобраз гераічнага жаночага, што ўступае ў барацьбу з формамі патрыярхальнай мілітарысцкай "нармальнасці", якія даўно сталі часткай сацыяльных інстытутаў ад сям'і да школы.

Ala Savashevich, Sew it Yourself, 2022, chain apron, metal pin, 80 × 26.50 × 40 cm. Photos: Jan Szewczyk

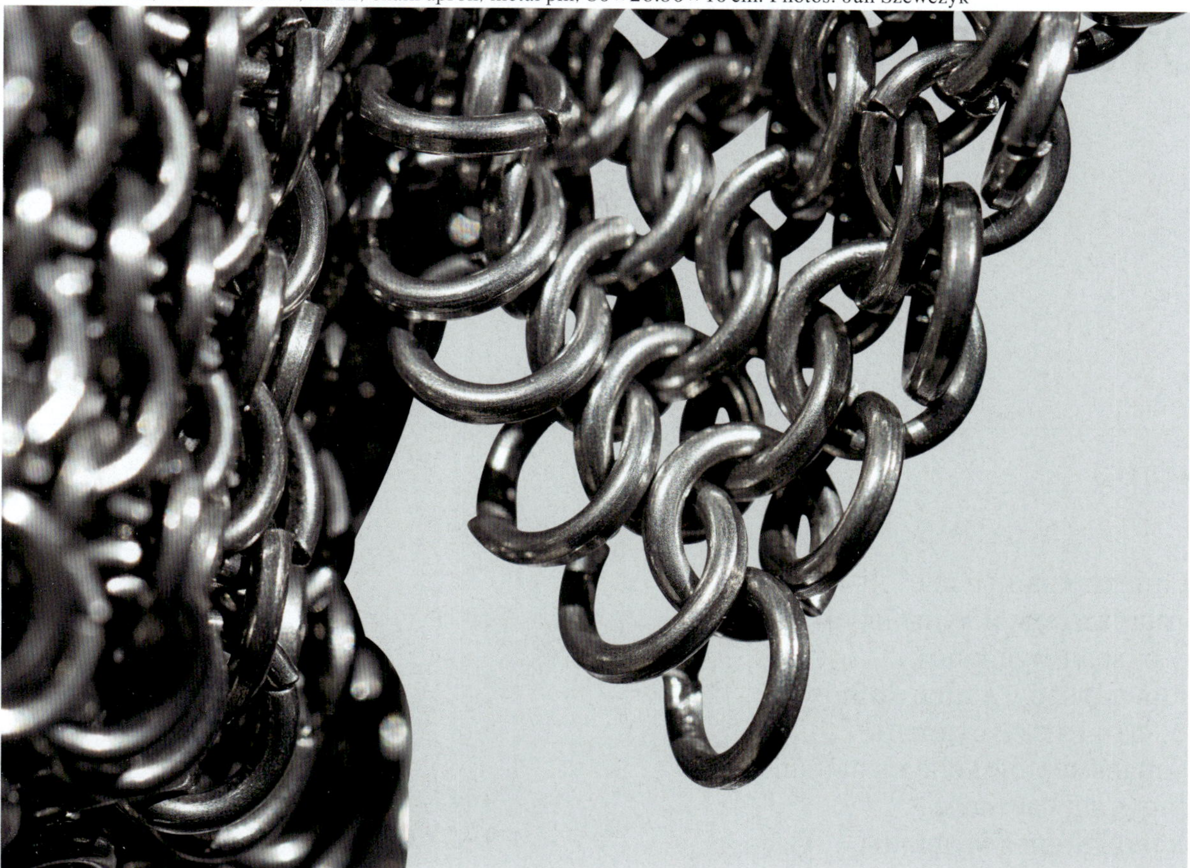

Aprons (white for festive occasions, black for everyday use) were a permanent feature of Soviet school uniform. Made from a standard pattern, they had a special function: to symbolise cleanliness and diligence. The formal starched, white version was designed to emphasise the compliance and helpfulness of the schoolgirls who wore it. Their skin, which was irritated by the rough fabric, was kept out of sight. The idea was that a perfect form results in obedient bodies and subjects. Ala Savashevich is interested in both the protective function of clothing and its role as an instrument of oppression. The apron, made by hand from thousands of braided metal parts, stands for the overwhelming burden of the "image of femininity" ascribed by society. However, it is also a symbol of resistance against the violent, patriarchal "normality" that prevails in many places in social institutions such as the family or school.

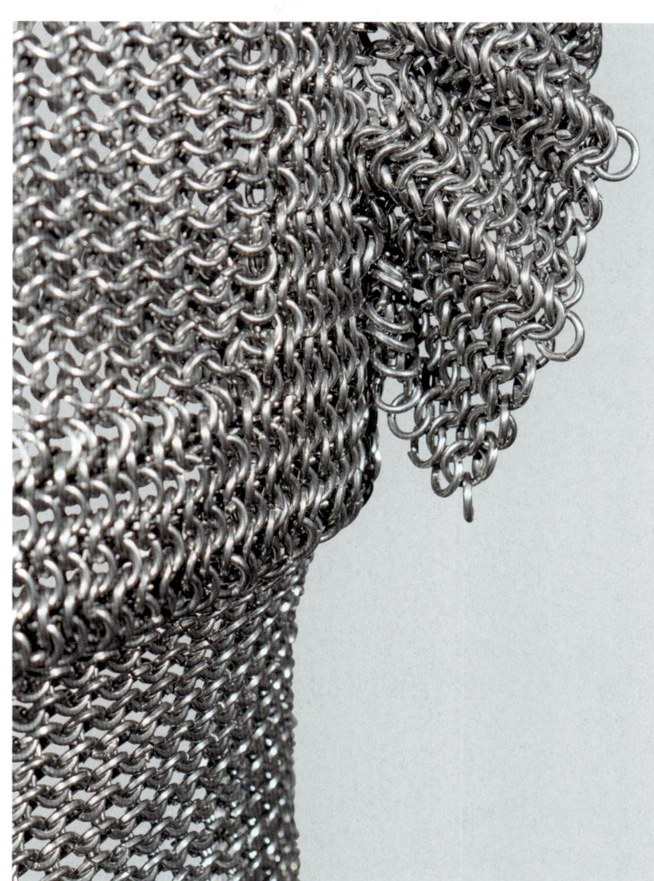

Ala Savashevich

Ala Savashevich, born in 1989 in Stolin, is an artist who lives and works in Wrocław. She graduated from the Belarusian State Academy of Arts and the Eugeniusz Geppert Academy of Fine Arts in Wrocław. Postgraduate student at the Jan Matejko Academy of Fine Arts in Kraków. She works with installation, photography, video and performance. In 2022 she was awarded the ING Polish Art Foundation Prize.

Марыя Мартысевіч

Марыя Мартысевіч (*1982)–паэтка, эсэістка, перакладчыца. Нарадзілася, жыве і працуе ў Менску. Скончыла філалагічны факультэт БДУ ў Менску. Аўтарка кніг "Цмокі лятуць на нераст: эсэ ў вершах і прозе" (2008), "Сарматыя" (2018), "Водападзел" (2022) і інш. Перакладала на беларускую мову творы Маргарэт Этвуд, Тэнэсі Уільямса, Тома Уэйтса, Сяргея Жадана, Антаніна Баяі і інш.

Марыя Мартысевіч. Сарматыя (паэма). – Мінск : А. М. Янушкевіч, 2018.

"Сарматыя" (фрагменты)

XI
Я ніколі ня бачыла іншай краіны, дзе
гэтак часта пытаюцца: хто мы й куды ідзем? —
і шалеюць гэтак, чуючы ад мудрацоў,
што яны — дурачкі на дарозе ў канец канцоў.
Вельмі часта бывае, што гэтыя мудрацы
зьвінавачваюцца ў празьмерным спажываньні мацы
і выганяюцца з гораду пад гарматы.
На іх месца прыходзяць іншыя мудрацы,
якія гавораць ім, што яны — малайцы,
бо мудрэц — гэта той, хто хваліць ва ўсім сармата.

XII
Іх паненкі, калі вайна, ідуць ваяваць.
Ну, ня ўсе зь іх, а толькі як бацькі няма ці брата.
У баі сармат — напятая цецiва,
А дуга, што яе напінае, — дачка сармата.
Гойсае лесам вершніца дзікай красы,
конь паміж ног і спадніца ўгару без прыліку,
і ўланскім пер'ем за ёю лятуць валасы
колеру нешліфаванага сэрдаліку.
Як Дыяна з Дэмэтрай — то з кушам, то з капачом,
і да імшы, як павачка, штонядзелі...
Усё, што яны не зваююць сармацкім мячом,
прывядуць у палон на аркане сармацкай кудзелі.

XV
Хто такія сарматы? Даўно нежывы народ.
Для тутэйшых — прабацькі, менш сорамныя за скіфаў.
Каб жа прыхадзень з Марсу зваліўся каму ў гарод,
той адкінуў бы плуг і запрогся б у праўку міфаў.
Бо яно самавіцей — паходжаньне з вышыні:
марсіянін і шляхціц — дзьве цноты ў адной асобе.
Калі марыш прыдбаць нябесныя карані —
хай прышэсьце з Марсу. Абы не нашэсьце зомбі.
Зомбі — гэта сьмярдзючая падла і гніль зямлі,
што ўзьнялася з магілаў і, не ўваскросшы, ходзіць.
Горш за зомбі быць можа толькі адно — маскалі:
вось ад іх дакладна ніхто тут ня хоча паходзіць.

Maria Martysevich

Maria Martysevich, born in 1982 in Minsk, is a poet, essayist, and translator. She graduated from the Faculty of Philology of the Belarusian State University in Minsk. Author of *Dragons Fly to Spawn: Essays in Poems and Prose* (2008), *Sarmatia* (2018), *Watershed* (2022), etc. She translated works of Margaret Atwood, Tennessee Williams, Tom Waits, Serhiy Zhadan, Antonín Bajaja et al. into Belarusian.

Maria Martysevich. Sarmatia (a Poem). – Minsk: A. M. Janushkevich, 2018. Translated into English by Aleksey Kocherzhenko and Asia Fruman.

SARMATIA *(fragments)*

XI
I have never seen another country that
so often questions what it is and what it's at,
where people rage so much when wise men say
that they are on their way to hell, and quite insane.
And it often happens that the aforenamed wise men
get accused of eating too much matzah, and then
to the thunder of cannon out of the city are flung.
Their place is taken then by new wise men
who tell the people their deeds are great—amen!
Sarmatians love to hear their praises sung.

XII
Their maidens go into battle when there is a war
(well, not all—just those who don't have a dad or a brother).
A Sarmatian soldier's an arrow launched by a centaur,
but the bow is a Sarmatian maiden, none other.
When she's out in the woods, the foes all around collapse,
her knees are holding the steed—she is riding, not kneeling.
Behind her, like valiant feathers in cavalry caps,
streams out her hair the colour of rough carnelian.
She's Demeter, and she's Diana, with a plow and a bow,
and on Sundays at mass she is gracious and gleaming...
What Sarmatians swords fail to conquer, they bring home in tow,
firmly lassoed with yarn of Sarmatian weaving.

XV
Who are Sarmatians? A long non-existent tribe:
forefathers that locals consider less shameful than Scythians.
If, by a freak chance, the Martians were to arrive,
promptly reworking this origin myth would be easy.
The one who descends from space is high-born indeed;
a Martian, a nobleman—that's the best of combos.
If a celestial bloodline is what you need,
let it be aliens. Surely better than zombies.
Zombies are rotten cadavers that rise in the night
and wander, un-resurrected and horribly scented.
Only one thing is worse than a zombie: a Muscovite—
nobody here wants to be from this one descended.

Вольга Сазыкіна

Вольга Сазыкіна (*1955) – мастачка, прафесарка Беларускай Акадэміі Мастацтваў. Нарадзілася ў Маскве (Расійская Федэрацыя). Жыве і працуе ў Менску (Беларусь). У 1980–1990 гг. была сузаснавальніцай і актыўнай удзельніцай нон-канфармісцкага руху. Твор "Дзённік дыхання. Міміка лёгкіх" (2022) знаходзіцца ў калекцыі Музея сучаснага мастацтва GfZK (Лейпцыг, Германія).

Вольга Сазыкіна, Дзённік дыхання. Міміка лёгкіх, 1997 – цяперашні час, 9 графічных твораў. Фота: Брыгіта Касперайтэ

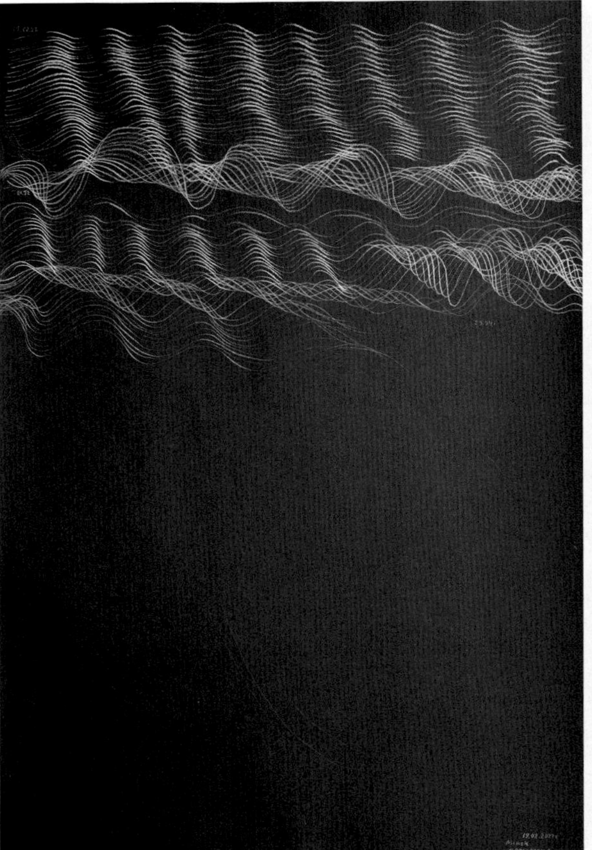

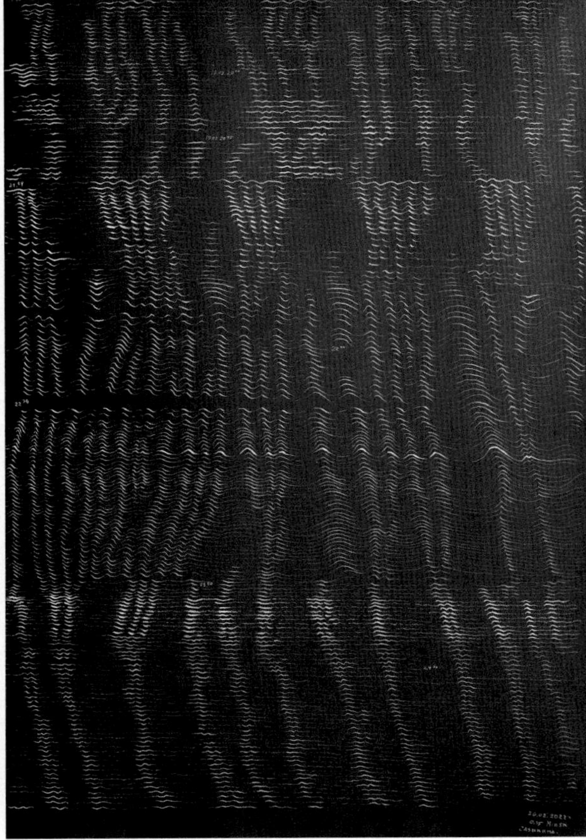

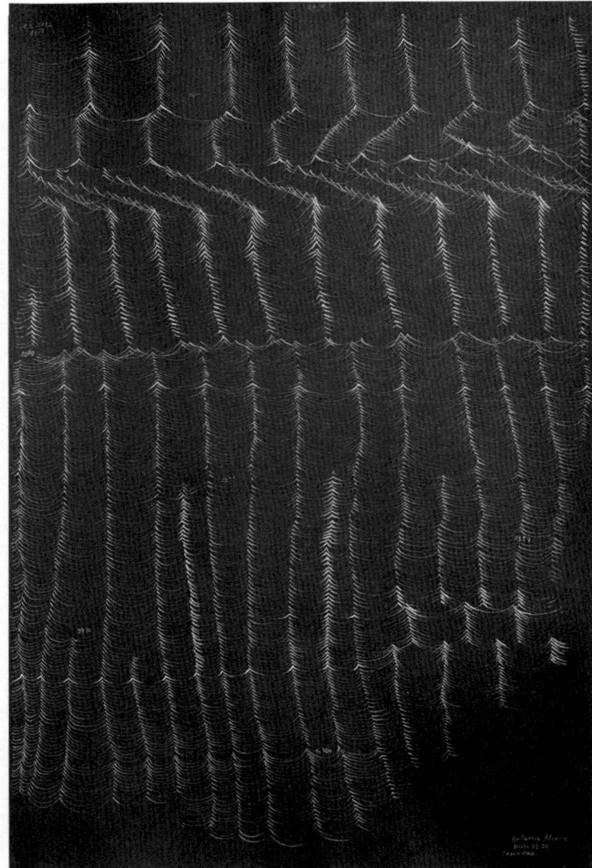

"Дзённік дыхання. Міміка лёгкіх" – адзін з самых працяглых праектаў мастачкі Вольгі Сазыкінай, які яна пачала ў 1997 годзе, калі яе запрасілі ў Швейцарыю. У Беларусі гэта быў час кароткай адлігі, свабоднага дыхання перад 1996 годам, калі ўлада ў краіне перастане змяняцца, а на галоўныя плошчы гарадоў вернуцца савецкія сімвалы.

У адносінах да таго, што немагчыма выказаць у словах, любая мова становіцца абмежаваннем. У сітуацыях палітычнага абмежавання, вусная мова ператвараецца ў цішыню, саступаючы месца для пісьма.

Перад пачаткам дыхальнай практыкі мастачка доўга медытуе, сінхранізуючы рытм дыхання з бесперапынным рухам лініі часу на паперы.

Olga Sazykina, Diary of Breath. The Mimic of Lungs, since 1997 (ongoing), series of 9 drawings. Photos: Brigita Kasperaite

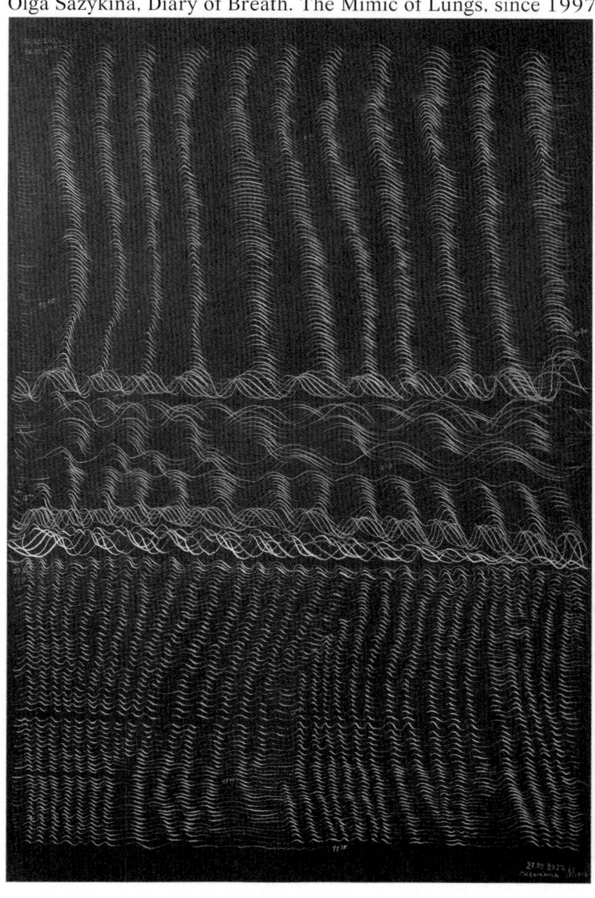

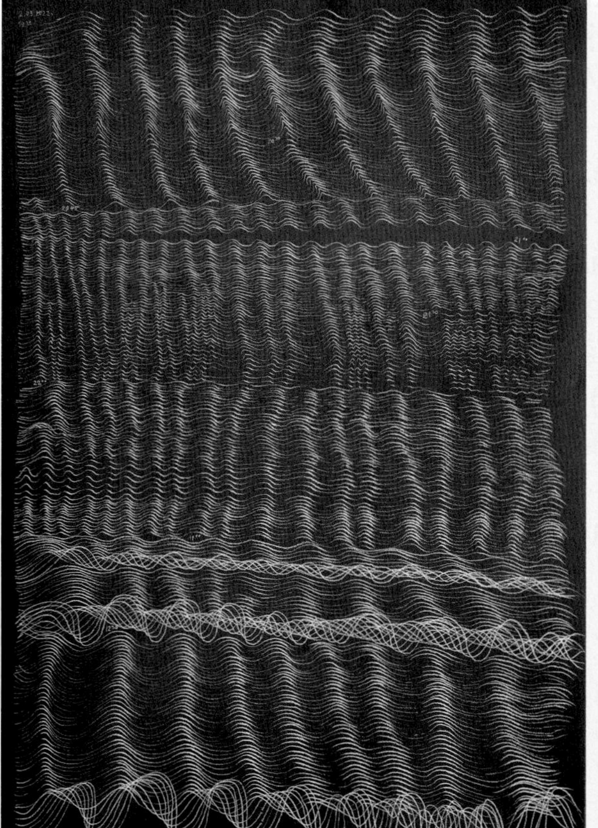

"Diary of Breath. The Mimic of Lungs" is one of Olga Sazykina's most comprehensive artistic projects. She began to work on it in 1997 when she was invited to Switzerland. Following a short period of democratisation, the political descent in Belarus became evident in 1996, when the symbols of the Belarusian Soviet Republic reappeared in public squares. In relation to things that cannot be expressed in words, for example, the subconscious, any language represents a constraint. Where there is no possibility of free expression, existential and political silence sets in. Writing then becomes a means of upholding inner freedom and a connection with the outside world. Before she begins to record her lung movements, the artist always meditates for a while. Then she allows herself to be guided by the rhythm of breathing in and out, in order to create a constant wavy line on the paper.

Olga Sazykina

Olga Sazykina, born in 1955 in Moscow, artist, professor at the Belarusian State Academy of Arts in Minsk. In the 1980s and 1990s she was involved in the non-conformist art movement. She lives and works in Minsk.

Лена Прэнц

Лена Прэнц (*1972) – мастацтвазнаўца і куратарка. Нарадзілася ў Менску, жыве і працуе ў Берліне. Яе прафесійныя інтарэсы палягаюць у канвергенцыі эстэтычных практык і сацыяльных дыскурсаў, мастацтва і культуры позняй сацыялістычнай Усходняй Еўропы і гісторыі архітэктуры. У 2004–2005 гадах Лена Прэнц займала пасаду "маладой куратаркі" ў GfZK і з таго часу падтрымлівае сувязь з музеем праз сумесныя праекты. Па запрашэнні галерэі "Арсенал" у Беластоку курыравала выставы сучаснага беларускага мастацтва ў 2008 і 2016 гадах. З 2020 года Лена Прэнц кіруе муніцыпальнай галерэяй "Prater" у Берліне.

Беларуская мульцітуда: падставы, крыніцы і асабістая прывязанасць

Выстава "Калі Сонца Нізка – Цені Доўгія" пагружала гледача ў гістарычныя наратывы, персанальныя гісторыі і эстэтычную комплекснасць. Мастакі і мастачкі, удзельнікі/цы выставы, паходзяць з Беларусі – еўрапейскага памежнага рэгіёна са складанай гісторыяй і дзяржаўнасцю, якая неаднаразова падпадала пад сумнеў з боку дзяржаў-суседак.[1] У сваіх мастацкіх практыках яны неабавязкова звяртаюцца да Беларусі непасрэдна. Тым не менш з культурных адсылак у іх працах відавочная іх асабістая прывязанасць да беларускай культурнай прасторы. Мноства, мультытуда самаідэнтыфікацый, разнастайнасць і гібрыднасць – паняцці, якія здаўна характарызавалі тэрыторыі цяперашняй Беларусі і якія яскрава праявіліся ў пратэстах 2020 года – раскрываюцца праз накладанне і супастаўленне мастацкіх праектаў.

1 Назва дзяржавы Беларусь ужываецца ў гэтым тэксце адпаведна з афіцыйнай назвай таго ці іншага перыяду: з 1.1.1919 г. да 1990 г. Беларуская ССР; з 1990 г. – Рэспубліка Беларусь.

Адносіны з мадэрнізмам

Цэнтральнымі артэфактамі выстаўкі былі дзве гістарычныя пазіцыі: невялікая карціна мастака, этнографа і астранома Язэпа Драздовіча "Злыя чары" 1912–1913 гадоў і арыгінал кнігі тэарэтыка мастацтва і мастака Уладзіслава Стрэмінскага "Тэорыя бачання" 1958 года. Супрацьлеглыя ў сваёй творчасці і мастацкіх канцэпцыях яны абодва былі візіянерамі, якія, кожны па-свойму і кожны ўнікальным чынам, паўплывалі на сваіх сучаснікаў і працягваюць натхняць сёння.

У Беларусі савецкага перыяду іх імёны былі вядомыя толькі невялікай колькасці спецыялістаў. Пра гісторыю школы УНОВИС, створанай Казімірам Малевічам у 1919 годзе ў Віцебску, творчасць яе выкладчыкаў – самога Малевіча, Эля Лісіцкага, Іллі Чашніка, Веры Ермалаевай і іншых – таксама было неверагодна мала інфармацыі. Веды пра мастакоў Парыжскай школы, якая папярэднічала УНОВИСу, – Марка Шагала, Хаіма Суціна, Восіпа Цадкіна, Міхаіла Кікоіна, Шрагу Царфіна – вярнуліся ў Беларусь толькі ў 1990-я. Калісьці яны збеглі ў Парыж ад пагромаў, якія панавалі ў Расійскай імперыі. Гарады і мястэчкі, адкуль яны паходзілі, сталі часткай Савецкай Беларусі і новых наратываў, у якіх не было месца яўрэйскім мастакам-авангардыстам. Мастацкая адукацыя ў БССР заняла пазіцыі акадэмізму. Дэкадэнцтву і радыкальнасці авангардаў былі супрацьпастаўленыя ідэалагічна выверaныя і санкцыянаваныя суадносіны формы, стылю і сюжэтаў.

Усё гэта не азначае, што ў БССР не было пазасістэмных мастацкіх практык, у якіх бы выразна праяўляліся дэканструкцыя савецкіх ідэалагічных канонаў, фармальныя пошукі, а таксама і інтарэс да авангарду і мадэрнізму (прынамсі такім, як іх разумелі ў СССР па інфармацыі, якую можна было здабыць). Прадстаўнікі ўнутранай эміграцыі існавалі амаль паўсюдна. Часцей за ўсё гэта былі прынцыповыя аўтадыдакты або прафесіяналы, якія дыстанцыяваліся ад сістэмы. Аднак сустракаліся сярод іх і мастакі, якія ўмелі сумяшчаць выкладанне ў дзяржаўных установах або адносна паспяховую мастацкую кар'еру з дысідэнцкай пазіцыяй. Пра іх ведалі, іх цанілі, іх вучні і паслядоўнікі атачалі іх клопатам, вакол іх ствараліся супольнасці.

Калі ў архітэктуры і горадабудаўніцтве Беларусі савецкага перыяду мадэрнізм змог праявіцца дастаткова выразна і разам з прымітыўнымі шматпавярховікамі спарадзіў выдатныя ўнікаты і рафінаваную кампазіцыю будынкаў, то у выяўленчым мастацтве свабоды творчага выказвання было куды меней: культурная палітыка Савецкай Беларусі была накіравана перадусім на тое, каб дагадзіць Маскве. Нават у гады перабудовы Мінск працягваў праводзіць усё тую ж жорсткую "маскоўскую" культурную палітыку, хаця да таго часу ўжо нават сама Масква змякчыла свае абмежаванні. Возьмем, напрыклад, супярэчлівую сітуацыю, якая склалася ў канцы 1980-х гадоў у сувязі з імем Марка Шагала. Па тагачаснай перыёдыцы лёгка аднавіць ход падзей. У 1987 годзе па ўсім свеце праходзілі шматлікія мерапрыемствы, прымеркаваныя да 100-годдзя мастака. На хвалі лібералізацыі, якая пачалася ў Савецкім Саюзе, у Музеі выяўленчых мастацтваў у Маскве была арганізаваная рэтраспектыўная выстаўка Шагала. Але ў той жа час у Беларускай ССР праводзілася антышагалаўская (і антысеміцкая) кампанія, накіраваная як на дыскрэдытацыю самога мастака, яго творчасці і дзейнасці на пасадзе дырэктара Віцебскай народнай мастацкай вучэльні[2], так і на забарону і выкараненне ў рэспубліцы ўсялякіх ініцыятыў у сувязі з юбілеем[3]. У пачатку 1990-х гадоў з беларускай Акадэміі мастацтваў і мастацкай вучэльні ў Мінску за вальнадумства выключылі дзясяткі студэнтаў, а прагрэсіўных недагматычных выкладчыкаў прымушалі звальняцца[4].

Тым не менш, у 1990-я гэта ўспрымалася як канвульсіі савецкай сістэмы, якая вось-вось рухне. Пад рэтраспектыўнымі словамі пісьменніка Альгерда Бахарэвіча падпішуцца многія: “Эпоха 90-х была ідэальным часам для памылак і экспэрымэнтаў – межы свабоды пашырыліся настолькі, што ты ня ведаў, за што хапацца, што яшчэ кінуць на пажыву ненаеднаму ўласнаму ‘я’. 90-я – бясконцая чарада спакусаў на выбар, гэта адпушчаныя на свабоду рэцэптары, нэрвы, думкі, жаданьні, гэта амаль ‘дастаеўскае’ адчуваньне, што бога няма і можна ўсё – і трэба пакаштаваць як мага болей, бо заўтра гэты рай могуць прыкрыць”.[5]

Неверагодна прадуктыўны час для сучаснага мастацтва ва ўсіх ягоных формах з сярэдзіны 1980-х да канца 1990-х – з’яўленне розных нефармальных аб’яднанняў і груп, актыўная выставачная дзейнасць на новых прыватных і старых дзяржаўных пляцоўках, інтэнсіўныя міжнародныя абмены – сапраўды хутка скончыўся. Нягледзячы на падабенства зыходнай сітуацыі пасля перабудовы з краінамі-суседкамі, Літвой і Польшчай, у Беларусі не змаглі сфармавацца і замацавацца ўстойлівыя інстытуты сучаснага мастацтва. Ад распаду СССР і да разгрому самых вялікіх пратэстаў у гісторыі краіны ўлетку 2020 года, стан усёй сістэмы сучаснага мастацтва Беларусі меў рысы беспераыннай барацьбы за тое, што само сабой разумеецца. На энергіі энтузіястаў, іх гарачым жаданні перамен сярод закасцянелай сістэмы ўзніклі шматлікія недзяржаўныя культурныя пляцоўкі, крэатыўныя хабы, адукацыйныя ініцыятывы, прыватныя галерэі і гібрыдныя прасторы, якія сумяшчалі дыскурсіўныя выставачныя праекты і продаж мастацтва. Усё гэта адбывалася на фоне цудоўнай працы ўсіх задзейнічаных актараў і ва ўмовах “перфарматыўнай цэнзуры”[6], як яе называла Сільвія Зассэ, калі з надуманай падставы памылак у справаводстве або пажарнай небяспекі любой прыватнай ініцыятыве пагражала імгненная ліквідацыя.

Ад моманту абвяшчэння незалежнасці ў 1991 годзе ў Беларусі свабода мастацтва ніколі не належала да базавых

2 Гл., напрыклад, тэкст выступу на пленуме Мінскага гаркама Кампартыі Беларусі загадчыка аддзела Інстытута філасофіі і права АН БССР В.І. Боўша (Вечерний Минск. 1987. 22 чэрвеня); Бягун, В. Украденный фонарь гласности // Политический собеседник. 1987. № 1. С. 20–21; Гласность есть правда. 1987. № 5. С. 24–26. Першыя Шагалаўскія Дні адбыліся ў Віцебску толькі ў 1991 г.

3 Гл.: Хмяльніцкая, Л. Марк Шагал у культуры Беларусі і свету // Гісторыя. Культуралогія. Мастацтвазнаўства. Матэрыялы III Міжнар. кангрэса беларусістаў “Беларуская культура ў дыялогу цывілізацый” (Мінск, 21–25 мая, 4–7 снежня 2000 г.). – Мінск: Беларускі кнігазбор, 2001. С. 316–325.

4 Гл. Дурейко, А. Про_бел // Радиус нуля. Онтология арт-нулевых / под ред. О. Жгировской, О. Шпараги, Р. Вашкевича. – Минск, 2013. С. 120.

5 Альгерд Бахарэвіч. Мае дзевяностыя. — Мінск : А. М. Янушкевіч, 2018.

6 Sylvia Sasse in: Inke Arns, Kata Krasznahorkai, Sylvia Sasse: Frequently Asked Questions, in: *Artists & Agents. Performancekunst und Geheimdienste.* HMKV, Ausstellungsmagazin 2019/2, стр. 37.

каштоўнасцей, закладзеных у аснову грамадскага ладу[7]. Ніколі не мела дзяржаўнай падтрымкі мастацтва, якое не адпавядала ўяўленням дзяржаўнага апарата. Дыктат дзяржавы ў культурнай палітыцы Беларусі не перажыў значных змен з часоў сталінізму. Ён пачынаецца ад ідэалагічных і структурных установак, на аснове якіх фармуюцца навучальныя планы, праца музеяў і задаецца тон арт-крытыкі, і канчаецца славутым дробязным замалёўваннем графіці ў гарадскіх прасторах. Гэтае сціранне, заклейванне, перазапіс, а пасля 2020 года яшчэ і мэтанакіраваны разгром усіх незалежных ініцыятыў, выключэнні і арышты студэнтаў, з'яўляюцца той канстантай, якая цягам дзесяцігоддзяў характарызуе стасункі дзяржавы і актараў поля сучаснага мастацтва.

Даніэль Музычук кажа ў сваім эсэ пра аднаўленне “Тэорыі бачання” Страмінскага як пра звяно ў вялікім працэсе аднаўлення парушанага мадэрнізму ў Польшчы. У Беларусі падобнага прызнання і пераемнасці мадэрнізму ніколі не было. Яго крытычнае пераасэнсаванне ў працах мастакоў і мастачак на выстаўцы “Калі Сонца Нізка – Цені Доўгія”, іх дыскурсіўнае самавызначэнне – вельмі індывідуальныя, пазасістэмныя практыкі; практыкі насуперак. У іх – біяграфіі эміграцыі, навучанне за мяжой або вопыт гетаізацыі ў Беларусі; самаадукацыя і камунікацыя з аднадумцамі па-за розніцай пакаленняў. Сіла гэтых твораў у рэфлексіўнай стрыманасці антыгераічнага і ў скрупулёзным аналізе фрагмента рэчаіснасці.

7 Параўн. артыкул 5 параграф 3 Канстытуцыі Федэратыўнай рэспублікі Германія, артыкул 73 Канстытуцыі Рэспублікі Польшча, артыкул 42 Канстытуцыі Літоўскай рэспублікі.

Рытуалы, архетыпы

Разам з існаваннем у савецкай Беларусі адзіночак-эксперыментатараў і аб'яднанняў, якія стаялі на пазіцыях аўтаноміі мастацтва і пераасэнсоўвалі для сябе мадэрнізм, былі і іншыя пазасістэмныя мастацкія практыкі, якія ўмоўна можна назваць нацыянальна арыентаванымі. Іх прадстаўнікі крытыкавалі савецкую культурную ўраўнілаўку і інструменталізацыю, палітыку русіфікацыі і грэбаванне гісторыка-культурнай спадчынай[8]. Сакраментальная фраза М. Хрушчова 1959 года “Чым хутчэй усе мы будзем размаўляць па-руску, тым хутчэй пабудуем камунізм” прагучала ў незадаволенасці ад наведвання Мінска.

8 Дзейнасць нацыянальна арыентаваных мастакоў часта згадваецца ў кантэксце апазіцыйных плыняў у БССР. Гл.: Ля вытокаў незалежнага грамадзтва: асобы і падзеі беларускай апазыцыі 1950–1980-х: каталог / А. Дзярновіч, Л. Андросік. Б. м., 1998. 15 с.; Нонканфармізм у Беларусі, 1953–1985: даведнік: Т. 1 / аўт.-уклад. А. Дзярновіч. Мінск: Athenaeum, 2004. (Калекцыя “Архіў найноўшае гісторыі”).

Вывучэнне "ідэалагічна непатрэбнага і палітычна небяспечнага"[9] беларускага народнага мастацтва і этнаграфіі не віталася і было рызыкоўным. Падзвіжніцкая дзейнасць мастака і навукоўца Лявона Баразны ў 1950–1960-я гг. па даследаванні традыцыйнай беларускай культуры натхніла многіх прадстаўнікоў творчай інтэлігенцыі і прывабіла аднадумцаў. Баразна выступаў супраць разбурэння гістарычных архітэктурных забудоў Мінска і, рыхтуючы чарговую акцыю пратэсту, быў забіты ў 1972 г. пры нявысветленых абставінах[10]. У майстэрні мастака-графіка Яўгена Куліка (1937–2002) склаўся своеасаблівы клуб нацыянальна настроенай інтэлігенцыі "На паддашку", дзе ў 1960–1990-я гг. ладзіліся сустрэчы і дыскусіі беларускай культурнай апазіцыі, рыхтаваліся выставы і этнаграфічныя экспедыцыі[11].

Калі разглядаць неафіцыйнае мастацтва БССР у кантэксце мастацкіх пазасістэмных практык Усходняй Еўропы або прынамсі памежжа, непазбежна паўстае пытанне пра нясмеласць беларускіх эксперыментальных і мадэрнісцкіх выказванняў і іх параўнальна позняе ўзнікненне. Пададзеныя вышэй факты палітычнай сітуацыі ў краіне і ейная наўмысная адарванасць ад міжнароднага кантэксту часткова тлумачаць асінхроннасць з'яў беларускага мастацтва. У той час, як у суседніх краінах ішло фармаванне і апрабацыя неаавангардаў, у Беларусі ствараліся пейзажы з маляўнічымі замкамі і партрэты гістарычных дзеячаў, з аграмаднымі высілкамі прасоўваліся традыцыйныя сцэнічныя касцюмы, распрацаваныя не на аснове прыдуманых арнаментаў, а вывучаных у ходзе старанных самаарганізаваных экспедыцый. Можна не любіць ідылічныя пастаральныя пейзажы з буслямі і цэркаўкамі. Аднак ведаючы, што гэтыя творы з'явіліся ў гады наўмыснага разбурэння гістарычных помнікаў архітэктуры і свядомай дыскрэдытацыі народнай культуры, нескладана распазнаць за імі ціхі пратэст і спробу аднавіць культуру памяці.

Сённяшні інтарэс у Беларусі да этнаграфіі, рытуалаў і архетыпаў, народнай культуры і яе ўжо нешматлікіх носьбітаў тлумачыцца ў тым ліку і тым, што ведаў пра іх не хапала заўжды. Сучасныя мастакі і мастачкі выступаюць часта даследчыкамі/цамі і этнограф(к)амі, якія збіраюць вопыт і архетыпы, фіксуюць наяўнасць адзінай сістэмы значэнняў або выступаюць інтэрпрэтатарамі і прадаўжальнікамі ірацыянальных практык, якія паасобку захаваліся ў беларускай культуры.

Здаецца, "паслявобразы", змешчаныя на выстаўцы "When The Sun Is Low–The Shadows Are Long" (эфемерныя аўтабіяграфічныя ўспаміны, індывідуальныя перакрыжаванні са схаванымі і невытлумачальнымі з'явамі ў чалавеку, космасе і прыродзе) – гэта вынікі менавіта такога творчага працэсу. Магчыма, у чарговы раз сучаснае мастацтва будзе запаўняць прабелы, якія пакіне пасля сябе цяперашні махавік рэпрэсій у Беларусі, і дасць штуршок дэкаланіяльным даследаванням.

9 Нонканфармізм у Беларусі, 1953–1985: даведнік. Т. 1 / аўт.-уклад. А. Дзярновіч. – Мінск, 2004. С. 29.

10 Тамсама. С. 32.

11 Ацэньваць іх дзейнасць з сённяшніх пазіцый даволі складана. Нацыянальна арыентаваныя мастакі, будучы палітычна прагрэсіўнымі апазіцыянерамі, часта заставаліся кансерватарамі ў мастацтве. Калі ў гады перабудовы яны сталі выкладчыкамі Беларускай акадэміі мастацтваў, перажыты прэсінг савецкай сістэмы яны сталі выкарыстоўваць адносна сваіх студэнтаў, змагаючыся з іх юнацкімі мадэрнісцкімі захапленнямі. Тут гл. таксама Дурейко, А. Про_бел // Радиус нуля. Онтология арт-нулевых / под ред. О. Жгировской, О. Шпараги, Р. Вашкевича. – Минск, 2013.

Гукі вуліцы

Выстаўка задумвалася на фоне траўмы пасля зламаных пратэстаў у Беларусі 2020 года; расейская вайна ва Украіне зарадзіла асаблівым напружаннем яе падрыхтоўку, інсталяцыю і ўспрыманне[12]. Вяртанне да звычайнай выставачнай практыкі пасля калектыўных траўм ускладняецца ўсведамленнем асаблівай куратарскай адказнасці – перад гледачом, але перадусім перад самімі маста(ч)камі: іх удзел у выстаўцы ў "недружалюбнай" краіне[13] можа мець наступствы. "Калі Сонца Нізка – Цені Доўгія" адмовілася ад рэпартажнага дакументавання пратэстаў і пастаралася паказаць логіку працэсаў. У складаных, шматслойных працах адкрываліся індывідуальная рэфлексія і фокусная канцэнтрацыя на прадмет вывучэння кожнага/ай удзельніка/цы, а таксама ствaралася прастора надзеі і момантаў салідарнасці. І тады ў галерэю вярталіся тыя незабыўныя гукі вуліцы беларускіх пратэстаў лета 2020.

12 Адкрыццё выстаўкі ў польскай галерэі "Арсенал" у Беластоку адбылося 1 красавіка 2022 года.

13 У пастанове ўрада Рэспублікі Беларусь ад 6 красавіка 2022 г. № 209 пералічаныя 39 дзяржаў, якія ажыццяўляюць "недружалюбныя дзеянні ў дачыненні да беларускіх юрыдычных і (або) фізічных асоб".

Сяргей Шабохін

Сяргей Шабохін (*1984) – мастак, куратар, сузаснавальнік платформы, прысвечанай беларускаму мастацтву Kalektar.org. Нарадзіўся у Наваполацку (Беларусь). Жыве і працуе ў Познані (Польшча).

Сяргей Шабохін, Тэктанічныя пліты: Прыцемкі свабоды, 2022, 12 калажаў, 59.40 × 84.10 см

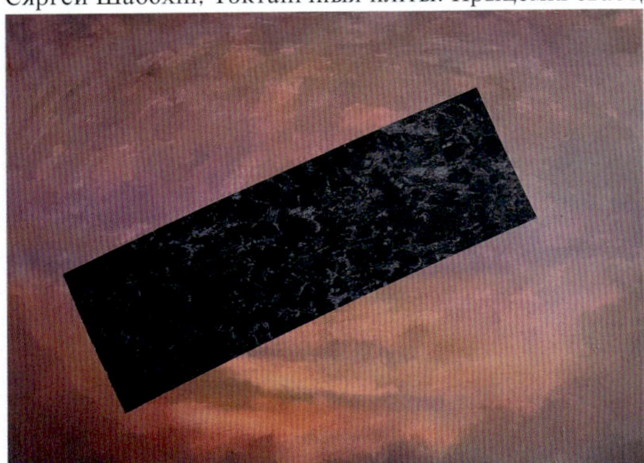
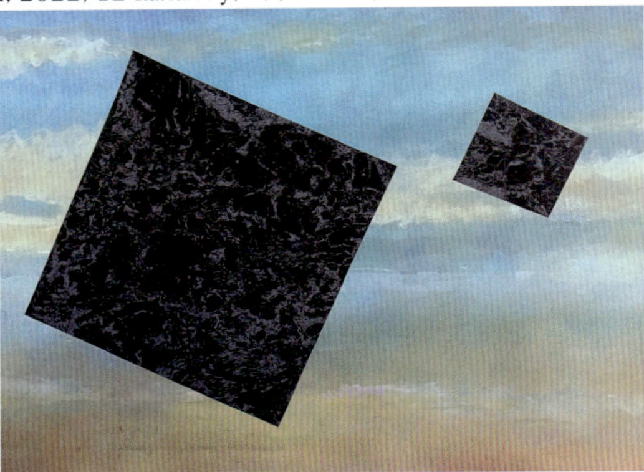
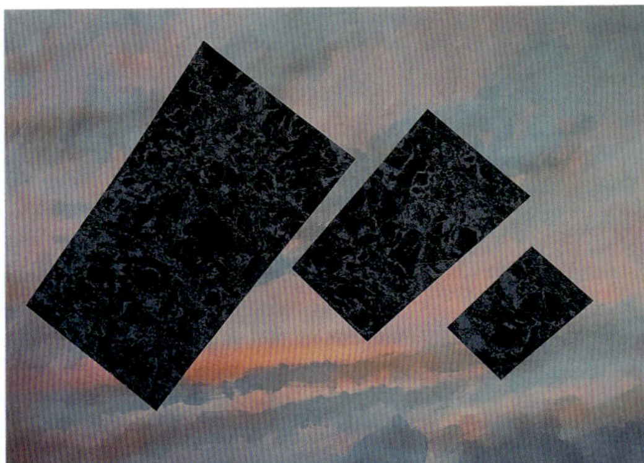
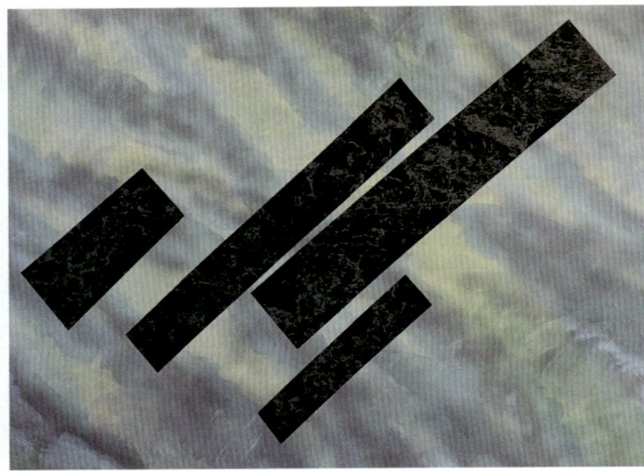
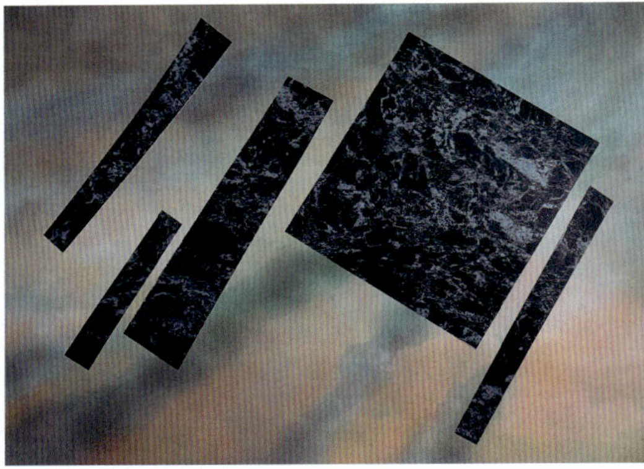
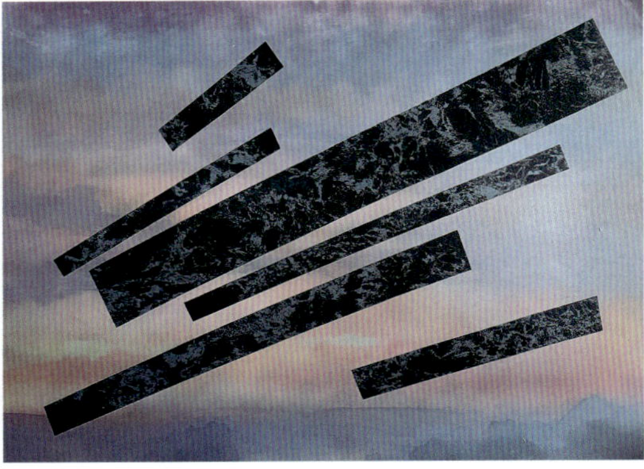

Фота: Сяргей Шабохін

Паркі агульнадаступнага карыстання з'явіліся ў еўрапейскіх гарадах на пачатку XIX стагоддзя і адзначылі сабой канчатковую перамогу навуковых ведаў над прыродай, падпарадкаваўшы яе ўласным структурам: сіметрычным алеям і ідэальна пасаджаным у паралельныя лініі дрэвам.

Назва берлінскага парку "Хазенхайдэ" перакладаецца, як "загон для зайцоў", на якіх любіў паляваць у гэтых мясцінах нямецкі курфюрст. Сёння Хазенхайдэ – адно з галоўных месцаў ЛГБТ+ супольнасці для гэтак званага круізінгу – практыкі пошуку сэксуальных партнёраў. Падчас covid-пандэміі Хазенхайдэ стаў цэнтрам нелегальных рэйваў, колькасць удзельнікаў якіх дасягала 5 000 чалавек. Мінскі парк Дружбы народаў быў адным з нешматлікіх дазволеных беларускімі ўладамі месцаў для палітычнай агітацыі ў форме пазначанага спецыяльнымі стужкамі загону, дзе кандыдаты на пасаду прэзідэнта маглі праводзіць сустрэчы з выбаршчыкамі. Адзін з такіх мітынгаў Святланы Ціханоўскай, які адбыўся 30 ліпеня 2020 года, сабраў больш за 100 000 чалавек і стаў самым маса-вым за апошнія 26 гадоў. Усе наступныя перадвыбарчыя сходы афіцыйныя ўлады ў Беларусі забаранялі або адмянялі. у двухканальным відэа Сяргея Шабохіна "Сады Мандрагоры" прадстаўленыя сінхронныя па часе падзеі ў двух гарадскіх парках, берлінскім і мінскім. У абодвух месцах удзельнікі/цы выкарыстоўваюць белыя стужкі: у адным – для абазначэння месцаў круізінгу, у іншым – як сімвал народнай салідарнасці і грамадзянскага пратэсту ў Беларусі. Дванаццаць супрэматычных пейзажаў пасунутыя мастаком вышэй за лінію гарызонту, згушчаюць у форму прыцемкаў сілуэты архітэктурных пабудоў, дрэў і зграі кажаноў. усё гэта працягвае адну з галоўных тэм у мастацкай практыцы Сяргея Шабохіна – утапізму мадэрнісцкіх праектаў з яго адначасовым пошукам чыстай формы і абсалютнай свабоды.

Sergey Shabohin, Tectonic Plates: Twilight of Freedom, 2022, 12 collages, 59.40 × 84.10 cm

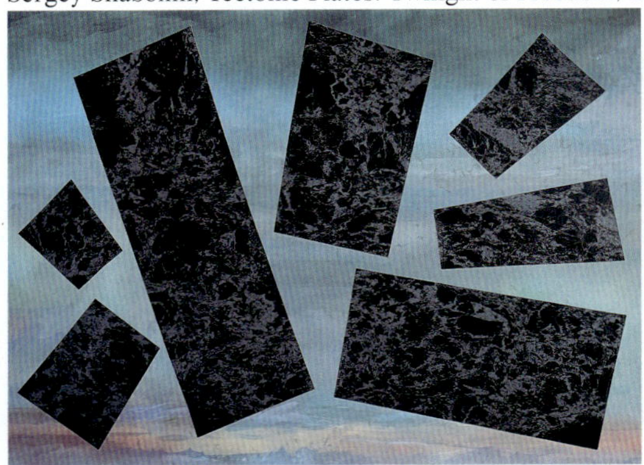
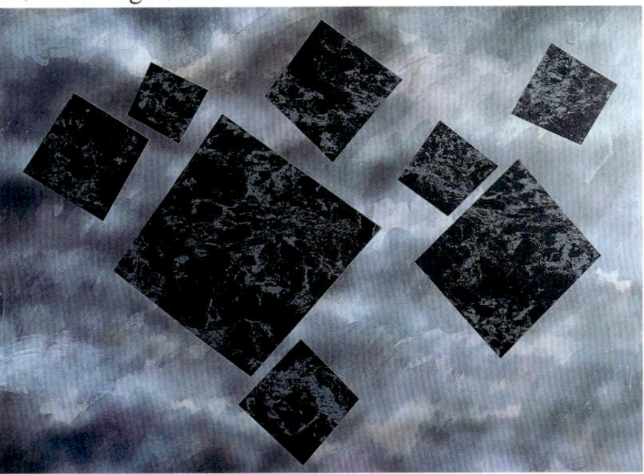
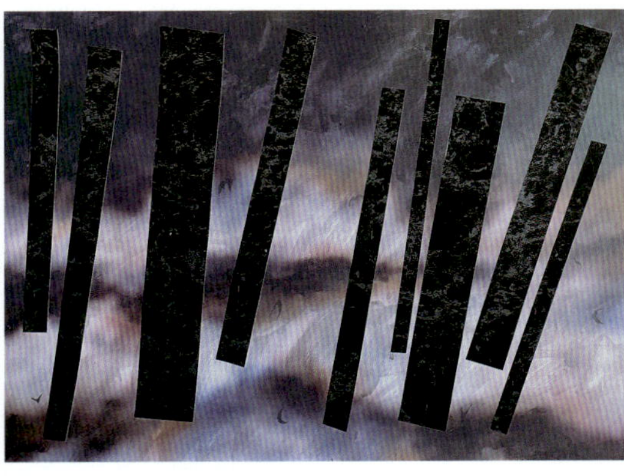
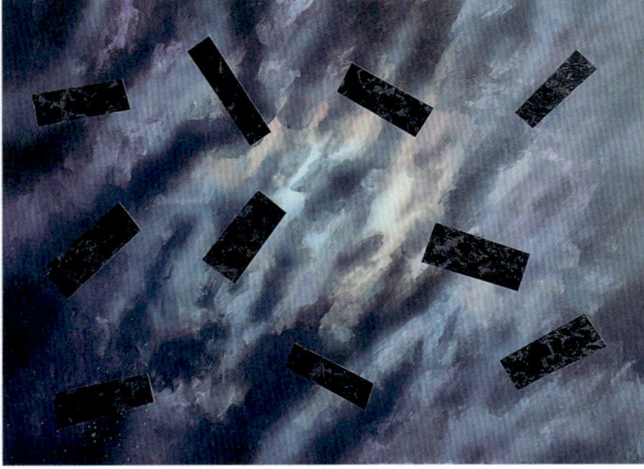

Photo: Sergey Shabohin

"The Minsk Peoples' Friendship Park" was one of the few places where election campaigns were allowed to take place in 2020. On the occasion of the presidential candidacy of Sviatlana Tsikhanouskaya, it attracted over 100.000 people, turning out to be the largest rally in Belarus for 26 years. All rallies scheduled to take place after this were cancelled or banned by the authorities. Berlin's Hasenheide, formerly a hunting reserve belonging to the Elector, is now an important meeting place for the LGBTQ+ community. During the Covid pandemic, thousands of people gathered here to take part in illegal raves. Shabohin's video work shows these two places side by side. According to popular belief, the mandrake root grows up from the semen of hanged men, and possesses magical powers of healing. Here it symbolises both emancipatory endeavours and the way in which they are violently suppressed. The twelve landscape paintings, reminiscent of Suprematist art, also address the conflict between repression and the fight for freedom.

Sergey Shabohin, Mandrake Gardens, 2020, video 15 min., still. Photo: Sergey Shabohin

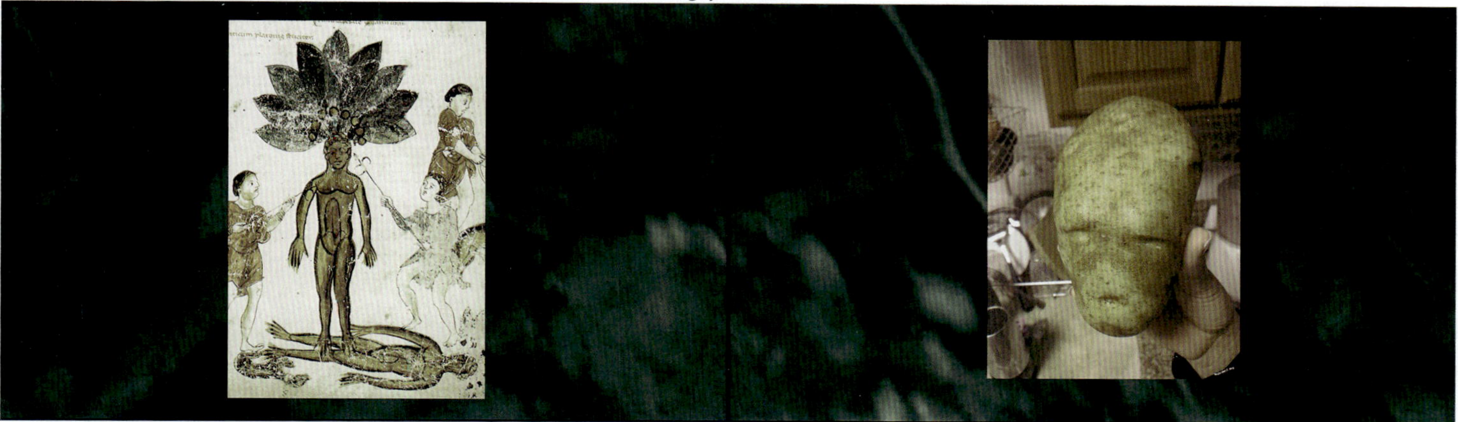

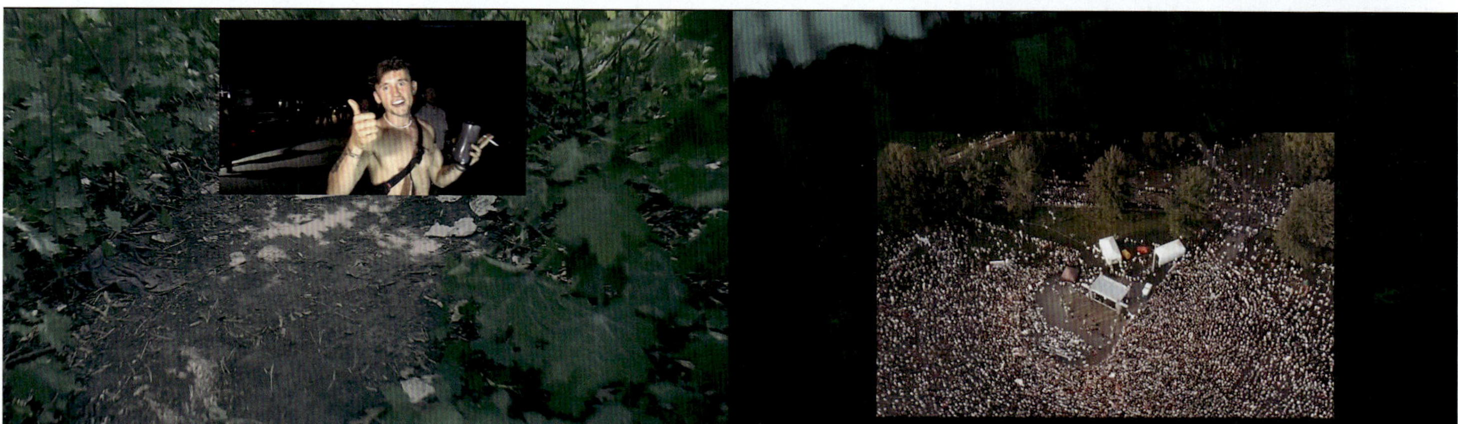

Sergey Shabohin

Sergey Shabohin, born in 1984 in Navapolack, is an artist and activist. He currently lives and works in Poznań. Co-founder and editor-in-chief of the Belarusian contemporary art research platform Kalektar.org. He works with different mediums and bases his practice on research on the themes of migration, power and bureaucracy.

Lena Prents

Lena Prents, born in 1972 in Minsk, is an art historian and curator. Her professional interests lie in the convergence of aesthetic practices and social discourses, the art and culture of late socialist Eastern Europe, and the history of architecture. She lives and works in Berlin. In 2004–2005, Lena Prents held the position of "Young Curator" at GfZK and has since kept in touch with the museum and its staff through joint projects. At the invitation of the Arsenal Gallery in Białystok, she curated the exhibitions of contemporary Belarusian art in 2008 and 2016. Since 2020, Lena Prents has been running the municipal Prater Galerie in Berlin.

Belarusian Multitude: Sources, References and Emotional Attachment

The exhibition "When The Sun Is Low–The Shadows Are Long" immersed the viewer in historical narratives, personal stories and aesthetic complexity. The artists who took part in the exhibition come from Belarus, a European frontier land with a complex history and statehood that has been repeatedly challenged by the neighbouring states.[1] While the artists may not necessarily refer to Belarus in their artistic practice directly, the references in their works reveal personal attachment to Belarusian cultural space. The multitude of identities, diversity and hybridity, which have long characterised the territory of present-day Belarus and manifested themselves clearly in the 2020 protests, are brought to light through the overlapping and juxtaposition of art projects.

1 Here, Belarus is referred to in different ways, depending on its official name in the period described: when talking about the period between January 1, 1919, and 1990, we use terms like "Belarusian SSR", "BSSR", or "Soviet Belarus"; from 1990 on, it's "the Republic of Belarus".

Relationship to Modernism: Belarusian Perspective

Central to the exhibition were two historical artefacts: a small painting named *Evil Spirits* by the artist, ethnographer and astronomer Jazep Drazdovič dated 1912–1913 and a first edition of *Theory of Seeing* by the art theorist and artist Władysław Strzemiński (known in Belarusian as Uladzislaŭ Strzemiński), dated 1958. Although very different in their artistic theories and practices, they were both visionaries who influenced their contemporaries each in their own way and continue to inspire people today.

In Soviet Belarus, their names were only known to a small number of experts. The available information about the history of UNOVIS School (founded by Kazimir Malevich in 1919 in Viciebsk), as well as about the works of its teachers (Malevich himself, El Lissitzky, Ilya Chashnik, Vera Ermolaeva and others), was also incredibly scarce. Knowledge about the artists of the School of Paris, which preceded UNOVIS (Marc Chagall, Chaïm Soutine, Ossip Zadkine, Michel Kikoïne, Schraga Zarfin) was only regained in Belarus in the 1990s. They had once fled to Paris from the pogroms rampant in the Russian Empire. The cities and villages they had come from became part of Soviet Belarus, part of new narratives that had no place for Jewish avant-garde artists. Art educators in the BSSR took an academic approach instead. Decadence and radicalism of the avant-garde were opposed by ideologically vetted and sanctioned relationships of form, style and subject.

This doesn't mean there were no artistic practices in the BSSR that existed outside the system. Such artists did exist; their work was characterized by the explicit deconstruction of Soviet ideological canons, search for new forms and interest in the avant-garde and modernism as those latter were understood in the USSR, based on the available sources. Those who chose inner emigration were virtually everywhere. These were often either committed autodidacts or professionals who distanced themselves from the system out of principle. However, there were also artists among them who were able to teach in state institutions or have a relatively successful artistic career, while still remaining dissidents. They were known and valued; their students and followers cared for them; whole communities were formed around them.

While Belarusian architecture and town planning of the Soviet period allowed modernism to manifest itself quite prominently (alongside primitive high-rises, Belarusian modernist architects and urbanists created remarkable standalones and refined compositions of buildings), when it came to the fine arts, there was much less freedom of expression: in this respect, the cultural policy of Soviet Belarus sought primarily to gratify Moscow. Even during perestroika, Minsk still pursued a hard-line "Moscow-oriented" cultural policy, although by then Moscow itself had become more lenient. Take, for example, the controversy that arose in the late 1980s over the figure of Marc Chagall. Periodicals of that era make it easy to reconstruct the story. In 1987, many events were held around the world to celebrate the 100th anniversary of the artist's birth. Following the wave of liberalisation that began in the Soviet Union, a retrospective exhibition of Chagall was organised at the Museum of Fine Arts in Moscow. However, at the same time, an anti-Chagall (and anti-Semitic) campaign was being waged in the Belarusian SSR, both to discredit the artist, his work and activities as principal of the Viciebsk People's Art School,[2] and to ban all anniversary-related initiatives in the Republic.[3] In the early 1990s, dozens of students were expelled from the Belarusian State Academy of Art and the Art College in Minsk for freethinking, and progressive unorthodox teachers were forced to resign.[4]

Nevertheless, in the 1990s these events were perceived as the final convulsions of the Soviet system that was just about to collapse. Many will stand by the retrospective

2 See, for example, the text of a speech made by V. I. Boŭša, Head of the Department of the Institute of Philosophy and Law of the BSSR Academy of Sciences, at the session of the Minsk City Committee of the Communist Party of Belarus (Vecherny Minsk. 1987. June 22); Biahun V. Ukradenny fonar glasnosti // Politichesky sobesednik. 1987, no. 1, p. 20–21; Glasnost yest pravda. 1987, no. 5, p. 24–26. The first Chagall Days only took place in Viciebsk in 1991.

3 See Chmialnickaja, L. Mark Shahal u kultury Belarusi i svietu // Historyja. Kulturalohija. Mastactvaznaŭstva. Materyjaly III mizhnarodnaha kanhresa belarusistaŭ "Belaruskaja kultura ŭ dyjalohu cyviizacyj" (Materials of the III International congress of Belarusian studies specialists "Belarusian culture in the dialogue of civilizations") (Minsk, May 21–25, December 4–7, 2000). Minsk: Belaruski knihazbor, 2001, p. 316–325.

4 See Dureiko, A. Pro_bel // Radius nulya. Ontologia art-nulevykh /Edited by O. Zhgirovskaya, O. Shparaga, R. Vashkevich. Minsk, 2001, p. 120.

descriptions of writer Alhierd Baharevič. The 1990s were an ideal time for making mistakes and experimenting: the boundaries of freedom extended so far that you didn't know what to reach for, what else to feed to your insatiable "I". "The '90s were an endless stream of temptations to choose from, instincts, thoughts and desires set free; it was almost a Dostoyevskian kind of feeling that there was no God and everything was possible—and you had to experience as much as possible, because tomorrow this paradise might be shut down".[5]

The period between the mid-1980s and the late 1990s, which was incredibly fruitful for contemporary art in all its forms (various informal associations and groups arose; many exhibitions were held in new private and old public venues; there was an intensive international exchange) came to an end very quickly. Despite the fact that initial post-perestroika conditions were similar in Belarus and its neighbouring countries of Lithuania and Poland, Belarus—unlike the two latter—has not been able to establish and develop sustainable contemporary art institutions. From the collapse of the USSR to the crackdown on the biggest protests in the country's history in the summer of 2020, the whole contemporary art scene in Belarus resembled a ceaseless struggle for what should have been a given. Fueled by the energy of enthusiasts and their ardent desire for change in the rigid system, numerous non-governmental cultural venues, creative hubs, educational initiatives, private galleries and hybrid spaces combining discourse exhibition projects and art sales have emerged. All these became possible thanks to the efforts of all the actors involved; all these took place under conditions of "performative censorship",[6] as Sylvia Sasse put it, where any private initiative could be immediately stopped on contrived pretexts, such as errors in paperwork or non-compliance with fire safety regulations.

Since Belarus declared independence in 1991, freedom of artistic expression has never been among the basic values laid in the foundation of the social order in this country.[7] Art that does not conform to the views of the state apparatus has never had state support. The state's dictate in Belarusian cultural policy has remained largely unchanged since the Stalinist era. This dictate starts with ideological and structural attitudes that shape university curricula and museum work, and sets the tone for art criticism; it ends with the infamous petty destruction of graffiti in urban spaces. Erasure, pasting over, rewriting, and—after 2020—deliberate crushing of all independent initiatives, expulsions and arrests of students are recurring phenomena that have characterised the relationship between the state and contemporary art actors for decades.

5 Alhierd Bacharevič: My 1990s, 2018.

6 Sylvia Sasse in: Inke Arns, Kata Krasznahorkai, Sylvia Sasse: Frequently Asked Questions, in: *Artists & Agents. Performancekunst und Geheimdienste.* HMKV, Ausstellungsmagazin 2019/2, p. 37.

Daniel Muzyczuk in his essay talks about the restoration of Strzemiński's *Theory of Seeing* as part of a larger process of restoring the interrupted modernism in Poland. There has never been such recognition or continuity of modernism in Belarus. The ways in which the artists of "When The Sun Is Low–The Shadows Are Long" exhibition reinterpret modernism and define themselves are truly individual, out-of-system practices, "despite-everything" practices. They reflect the experience of emigration and studying abroad, of ghettoisation in Belarus, of self-education and communication with like-minded people across the generation gap. The strength of these artworks lies in the reflexive restraint of the anti-heroic agenda and in the meticulous analysis of a fragment of reality.

Rituals and Archetypes

Along with individual experimentalists and associations that adhered to the autonomy of art and reinterpreted modernism, there were other out-of-system artistic practices in Soviet Belarus which can be roughly characterised as nationally oriented. Their representatives criticised Soviet levelling and instrumentalisation of culture, the policy of Russification and disdain for historical and cultural heritage.[8] Take, for example, N. Khrushchev's 1959 statement (made after his visit to Minsk, which left him unsatisfied), "The sooner we all speak Russian, the sooner we shall build communism".

The study of "ideologically irrelevant and politically dangerous"[9] Belarusian folk art and ethnography was unwelcome and therefore risky. In the 1950s and 1960s, the devoted endeavours of artist and scholar Liavon Barazna to study traditional Belarusian culture inspired many artistic intellectuals and brought together like-minded people. Barazna, who opposed the destruction of historical architecture in Minsk, was killed in 1972 under unclear circumstances while organising yet another protest.[10] The studio of graphic artist Jaŭhien Kulik (1937–2002) became a curious

7 Compare Clause 5 § 3 of the Constitution of the Federal Republic of Germany, Clause 73 of the Constitution of the Republic of Poland, Clause 42 of the Constitution of the Republic of Lithuania.

8 The activities of nationally oriented artists are often mentioned in the context of opposition movements in the BSSR. See: Lia vytokaŭ niezaliezhnaha hramadstva: asoby i padzei belaruskaj apazycyi 1950–1980-ch: kataloh /A. Dziarnovič, L. Androsik. B. m., 1998. p. 15: Nonkanfarmizm u Belarusi, 1953–1985: davednik: V. 1 /aŭt.-uklad. A. Dziarnovič. Minsk: Athenaeum, 2004, p. 251 (Collection "Archiŭ najnoŭšaje historyi").

9 Nonkanfarmizm u Belarusi, 1953–1985: davednik. V. 1 / aŭt.-uklad. A. Dziarnovič. Minsk, 2004, p. 29.

10 Ibid., p. 32.

club of nationally oriented intellectuals, called "Na paddašku" ("In the Attic"). In the 1960s–1990s, the club hosted meetings and discussions of Belarusian cultural opposition; preparatory work for exhibitions and ethnographic expeditions was done there as well.[11]

When studying the underground art of the BSSR in the broader context of out-of-system artistic practices in Eastern Europe (or in its frontier at least), one inevitably notices how diffident and late Belarusian experimental/modernist statements were. The political circumstances described above and the country's deliberate detachment from the international context can partly explain the asynchrony of the Belarusian art. While neo-avant-garde was being created and tested in neighbouring countries, Belarusians were producing landscapes with picturesque castles and portraits of historical figures. Furthermore, theatre workers–in particular, dress designers–were putting huge efforts into promoting the stage use of traditional costumes that were not based on invented ornaments but on ornaments discovered during their painstakingly organised field research expeditions. One may not like idyllic pastoral scenes with storks and churches. However, knowing that these pieces were created during the years of deliberate destruction of historical architectural monuments and conscious discrediting of folk culture, it is easy to recognise a silent protest behind them and an attempt to restore the culture of remembrance.

Today's interest in ethnography, rituals and archetypes, folk culture and its few remaining carriers is partly due to the fact that there has always been a lack of knowledge about them. Contemporary artists often act as researchers and ethnographers, accumulating knowledge and archetypes and recording a unified system of values. They also act as interpreters and successors to irrational practices that have survived here and there in Belarusian culture.

It seems that the "afterimages" in the works presented at "When The Sun Is Low–The Shadows Are Long"–evanescent autobiographical memories, individual encounters with hidden inexplicable phenomena in humans, cosmos and nature–were born as a result of the creative process described above. Perhaps contemporary art will once again have to fill in the gaps left by the current cycle of oppression in Belarus; perhaps it will also give a boost to decolonial studies.

11 It is quite difficult to evaluate their efforts from today's perspectives. Nationally oriented artists, being progressive political opposition activists, often remained conservative in art. When they became teachers of the Belarusian Academy of Arts during perestroika, they began to use the pressure of the Soviet system they had previously experienced against their students and their youthful modernist passions. Here, see also Dureiko, A. Pro_bel // Radius nulya. Ontologia art-nulevykh / Edited by O. Zhgirovskaya, O. Shparaga, R. Vashkevich. Minsk, 2013.

Sounds of the streets

The exhibition was conceived against the backdrop of the trauma that followed the suppressed protests in Belarus in 2020; the Russian war in Ukraine caused particular tension in how the exhibition was prepared, installed and perceived.[12] The return to regular exhibition activity after experiencing a collective trauma has been complicated by the feeling of a special curatorial responsibility before the viewer, but above all, before the artists, as their participation in an exhibition in an "unfriendly" country[13] may have consequences. "When The Sun Is Low – The Shadows Are Long" refused to document the protests but tried to show the logic of the processes instead. The complex artworks revealed each participant's reflection and a strong focus on the subject of study. Moreover, they created a space of hope and solidarity. Thanks to this project, the unforgettable sounds of the summer streets of the 2020 Belarusian protests came alive in the gallery.

12 The exhibition was opened at Arsenal Gallery in Białystok in Poland on April 1, 2022.

13 Government Decree No. 209 dated April 6, 2022, lists 39 states that carry out "unfriendly actions against Belarusian legal entities and (or) individuals".

Маша Святагор

Маша Святагор (*1989) – мастачка, якая працуе з медыумам фатаграфіі. Нарадзілася ў Менску (Беларусь), дзе працягвае жыць і працаваць. Удзельніца шэрагу выставак і міжнародных праектаў у Еўропе, ЗША, Канадзе, Кітаі, Малайзіі і інш.

Маша Святагор, Аўтабіяграфія без фактаў, 2016–2021, рухомыя выявы. Фота: Маша Святагор

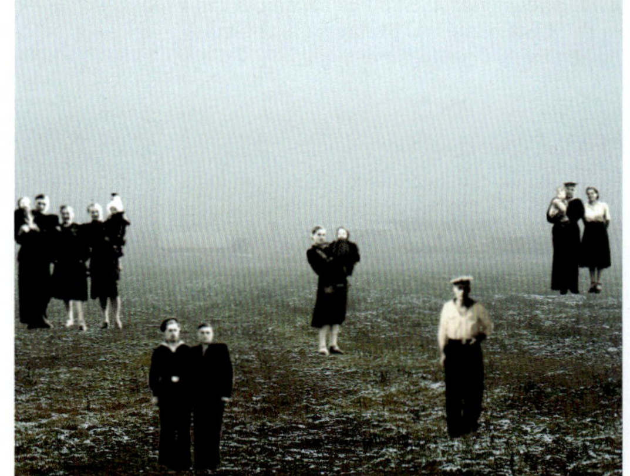

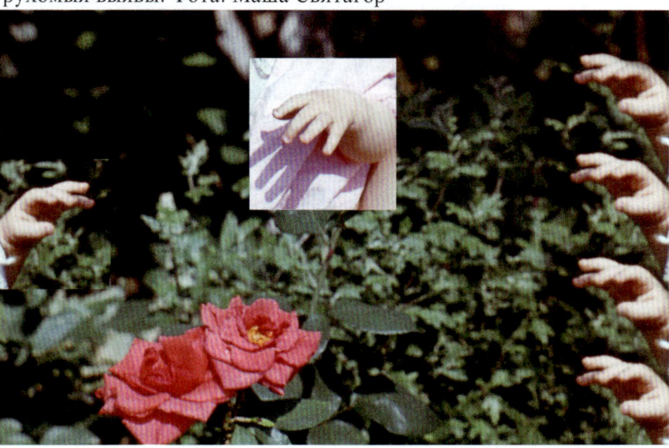

Masha Svyatogor, Autobiography without facts, 2016–2021, moving images. Photo: Masha Svyatogor

Маша Святагор, Аўтабіяграфія без фактаў, 2016–2021, рухомыя выявы. Фота: Ян Шэўчык

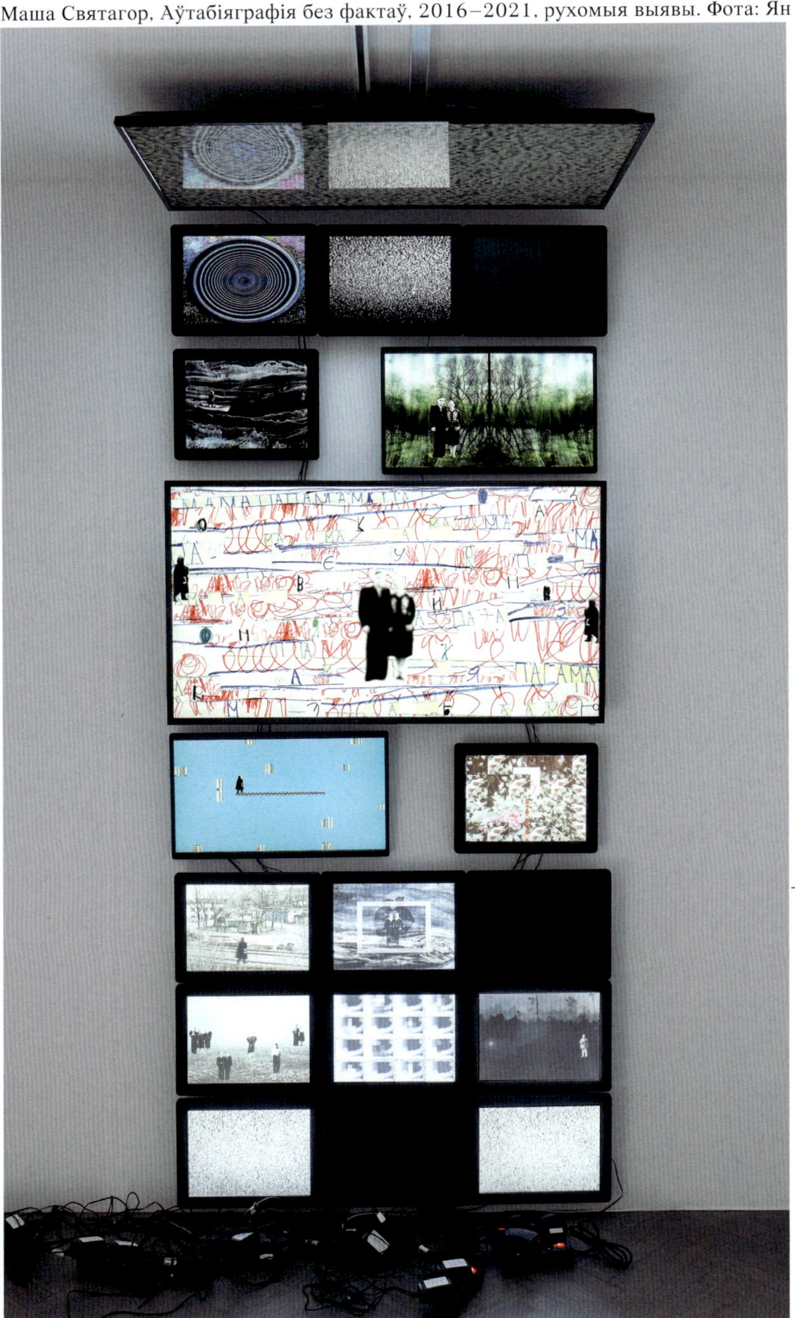

Мастачка Маша Святагор працуе з калажам – тэхнікай, якая найлепшым чынам адлюстроўвае сутнасць беларускай рэчаіснасці. Тут да нядаўняга часу ўсенародныя сходы партыйнага савецкага тыпу, што ладзіліся ўладамі, суседнічалі з фестывалем бразільскай вулічнай культуры, а модныя хіпстарскія ўстановы адваёўвалі пакупнікоў у ГУМа, дзе пры набыцці шкарпэтак іх усё яшчэ загортвалі ў паперу, як і 50 гадоў таму.

Маша Святагор нарадзілася і вырасла ў адным са шматлікіх спальных раёнаў Менска – Курасоўшчыне. Месца, дзе людзі транзітна размяшчаюцца між працай, вучобай і рухам па прыпынках на рацэ жыцця, у плыні якой гэтак званыя "спальнікі" дакладна не з'яўляюцца жаданым месцам прызначэння, але часта выяўляюцца фінальным пунктам маршруту.

Маргіналізаванасць і жыццё "спальнікаў", паводле мастачкі, дазваляе "лёгка згубіцца, залегчы на дно, адчуць менш кантролю, чым ідучы па праспекце, дзе часта праслізгваюць ідэалагічныя знакі і аўтарытарныя энергетычныя плыні".

Праект "Аўтабіяграфія без фактаў" – гэта адначасова гісторыя сям'і мастачкі і гісторыя месца, у якім сіроцтва і адчужанасць злітыя з рамантычнай настальгіяй і імкненнем "паўсюль быць дома".

Masha Svyatogor's collages draw our attention to the contrasts that characterise life in Minsk. Here, Brazilian street parties take place alongside public gatherings in the style of Soviet party conventions. Hipster boutiques woo customers away from the traditional department store GUM, where goods are still wrapped in paper, just as they were fifty years ago. Svyatogor grew up in Kurasouschtschyna, a district of Minsk. Here, flows of people encounter one another on their everyday journeys—to work, to their place of education or on their way home. These "sleeping quarters" are not desirable residential areas, but they are a kind of protected space. As Svyatogor observes, you can go underground here and feel less controlled than in the main streets in the centre, which are full of ideological signs and exude authoritarian energy. "Autobiography Without Facts" is the story of the artist's family—a photo album of loneliness and alienation, full of nostalgia and the longing for a home.

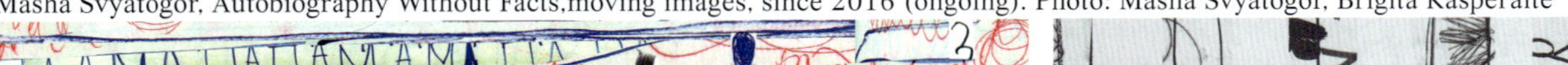

Masha Svyatogor, Autobiography Without Facts,moving images, since 2016 (ongoing). Photo: Masha Svyatogor, Brigita Kasperaite

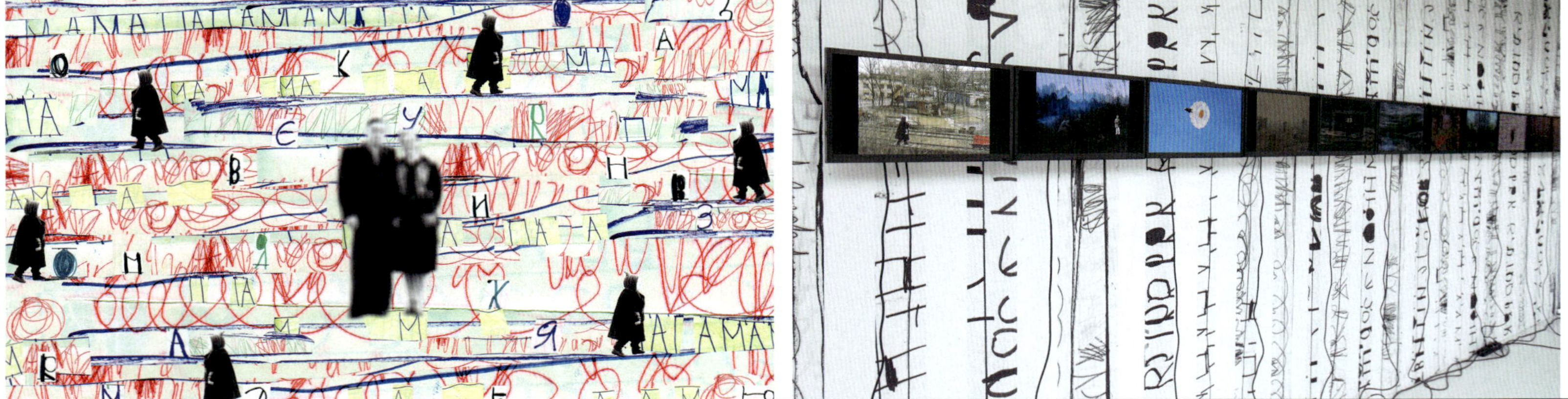

Masha Svyatogor

Masha Svyatogor, born in 1989 in Minsk where she still lives and works, is a visual artist. She explores photography by using it both as material and medium. She has taken part in numerous exhibitions in European countries as well as in the USA, Canada, Malaysia and China.

Даніэль Музычук

Даніэль Музычук (*1980) – куратар, пісьменнік. Жыве і працуе ў Варшаве. Вядучы куратар Музея мастацтва ў Лодзі. Ён быў аўтарам і адным з сукуратараў шматлікіх шоу і праектаў: “Sounding the Body Electric” (з Дэвідам Кроўлі), “The Museum of Rhythm” (з Наташай Гінвала), “Through the Soundproof Curtain. Эксперыментальная студыя Польскага радыё” (з Міхалам Мендыкам), “Грамадзяне Космасу. Антон Відокле з Веранікай Гапчанка, Фёдарам Цяцянічам і калекцыяй Міжнароднага інстытута касмістыкі”. Сукуратар (разам з Агнешкай Піндэра) Польскага павільёна (выстава Конрада Смаленскага) 55-ай Венецыянскай біенале. Член мастацкай групы Будапешт.

Бачыць між руін

Заходняя Беларусь (1939) – першая серыя малюнкаў, над якой Уладыслаў Страмінскі працаваў падчас Другой сусветнай вайны. Ён выкарыстоўваў арганічныя формы, якія спачатку прапрацоўваў алоўкам на кальцы, затым адціскаў на паперы, а далей абрысы адбітка вылучаў алоўкам. Такі метад дазваляў працаваць з абмежаванай колькасцю базавых формаў, якія мастак пасля камбінаваў у разнастайныя кампазіцыі. Творы адлюстроўвалі людзей, будынкі, дрэвы. Арганічныя формы выглядалі як аб'екты, якія нібы раскладаюцца – целы, якія губляюць цэласнасць. Страмінскі нарадзіўся ў Менску, жыў і працаваў у розных месцах, але ў пэўны момант вярнуўся ў мясціны свайго дзяцінства: разам з жонкай Катажынай Кобрай ён пераехаў з Лодзі ў Вілейку, дзе далучыўся да сваёй сям'і. Тут ён маляваў сюжэты бязлітаснасці, якую перажылі гэтыя мясціны ў першыя месяцы вайны. Луіза Надэр выкарыстоўвае паняцце “нейрасведчанне” – выявы, якія “прыцягваюць увагу на сябе і разам з тым на эмацыйную рэакцыю і разумовыя працэсы, звязаныя з памяццю і асэнсаваннем, як мастака, так і рэцыпіента”.[1] Абрысы аб'ектаў будаваліся на аснове паслявобразаў, якія вывучаў Страмінскі, – кароткачасовых адбіткаў светлавога вобраза на сятчатцы вока. Іх можна лічыць самымі хуткабежнымі формамі ўспамінаў; у іх фармаванні ўдзельнічае толькі вока, пры гэтым свядомасць неабавязкова павінна працаваць. Упершыню яны з'явіліся ў марскіх краявідах Страмінскага ў 30-я гады. У 1936 годзе ён напісаў эсэ, дзе закранаецца пытанне пра крыніцу гэтых формаў. У эсэ размова ішла пра магчымасці пазнання, якія прапануе сюррэалізм. Адзін урывак вылучаецца стылістычна: “Гэты чалавек, прыслухоўваючыся да сябе, сутыкаецца са светам, які ёсць пустэчай адзіноты. Чалавек самотны перад тварам свету. Рэчаіснасць чалавека, апошняя ісціна і падмурак

1 Luiza Nader, *Afekt Strzemińskiego “Teoria widzenia”, rysunki wojenne, Pamięci przyjaciół-Żydów*, Łódź, Warszawa: Muzeum Sztuki, PAN. 2018. C. 166.

ягонага быцця – гэта біццё ягонага сэрца і бескантрольны рух псіхафізіялагічных вобразаў – тое, што ўласціва ўсім жывым істотам. Таму амаль адзіная форма, якую выкарыстоўваюць сюррэалісты – гэта біялагічная лінія, якая абрысоўвае клубы бясформеннай масы: амёбу, выкінутую з мора – пульсуючую на залітым сонечным святлом пустынным беразе галатэю, якая пераживае бязладныя пачуцці. Усё выйшла з мора".[2] як сведка зверстваў вайны мастак выкарыстоўвае амёбныя формы, каб паказаць усё яшчэ жывыя целы, якія раскладаюцца.

На заключных старонках кнігі "Тэорыя бачання" выкарыстоўваюцца выявы з гэтай самай серыі; яны прыводзяцца як прыклады рэалістычных твораў. Кніга, якая пабачыла свет у 1958 годзе (праз 6 гадоў пасля смерці Страмінскага), не была гатовым цэльным тэкстам. Яе склалі студэнты Страмінскага з канспектаў яго лекцый. І складанне, і публікацыя былі этапамі ў працэсе аднаўлення парушанай пераемнасці мадэрнізму ў Польшчы. Легендарны статус гэтага выдання абумоўлены, сярод іншага, абставінамі яго пасмяротнай публікацыі як найбольш значнага выказвання аднаго з ключавых мастакоў польскага канструктывісцкага авангарду.

Страмінскі стаў мастаком пасля краху сваёй вайсковай кар'еры. Ён быў афіцэрам царскага войска і працаваў сапёрам. Атрымаўшы цяжкае раненне ў баі, ён быў вымушаны пачынаць новае жыццё ў Маскве падчас рэвалюцыі. Акрамя творчасці, ён яшчэ і ўключыўся ў адміністратыўную дзейнасць у сферы мастацтва. Ад траўня да лістапада 1918 года Страмінскі працаваў пад кіраўніцтвам Уладзіміра Татліна ў аддзеле выяўленчага мастацтва Народнага камісарыята асветы (ИЗО Наркомпроса)у Маскве, які адказваў за стварэнне сеткі музеяў і культурных арганізацый. У пачатку 1919 года Страмінскага выбіраюць у маскоўскі камітэт па справах выяўленчага мастацтва і рамёстваў, дзе ён становіцца кіраўніком Усерасійскага цэнтральнага бюро выставак. Надалей ён кіруе секцыяй мастацтва аб'яднанага аддзела музеяў і выяўленчага мастацтва Губернскага галіновага аддзела народнай адукацыі (ГубОНО) у Смаленску.[3] Цяпер, жывучы недалёка ад Віцебска, Страмінскі можа шчыльна камунікаваць з Казімірам Малевічам і іншымі калегамі з суполкі УНОВИС ("Сцвярджальнікі новага мастацтва"). Дыскусіі, якія вяліся ў новых авангардных мастацкіх установах, тычыліся не толькі задач працы музеяў, але і, што вельмі важна, месца мастацтва ў грамадскім і палітычным жыцці. Да Страмінскага далучылася скульптарка Катажына Кобра. Разам яны стваралі прапагандысцкія творы і тэатральныя дэкарацыі, а таксама навучалі маладых масткоў, сярод якіх была і ўраджэнка Беларусі Надзя Ходасевіч (Грабоўская) Леже.

Знаходжанне ў атачэнні Малевіча паўплывала не толькі на творчую дзейнасць пары. Супрэматызм стаў важным прыкладам тэорыі мастацтва, створанай менавіта мастаком, і падштурхнуў Кобру і Страмінскага да развіцця уласных ідэй. У той

2 Władysław Strzemiński, "Aspekty rzeczywistości," in *Pisma*, ed. Z. Baranowicz. – Wrocław: Zakład Narodowy im. Ossolińskich, 1975. S. 268–269.

3 гл.: Jarosław Suchan, *The Avant-Garde Museum*, у: *The Avant-Garde Museum*, eds. Agnieszka Pindera and Jarosław Suchan. – Łódź: Muzeum Sztuki, 2020.

жа час Малевіч стварае тэлеалагічны гарызонт, вакол якога ўсе прагрэсіўныя тэндэнцыі сыходзяцца на супрэматызме. Міжваенны перыяд быў багаты на падобныя пачынанні: мастакі стваралі канцэпцыі, якія канкуравалі паміж сабой. Гэта былі спробы даць усебаковы агляд тэндэнцый у мастацтве. Важны складнік такіх тэарэтычных тэкстаў – гэта тое, як яны характарызуюць групы на аснове іх унёска ў развіццё мастацтва, якое разумеецца як калектыўны пошук паслядоўных фармальных рашэнняў. Падобныя спробы рабілі Эль Лісіцкі і Жан Арп у кнізе 1925 года "*Die Kunstismen*", а таксама Тэа ван Дусбург у шэрагу сваіх сачыненняў. Гэтыя ініцыятывы, між іншым, натхнілі Стрэмінскага паспрабаваць стварыць метадалогію для разумення гісторыі мастацтва і яго сувязі з грамадскімі сістэмамі.

Стрэмінскі быў плённым пісьменнікам, для якога мастацкая крытыка была яшчэ адным сродкам стварэння ўстойлівага падмурка для прагрэсіўнага мастацтва. Першым артыкулам, які ён апублікаваў па прыездзе ў Польшчу, была справаздача пра развіццё новага мастацтва пасля рэвалюцыі – "Нататкі пра рускае мастацтва" (1923). Тэкст быў прысвечаны апісанню творчых груп і іх лідараў: Міхаіла Ларыёнава, Уладзіміра Татліна і Казіміра Малевіча. Стрэмінскі не хаваў сваіх сімпатый – ён на баку Малевіча і супрэматызму і асуджае прадуктывізм Татліна. Па меркаванні Стрэмінскага, Татлін узяў на сябе ролю "грамадскага актывіста або крытыка", адарваную ад абавязкаў мастака. Пазіцыя Стрэмінскага падштурхоўвае да далейшых тэарэтычных разважанняў пра мастацтва: ён разглядае мастацтва як аўтаномную форму, якая ўплывае на сацыяльна-палітычную сферу, але выключае магчымасць непасрэднага ўвасаблення мастацкіх ідэй у паўсядзённым жыцці. З такога разумення аўтаноміі мастацтва вынікае і яго нязменная зацікаўленасць у стварэнні публічнай мастацкай калекцыі. У ягоным разуменні музей мае быць прасторай, дзе лабараторыю мастацтва можна паказаць гледачам без цяжару ўтылітарнасці. Grupa a. r. – калектыў мастакоў і паэтаў, куды ўваходзілі Стрэмінскі, Кобра, Генрык Стажэўскі, Ян Бжанкоўскі і Юліян Пшыбась – сфармулявалі гэта правіла ў адным са сваіх бюлетэняў:

> ... Уздзеянне мастацтва на грамадства носіць апасродкаваны характар: акцэнтуючы пэўныя эмацыйныя і валюнтарысцкія ўстаноўкі, яно пранікае са сферы адпачынку ў сферу працы, пранізваючы наскрозь усё чалавечае жыццё. ... Абстрактнае мастацтва – гэта лабараторыя па даследаванні формы. Вынікі гэтых даследаванняў становяцца неад'емным элементам паўсядзённага жыцця. Аднак з гэтага не вынікае, што абстрактныя творы мастацтва павінны мець непасрэдную прыкладную вартасць, бо шляхі мастацтва не заўжды прамыя.[4]

4 *Biuletyn grupy "a. r."* no. 2 (1930).

Група займалася выдавецкай дзейнасцю і стварэннем калекцыі сучаснага мастацтва. Стажэўскі і Бжанкоўскі наведвалі студыі мастакоў у Парыжы і прасілі іх ахвяраваць свае працы ў публічную калекцыю, якая пасля стане асновай Музея мастацтва ў Лодзі. Дзякуючы кнігам, якія выдала група a.r. (гэта серыя стала бібліятэкай групы), яна ўмацавала сувязь паміж мастакамі і паэтамі. Дзевяць тамоў, апублікаваных у 1930–1935 гадах, уключалі два памфлеты, чатыры зборнікі паэзіі і тры тэарэтычныя тэксты. Памфлеты з'яўляліся ўлёткамі з праграмай групы. Зборнікі паэзіі былі напісаныя Бжанкоўскім і Пшыбасем, і ва ўсіх былі прадстаўленыя працы мастакоў. Акрамя таго, у гэтай серыі выйшла важная тэарэтычная праца пра скульптуру – "*Кампазіцыя прасторы/разлік прасторава-часавых рытмаў*", напісаная Стрэмінскім і Кобрай у суаўтарстве.

Мар'ян Мініх, першы дырэктар інстытуцыі, дзе захоўвалася Міжнародная калекцыя сучаснага мастацтва групы a.r., напісаў эсэ пра тое, як ён рыхтаваў выставу калекцыі Музея мастацтва ў Лодзі. Эсэ ён пачаў з "прысвячэння" Стрэмінскаму:

> Найбольш важная крытыка існуючых традыцыйных музейных экспазіцый была не ад мастацтвазнаўцаў, а пераважна ад мастакоў-тэарэтыкаў, якія прадстаўляюць мастацтва, якое імкнецца да канструктывізму. Гэта, бясспрэчна, было звязана з іх схільнасцю аналізаваць мастацкія тэмы інтэлектуальна, падмацаванай ведамі матэматыкі і геаметрыі ў якасці базы для аналітычнай і сінтэтычнай інтэрпрэтацыі творчых працэсаў, а таксама тэндэнцыяй аддаваць перавагу замкнёным фармальным элементам, якія існуюць у абсалютнай абсалютнай, бясконцай прасторы, а пазней функцыяналізму, зліццю навукі і мастацтва і г.д.[5]

Да нас дайшлі сляды гарачых дыскусій паміж заснавальнікамі калекцыі і мастацтвазнаўцам. Аднак пасля Другой сусветнай вайны ўсе іх рознагалоссі, здавалася, былі вырашаныя, і нейкі кароткі час мастак і дырэктар працавалі разам над стварэннем выстаўкі з нагоды адкрыцця-прэзентацыі новай музейнай калекцыі.

Напэўна, да гэтага моманту тэорыя Стрэмінскага пра эвалюцыю мастацкіх формаў ужо цалкам сфармавалася. Складана было не заўважыць яе ўплыву на арганізацыю галерэйных экспазіцый Мініха. Музейная прастора раскрываецца сістэматычна; яна пабудаваная на стылістычным прынцыпе – пачынаючы ад залаў, запоўненых краявідамі, працягваючы творамі сімвалізму, імпрэсіянізму, экспрэсіянізму, фармізму, кубізму, канструктывізму і канчаючы залам неапластыцызму і маленькім памяшканнем для сюррэалізму. Мініх апісвае першую выстаўку так:

> Мэтай было паказаць, як пастаянная трансфармацыя грамадскіх структур афарбоўвае і вылучае дух сучаснага

5 Marian Minich, "O nową organizację muzeów sztuki," in *Sztuka współczesna*. vol. 2. ed. Józef Dutkiewicz. Kraków: Wydawnictwo Literackie, 1966. S. 70.

> чалавека-мастака па меры таго, як адбываюцца эканамічныя і сацыяльныя змены, развіваюцца розныя сферы навукі і тэхнікі, з'яўляюцца адкрыцці, нараджаючы ўсё новыя фазы развіцця мастацтва, разнастайныя формы новага – а па сутнасці, "рэалістычнага" бачання.[6]

Ключавым паняццем тут з'яўляецца, канешне ж, адмысловае разуменне "рэалізму" ў тэорыі Страмінскага, якое злучае ажыццяўленне метаду з яго вытокам. Мастак не разглядаў рэалізм як форму рэпрэзентацыі, стыль або жывапісную тэхніку, здольную паказаць свет у яго пазнавальнай фактычнасці. Страмінскі заклаў асновы гэтай тэорыі яшчэ ў 1936 годзе ва ўжо згаданым артыкуле пад назвай "Аспекты рэчаіснасці" (Aspekty rzeczywistości). Там ён у агульных рысах выкладае бачанне развіцця сучаснага мастацтва як прагрэсіўнага разумення ўзаемазвязанай прыроды рэчаіснасці (мастацкай, сацыяльнай і фізіялагічнай). З вынаходніцтвам алейнага жывапісу межы прадметаў сталі выразна абрысаванымі, што сфармавала такое ўспрыманне, калі глядач вылучае вострыя бакі навакольных прадметаў. Гэтая тэндэнцыя адлюстроўвае з'яўленне і развіццё капіталізму акцэнт, які робіцца на каштоўнасць тавару. Найбольш радыкальны разрыў з гэтай устаноўкай адбыўся ў імпрэсіянізме, які, абапіраючыся на фізіялогію зроку, размыў межы паміж аб'ектамі і цалкам адышоў ад мастацтва, заснаванага на выразных лініях, а замест гэтага пачаў трактаваць вывы як кампазіцыі з колеравых палёў. Для Страмінскага гэты працэс развіцця мастацтва таксама звязаны з сацыяльным развіццём і разуменнем таго, што розныя і, на першы погляд, далёкія адзін ад аднаго аспекты грамадскага жыцця ўзаемазвязаныя. Больш за тое, у гэтага працэсу ёсць і фізіялагічны аспект: развіццё адбываецца і ў межах дзейнасці самога вока. Спачатку Страмінскі назваў накапленне візуальных стымулаў, якія пераўтвараюцца ў веды, "візуальным зместам". У "Тэорыі бачання" ён замяніў ідэю "зместу" на больш марксісцкае паняцце "візуальная свядомасць". Працэс набыцця такой свядомасці Страмінскі ахарактарызаваў у фізіялагічных тэрмінах:

> Рух вока, след слізгаючага погляду, біялагічная лінія скарачэння і расшырэння мышцаў звязаныя з абрысамі элементаў формы, якую мы бачым у прыродзе, што стварае агульны рытм формы. Гэты рытм у значнай ступені з'яўляецца рытмам аўтаномных рухаў, якія нараджаюцца з нервова-мускульнай сістэмы. Гэта рытм фізіялогіі, якая звязвае змест асобных поглядаў. Гэта рытм ападаючай і узыходзячай лініі пульсу і руху, які ўзнікае з індывідуальнай і біялагічнай рэакцыі мышцаў – падпарадкоўвае сабе зрокавы змест асобных поглядаў – пераўтварае яго, ствараючы зменлівы рытм нерэгулярнай сіметрыі.[7]

6 Marian Minich, "Muzeum Sztuki w Łodzi," in *Rocznik Muzeum Sztuki w Łodzi. 1930–1962*, eds. Marian Minich, Maria Rubczyńska, and Janina Ładnowska Łódź: Wydawnictwo Łódzkie, 1965. SW. 2.

7 Władysław Strzemiński, "Aspekty rzeczywistości," ibid. S. 267.

Так біялогія зніталаваная з грамадскімі структурамі; таму "Тэорыя бачання" – гісторыя таго, як зрок праходзіць розныя эканамічныя фазы. Страмінскі тлумачыць рэалізм як згоду паміж бягучым станам грамадскага развіцця, які ўплывае на візуальную свядомасць, і сродкамі, якія выкарыстоўваюцца для адлюстравання рэчаіснасці:

> Ідэалістычная эстэтыка звяртаецца да сталага ўяўлення пра рэалізм, якое не адлюстроўвае зменлівую сутнасць таго, як мы бачым. У яе кантэксце рэалізм разглядаецца не як сфармаваны ў працэсе працяглай пазнавальнай працы вачэй феномен, не як вынік руху чалавека да ўсё больш глыбокага пазнання ісціны, а як данасць, абсалютная ва ўсе часы. Адзін гістарычны этап рэалізму прымаецца за абсалют рэалізму. ... Змены ў мастацтве, якія ідэалізм тлумачыў як чыста адвольныя, папраўдзе былі звязаныя з гістарычным развіццём візуальнай свядомасці. Такая візуальная свядомасць, розная ў кожным гістарычным перыядзе, была выражэннем дасягальных межаў рэалізму ў канкрэтную гістарычную эпоху.[8]

Рэалізм заўжды прагрэсіўны і знаходзіцца ў пастаянным канфлікце з фармалізмам. Ён шукае ісціну мастацкай формы, у адрозненне ад проста гульні з узнікаючымі візуальнымі вобразамі. Акцэнт на гульні прыводзіць да выкарыстання рэгрэсіўных фармальных рашэнняў і мае спецыфічную сацыяльную ролю. Канфлікт паміж рэалізмам і рэгрэсіўным фармалізмам адлюстроўвае канфлікт паміж прагрэсіўнымі сіламі грамадства і інтарэсамі кіруючага класу:

> Прагрэс ідзе не па простай лініі за кошт накаплення вопыту і развіцця тэхнікі, а праз пераўтварэння адной гістарычнай сістэмы ў іншую, праз замену адной формы эксплуатацыі на іншую. Кожная наступная сістэма, змяняючы формы эксплуатацыі, больш прагрэсіўная за папярэднюю, але прагрэс абмежаваны неабходнасцю захавання форм класавага кіравання. Гэта тлумачыць іншую, рэгрэсіўную функцыю кожнай з гэтых сістэм – выкарыстанне дасягнутага прагрэсу і адкрытай аб'ектыўнай ісціны для падаўлення прагрэсу і фальсіфікацыі рэчаіснасці.[9]

Перадача светапогляду мінулага замест прасоўвання новых форм бачання – гэта інструмент захавання ўлады. Страмінскі, без сумневу, лічыў сацыялістычны рэалізм ітэрацыяй гэтай з'явы. Таму ён зрабіў спробу прымірыць марксісцкую тэорыю з авангардным мастацтвам на аснове фізіялогіі зроку і яго ролі ў развіцці свядомасці. Мастацтва ў гэтай сістэме грае падвойную

8 Władysław Strzemiński, *Theory of Seeing*, unpublished translation by Klara and Wanda Kemp-Welch.

9 Тамсама

ролю. З аднаго боку, прагрэс мастацтва – адзнака грамадскага развіцця ў цэлым. У такім кантэксце мастацтва пасіўнае. З іншага боку, яно ўздзейнічае на гледачоў, часам падымаючы іх на больш высокія ступені візуальнай свядомасці — эмансіпіруе іх — і такім чынам становіцца актыўным фактарам.

Па меры таго, як вока прывыкае да больш прагрэсіўных форм бачання, суб'ект набывае сацыяльную свядомасць. Тэорыя Страмінскага пастаянна раскрываецца ў дзвюх плоскасцях: у макрамаштабе філагенезу і мікрамаштабе антагенезу суб'екта. Вока чалавека павінна ўсвядоміць папярэднія стадыі зрокавага ўспрымання, каб вызваліцца ад рэгрэсіўных абмежаванняў, якія звязваюць сучаснае грамадства. Яно выступае адначасова суб'ектам і біялагічнага развіцця, і гісторыі. У гэтым дзеянні адкрываецца цікавая апарыя. Павел Масціцкі адзначае пэўную немагчымасць пабудовы гісторыі бачання: "Хаця рухавік перыферыйнага зроку, які адказвае за дынамічную структуру ўспрымання выявы, часта згадваецца ў "*Тэорыі бачання*", аказваецца, што немагчымасць разглядаць гісторыю з перыферыі ўскладняе, калі не абвяргае, аргументацыю Страмінскага і іх філасофскую аснову".[10] Рэалізм – гэта пастаянна знікаючы пункт у працэсе развіцця... Гэта крытычная катэгорыя, якая вызначае змест паняцця "сучаснасць". Рэалістычнае мастацтва паскарае замену фармалізму новымі прагрэсіўнымі формамі і тым самым уплывае на тэмпы рэфармавання грамадскіх структур. Па прадстаўленні Джорджыа Агамбена, быць сучасным значыць бачыць цемру зорак, якія імчацца так хутка, што іх святло ніколі не дасягне нас.[11] Магчыма, менавіта праз гэта Страмінскі так стараўся зафіксаваць самыя дробныя адбіткі святла на сятчатцы – паслявобразы, найдрабнейшыя адзінкі памяці, якія вучаць вока распазнаваць паўторы формы і абрысаў. Нават калі паслявобразы знікаюць, веданне застаецца.

Чытаючы *"Тэорыю бачання"* сёння, менавіта гэты аспект рэалізму можна пабачыць на першым плане. У эпоху спекуляцыйнага рэалізму тэорыя прапаноўвае сапраўды сучасны адказ на пытанне пра тое, як мастацтва можа стаць вопытам эмансіпацыі. Яна таксама знаходзіць нечаканы водгук у эстэтыцы Жака Рансьера. як і французскі філосаф, Страмінскі прызнае, што мастацтва дзейнічае ў прасторы, сфармаванай супярэчнасцю паміж аўтаноміяй, якую яно бароніць, і сацыяльным палатном, у якое яно непарыўна ўплецена, і грае актыўную ролю ў эмансіпацыі сваіх гледачоў. Мастацтва фармуе супольнасць, заснаваную на падзеле пачуццёвага, і таму мастацтву неабавязкова закранаць палітычныя тэмы, каб быць палітычным[12]. Постбрэхтыянская эстэтыка разглядае рэалізм як раскрыццё формы і тэхнікі для выяўлення грамадскіх стасункаў, не заснаваных на ідэнтычнасці.[13] Падобны дух можна знайсці ў кінематографе альтэррэалізму, які прасочваецца ў творчасці такіх рэжысёраў, як Жак-Люк Гадар, Харун Фарокі і Аляксандр Клюге. Усе яны выкарыстоўваюць рэалізм як метад, які адначасова

10 Paweł Mościcki, "Being On Time Too Late. On Władysław Strzemiński's Encounters with History," in *Afterimages of Life*. S. 336.

11 See Giorgio Agamben, "What is the Contemporary," in *What Is an Apparatus? and Other Essays*, trans. David Kishik and Stefan Pedatella, Stanford, CA: Stanford University Press, 2009.

12 См. Jacques Rancière, *The Emancipated Spectator*, trans. Gregory Elliott, London: Verso, 2009. S. 56.

13 См. John Roberts' contribution to Octavian Esanu, ed., "Realism Today?," *ARTMargins* 7, no. 1 (February 2018): 58–82. Online at: https://research.gold.ac.uk/id/eprint/25992/1/Realism_Roundtable.pdf

і выкрывае падзел працы, і падрывае яго. Паколькі капіталізм развіваецца і змяняе форму, у якой праяўляюцца стасункі паміж уласнікамі і рабочымі, паняцце рэалізму неабходна разумець як дынамічнае, якое пастаянна падладжваецца пад сацыяльную сукупнасць. Няскончаная кніга Страмінскага застаецца прадбачлівай працай, дзе задакументаваны прагрэсіўны від мастацтва, якое ўвесь час вынаходзіць новыя спосабы эмансіпіраваць свайго гледача.

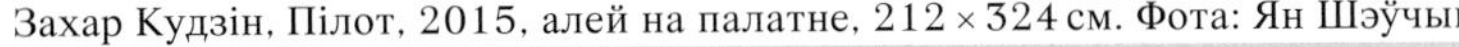

Захар Кудзін

Захар Кудзін (1986–2019) – мастак. Нарадзіўся ў Менску (Беларусь). Некаторы час вандраваў і жыў у ЗША. Першы мастак свайго пакалення, працы якога набыў Нацыянальны музей Беларусі. Яго жыццё трагічна абарвалася ў 2019 годзе.

Захар Кудзін, Пілот, 2015, алей на палатне, 212 × 324 см. Фота: Ян Шэўчык

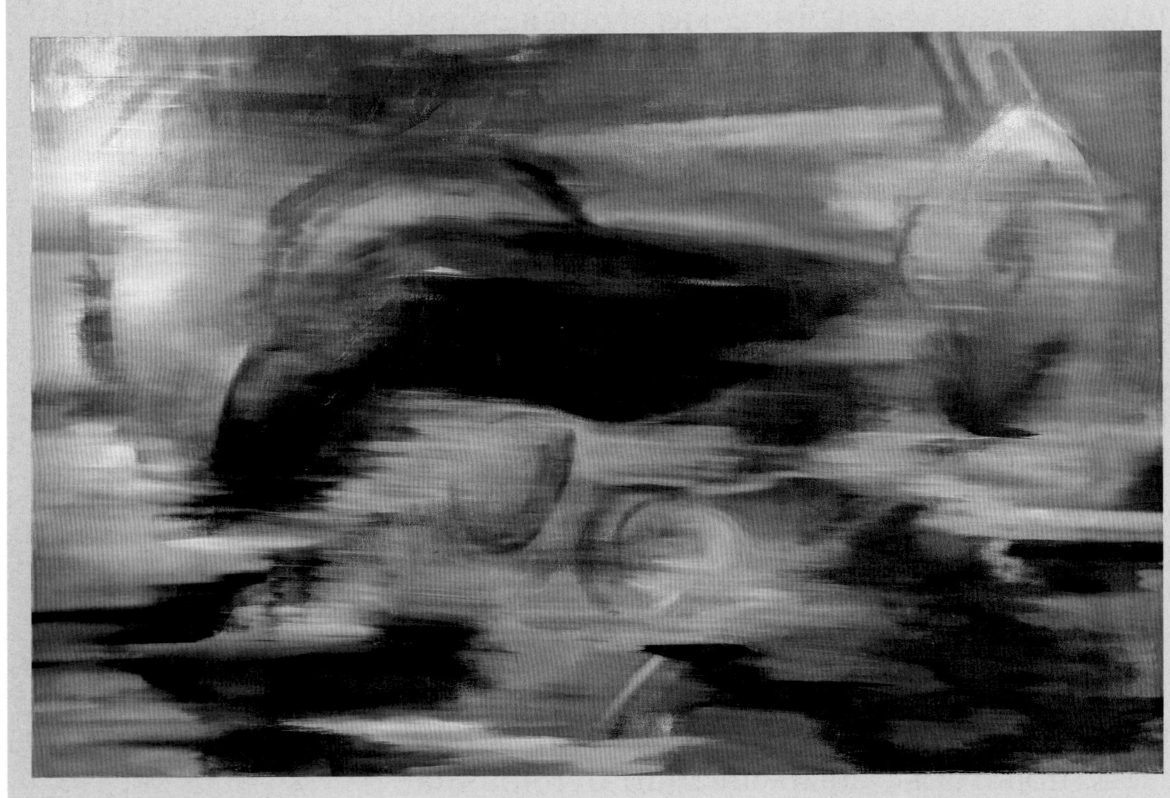

Сваё мастацтва Захар Кудзін называў "маляваннем левым вокам". Левае вока мастака было амаль цалкам ахоплена глаўкомай, што выключала магчымасць выразна бачыць аб'екты.

Мастак на асабістым жыцці даследаваў прыроду сувязі паміж перарывістымі зрокавымі імпульсамі, якія атрымліваў мозг і выявай, вобразам, які заставаўся на пашкоджанай сятчатцы вока. Яго свет быў часткова пагружаны ў поўную цемру, і ён мог толькі адчуць кантраст паміж святлом і ценем. Мастак ахарактарызаваў гэта як стан дзесьці паміж бясконцым расчараваннем і эйфарычнай свабодай.

Падчас знаходжання ў ЗША ён зрабіў аперацыю на вока за кошт продажу сваіх карцін. Пасля вяртання у Беларусь Захар Кудзін напісаў карціну "Пілот", натхнёны гісторыяй ветэрана В'етнамскай вайны.

Zahar Kudin, The Pilot, 2015, oil on canvas, 212 × 324 cm. Photo: Alexandra Ivanciu

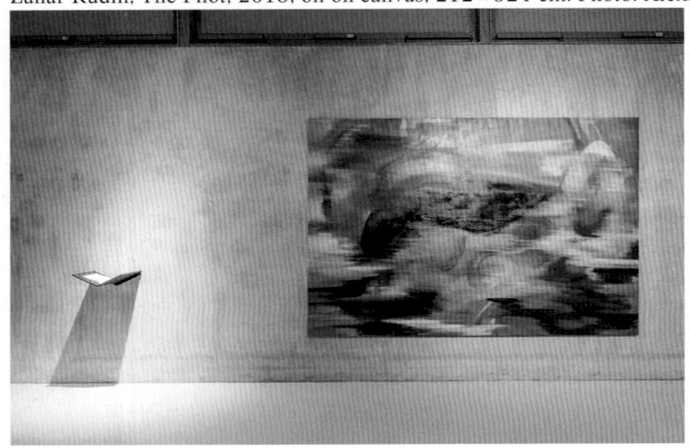

Zahar Kudin has described his art as "painting with the left eye". He suffered from glaucoma. "The optic nerves are scorched like a broken power cable. The power cable can be repaired, but the nerves cannot." The artist perceived an almost mystical link between the intermittent visual impulses that entered his consciousness and the image that appeared on his damaged retina. His world was partially submerged in total darkness, and he could only sense the contrast between light and shade. He described this as a state somewhere between infinite frustration and euphoric freedom.

While he was staying in the USA, he underwent eye surgery, which he financed by selling his paintings. He painted "The Pilot" after returning to Belarus, inspired by the story of a Vietnam veteran.

Zahar Kudin

Zahar Kudin, born in 1986 in Minsk, is a painter. He lived in the US. He defined his way of painting as "neuro-aesthetics". He is the only artist of his generation whose works feature in the Belarusian National Museum's permanent exhibition. His life was tragically interrupted in 2019.

Daniel Muzyczuk

Daniel Muzyczuk, born in 1980, is a curator and writer. Chief curator of the Art Museum in Łodź. He curated and co-curated numerous shows and projects: *Sounding the Body Electric* (with David Crowley), *The Museum of Rhythm* (with Natasha Ginwala), *Through the Soundproof Curtain. The Polish Radio Experimental Studio* (with Michał Mendyk), *Citizens of the Cosmos: Anton Vidokle with Veronika Hapchenko, Fedir Tetyanych and the Collection of the International Cosmist Institute*. Co-curator (with Agnieszka Pindera) of the Polish Pavilion (Konrad Smoleński show) for the 55th Venice Biennale. Member of Grupa Budapeszt. Muzyczuk lives and works in Warsaw.

An Eye Among the Ruins

Western Belarus (1939) is the first series of drawings that Władysław Strzemiński worked on during World War II. He used organic shapes, first drawing them with a pencil on tracing paper, then pressing the result onto the paper and then outlining the impression with a pencil. This method allowed the artist to work on a limited number of basic shapes that would be combined in different sets. These drawings depict people, buildings and trees. The organic shapes appeared as decomposing objects—bodies losing integrity. Strzemiński was born in Minsk; having lived and worked in various places, at some point returned to the land of his childhood: together with his wife Katarzyna Kobro, he moved from Łódź to Vileyka, where he joined his family. While in Vileyka, he depicted scenes of violence that these areas suffered in the early months of World War II. Luiza Nader uses the notion of neurotestimonies—images that "force the engagement of attention, and, with it, an emotional reaction as well as conscious processes associated with memory and understanding, both on the part of the artist and the receiver."[1] The outlines of the objects were based on Strzemińskis studies of afterimages—the momentary "imprints" that brightly lit shapes leave on the retina. These can be considered the most fleeting forms of memories that only engage the eye, not even

1 Luiza Nader, *Afekt Strzemińskiego "Teoria widzenia", rysunki wojenne, Pamięci przyjaciół-Żydów*, Łódź, Warszawa: Muzeum Sztuki, IBL PAN, 2018, p. 166.

necessarily the consciousness. They first appeared in his marinas in the 1930s. In 1936, he wrote an essay that touched upon the source of these forms. It focuses on the cognitive possibilities offered by surrealism. One passage stands out stylistically: "This man listening to himself faces a world that is the emptiness of loneliness. Man is lonely in the face of the world. Man's reality, the final truth and the basis of his being is his heartbeat and the uncontrolled movement of psycho-physiological images–something that is common to all living creatures. This is why almost the sole form used by surrealists is a biological line, outlining a swirling mass without shape–an amoeba washed up by the sea–a galatea pulsating on a lonely coast under the sun and experiencing uncoordinated sensations. Everything came out of the sea."[2] As a witness of the war's violence, the artist uses amoebic shapes to show bodies that are decomposing and yet still alive.

Images from this series feature in the final passages of *Theory of Seeing*, where they serve as examples of realist work. The book, published in 1958 (six years after Strzemiński's death) had not been a finished text. His students compiled it from their lecture notes, reconstructing the text from parts. Both the reconstruction and the publication were steps in the larger process of restoring the broken continuity of modernism in Poland. The legendary status of the present volume is thus based partly on the circumstances of its posthumous publication, as the most substantial statement by a major artist of the Polish constructivist avant-garde.

Strzemiński rose to become an artist as a consequence of the collapse of his military career. He was an officer of the Tsarist army, a sapper. After sustaining severe injuries in battle, he had to reinvent himself in Moscow during the revolution. Apart from creating artwork, Strzemiński also became involved with art administration. Between May and November 1918, Strzemiński worked under Vladimir Tatlin's direction at the Department of Fine Arts of the Narkompros The People's Commissariat for Education in Moscow. This department was in charge of setting up a network of museums and cultural organisations. At the beginning of 1919, Strzemiński was elected to the Moscow-based Arts and Crafts Committee, where he became the head of the All-Russian Central Exhibition Bureau. He went on to run the art subdivision of the GubONO (Governorate Department of People's Education) in Smolensk.[3] Now that he was living near Viciebsk, Strzemiński was able to maintain close relations with Kazimir Malevich and other colleagues from UNOVIS (УНОВИС)–"The Affirmers of the New Art". The discussions taking place at the new avant-garde art institutions touched on the aims of museums but also, importantly, on the place of art in social and political life. The sculptor Katarzyna Kobro joined him there; together they produced propaganda works and stage designs. Furthermore, they educated younger artists, including another Belarus-born artist–Nadia Khodasevich (Grabowski) Léger.

The effects of being in Malevich's circle were not limited to the couple's artistic practices. Suprematism became an important

2 Władysław Strzemiński, "Aspekty rzeczywistości," in *Pisma*, ed. Z. Baranowicz Wrocław: Zakład Narodowy im. Ossolińskich, 1975, p. 268–269.

3 See: Jarosław Suchan, *The Avant-Garde Museum*, in: *The Avant-Garde Museum*, eds. Agnieszka Pindera and Jarosław Suchan, Łódź: Muzeum Sztuki, 2020.

4 *Biuletyn grupy "a. r."*, no. 2 (1930).

example of an art theory put forth by an artist, encouraging Kobro and Strzemiński to develop their own thinking. At the same time, Malevich was establishing a teleological horizon where all progressive tendencies would converge towards suprematism. The interwar period abounds in undertakings like this, with artists creating competing frameworks for a comprehensive view of art trends. An important element of such theoretical texts is how they characterise groups based on their contribution to the development of art. This contribution is understood as a collective search for consecutive formal solutions. Similar attempts were made by El Lissitzky and Jean Arp in the 1925 book *Die Kunstismen*, and by Theo van Doesburg across a series of writings. Such endeavours, among other things, inspired Strzemiński to try and provide a methodology for understanding the history of art and its relation to social systems.

Strzemiński was a prolific writer who saw art criticism as a means of providing firm ground for progressive art. The first article he published after his arrival in Poland was a report on the development of new art after the revolution. "Notes on Russian Art" (1923) revolved around a description of three groups of artists and their leaders: Mikhail Larionov, Vladimir Tatlin, and Malevich. Strzemiński does not hide his sympathies: he sides with Malevich and suprematism and condemns Tatlin's productivism. In Strzemiński's opinion, Tatlin assumed the role of a "social activist or critic" and was too far removed from the responsibilities of an artist. Strzemiński's position raises further theoretical considerations: he sees art as an autonomous form exerting influence upon the sociopolitical but rules out the possibility of artistic ideas being implemented directly in everyday life. This understanding of art's autonomy explains his persistent interest in building a public art collection. In his view, a museum should be a space where the laboratory of art can be presented to the audience without the burden of utility. The "a. r." group, a collective of artists and poets that included Strzemiński, Kobro, Henryk Stażewski, Jan Brzękowski and Julian Przyboś, formulated this rule in one of their bulletins:

> "The social impact of art is therefore indirect: by putting emphasis on certain emotional and voluntaristic attitudes, it makes its way from the domain of leisure to that of labour, permeating all of human life ... Abstract art is a laboratory for exploring form. The results of these explorations emerge as an indispensable element of everyday life. However, it does not mean that abstract artworks should have an immediate applied value, since the paths of art are not always straight".[4]

The group focused on publishing texts and building a collection of modern art. Stażewski and Brzękowski visited artists' studios in Paris, asking the artists to donate their works to a public collection that would become the backbone of *Muzeum Sztuki, the Art*

Museum. The group strengthened the alliance between artists and poets through a series of books that formed the library of the "a. r." group. The nine volumes published between 1930 and 1935 included two pamphlets, four poetry books, and three texts on art theory. The first of these were leaflets that explained the program of the group. The poetry books were all authored either by Brzękowski or Przyboś; they all featured contributions by visual artists. Furthermore, the series included an important theoretical work on sculpture—*Composing Space/Calculating Space-Time Rhythms*, co-authored by Strzemiński and Kobro.

Marian Minich, the first director of the institution that houses the "a. r." group's International Collection of Modern Art, wrote an essay describing how he prepared the exhibition of this collection at the Łódź Art Museum. He started the essay with a "dedication" to Strzemiński:

> "The most important critiques of existing traditional museum displays did not come from art historians but mainly from theorizing painters who represent art that leans toward constructivism. Surely this was due to their tendency to analyse artistic issues intellectually, fuelled by their knowledge of mathematics and geometry as the basis for an analytical and synthetic interpretation of creative processes; their tendency to choose and construct closed formal elements existing within an absolute, infinite space; furthermore, functionalism, the merging of science and art etc".[5]

We know of a fervent debate between the collection's founders and the art historian. After World War II, however, all their disagreements seemed to be resolved and, for a brief moment, the artist and the director worked shoulder to shoulder to put together the inaugural show.

By that time, Strzemiński's theory of the evolution of artistic forms must have reached its full development, and it is hard not to see its influence on Minich's layout of the galleries. The museum space unfolds systematically, based on the stylistic principle: from landscape painting, through symbolism, impressionism, expressionism, formism, cubism, constructivism, to neoplasticism and eventually to surrealism, which was allocated a separate small room. Minich writes of the first exhibition:

> "The aim was to show how the constant transformation of social structures colours and diversifies the psyche of the contemporary human and artist as economic and social changes take place and as various fields of knowledge, technology, and invention develop, bringing about new phases of art, different forms of new—and indeed 'realist'—vision..."[6]

5 Marian Minich, "O nową organizację muzeów sztuki," in *Sztuka współczesna*, vol. 2, ed. Józef Dutkiewicz, Kraków: Wydawnictwo Literackie, 1966, p. 70.

6 Marian Minich, "Muzeum Sztuki w Łodzi," in *Rocznik Muzeum Sztuki w Łodzi, 1930–1962*, eds. Marian Minich, Maria Rubczyńska, and Janina Ładnowska, Łódź: Wydawnictwo Łódzkie, 1965, p. 2.

The key notion here is, of course, Strzemiński's specific understanding of "realism" that connects the implementation of the method with its source. The artist did not see realism as a form of representation, a style, or a pictorial technique capable of revealing the world in its recognisable factuality. Strzemiński laid the ground for this theory as early as 1936, in the already mentioned article entitled "Aspekty rzeczywistości" (The Aspects of Reality). In this piece, he sketches a vision of the development of modern art as a progressive understanding of artistic, social and physiological reality. The invention of oil painting led to all objects being well separated from each other, generating a gaze that revealed the sharp edges of things. This tendency reflects the emergence and growth of capitalism, following the stress laid on the value of commodities. The most radical break with this approach came with impressionism, which drew on studies of the physiology of seeing to blur borders between objects, moved away from the drawing-based art and chose to treat the image as a composition of colour fields instead. In Strzemiński's opinion, the development of art also has to do with social development and interconnection between different–seemingly distant–aspects of societies. Moreover, there is a physical dimension to this process: the development takes place within the activity of the eye itself. Describing the accumulation of visual stimuli that gets converted into knowledge, Strzemiński first referred to it as "visual contents". In *Theory of Seeing*, he replaced the idea of "contents" with a more Marxist notion: "visual consciousness". Strzemiński characterised the process of gaining such consciousness in physiological terms:

> "The motion of the eye, the trace of the gliding gaze, the biological line of contracting and expanding muscles are related to the shape of the elements of form seen in nature, creating a common rhythm of form. This rhythm is, to a large extent, the rhythm of autonomous movements of the muscular-nervous system. It is a rhythm of physiology which connects the contents of individual gazes. This rhythm of the descending and ascending line of the pulse and of the movement caused by individual and biological reactions of muscles—subordinates the visual contents of individual gazes—transforming them, creating a constantly changing rhythm of irregular symmetry."[7]

This is how biology is bound up with social structures. Thus, *Theory of Seeing* is the story of the eye passing through different economic phases. Strzemiński explains realism as the accord between the current state of social development (which affects visual consciousness) and the tools used to represent reality:

> "The idealist aesthetic deploys a fixed notion of Realism that does not capture the changeable essence of how we see. It does not see Realism as having been formed through the pro-

7 Władysław Strzemiński, "Aspekty rzeczywistości," ibid., p. 267.

cess of the protracted cognitive work in our vision, or as the result of man's work to move toward a deeper and deeper knowledge of truth, but as a given, that is binding for all times. One historical stage of Realism is taken for Realism's absolute ... The changes in art that idealism explained away as purely arbitrary were, in reality, connected with the historical development of visual consciousness. This visual consciousness, different in each historical period, was an expression of the attainable limits of Realism in that particular historical age."[8]

Realism is always progressive and exists in constant conflict with formalism. It seeks the truth of artistic form, as opposed to the mere play of appearances. The emphasis on the latter leads to the usage of regressive formal solutions and has a specific social role. The conflict between realism and regressive formalism mirrors the conflict between society's progressive forces and the interests of the ruling class:

"Progress does not run in a straight line, through the gathering of experience and techniques, but through the change of one historical system into another, through the change of one form of exploitation to another. Each successive system, changing forms of exploitation, brings progress in relation to the preceding one—it is, however, limited by the necessity of maintaining the forms of its class rule. It conditions another, regressive function of each of these systems: exploiting the progress achieved and the objective truth discovered in order to suppress progress and falsify reality."[9]

Reproducing the worldview of the past instead of promoting new forms of seeing is an instrument of maintaining power. Strzemiński undoubtedly saw socialist realism as an iteration of this phenomenon. He therefore made an attempt to reconcile Marxist theory with avant-garde art on the basis of the physiology of seeing and its role in the development of consciousness. Art plays a double role in this system. On the one hand, progress in art is a sign of social development in general. From this perspective, art is passive. On the other hand, art affects its beholders, sometimes advancing them to higher stages of visual consciousness—emancipating them—and thus becoming an active element.

As the eye accommodates itself to more progressive forms of seeing, the subject (i.e. the seer) gains social consciousness. Strzemiński's theory constantly unfolds across two planes: the macro-scale of phylogeny and the micro-scale of the subject's ontogeny. The eye of an individual needs to gain consciousness of the previous stages of seeing so that the seer can be emancipated from the regressive constraints that are binding contemporary society. The seer is the subject of biological and historical development at the same time. There is an interesting aporia that opens through this

8 Władysław Strzemiński, *Theory of Seeing*, unpublished translation by Klara and Wanda Kemp-Welch.

9 Ibid.

act. Paweł Mościcki observes a certain impossibility in organizing a history of seeing: "Although the motor of peripheral vision which is responsible for the dynamic structure of the perception of an image recurs frequently in *Theory of Seeing*, it turns out that the impossibility of viewing history peripherally complicates, if not refutes, Strzemiński's argument and its philosophical inspirations."[10] Realism is a constantly fleeting point, a critical category that determines the contents of contemporaneity. Realist art hastens the replacement of formalism with new progressive forms and thus influences the pace at which social structures are reformulated. Giorgio Agamben imagines being contemporaneous as seeing the darkness of the stars travelling so fast that their light will never reach us.[11] That might be the reason why Strzemiński tried so hard to record the minute imprints of light on the retina—afterimages, the smallest units of memory, which teach the eye to recognise repetitions of form and shape. Even when the afterimages are gone, the knowledge persists.

Reading *Theory of Seeing* today, it is this aspect of realism that comes to the fore. In the age of speculative realism, Strzemiński's theory offers a truly contemporary answer to the question of how art can become an emancipatory experience. It also finds an unexpected resonance with the aesthetics of Jacques Rancière. Like the French philosopher, Strzemiński recognises that art operates in a space formed by the contradiction between the autonomy it asserts and the social fabric into which it is inextricably woven, playing an active role in emancipating its spectators. Art builds a community based on the distribution of the sensible; therefore, art does not need to touch on political subjects to be political.[12] Post-Brechtian aesthetics sees realism as an opening-up of form and technique to render the non-identity-based nature of social relations.[13] One finds a similar spirit in the alter-realist cinema—a genre that can be seen in the work of filmmakers like Jean-Luc Godard, Harun Farocki, and Alexander Kluge. They all use realism as a method that simultaneously exposes and undermines the division of labour. As capitalism evolves and alters the form in which the relations between owners and workers appear, the notion of realism needs to be understood as dynamic, constantly readjusting to social totality. Strzemiński's unfinished book remains a visionary work documenting a progressive kind of art that constantly invents new ways of emancipating its viewer.

10 Paweł Mościcki, "Being On Time Too Late. On Władysław Strzemiński's Encounters with History," in *Afterimages of Life*, p. 336.

11 See Giorgio Agamben, "What is the Contemporary," in *What Is an Apparatus? and Other Essays*, trans. David Kishik and Stefan Pedatella, Stanford, CA: Stanford University Press, 2009.

12 See Jacques Rancière, *The Emancipated Spectator*, trans. Gregory Eliott, London: Verso, 2009, p. 56.

13 See John Roberts' contribution to Octavian Esanu, ed., "Realism Today?," *ARTMargins* 7, no. 1 (February 2018): 58–82. Online at: https://research.gold.ac.uk/id/eprint/25992/1/Realism_Roundtable.pdf

Уладыслаў Страмінскі

Уладыслаў Страмінскі (1893–1952) – мастак, настаўнік, выкладчык, ініцыятар шэрагу мастацкіх аб'яднанняў першай паловы XX стагоддзя, сузаснавальнік Акадэміі мастацтваў у Лодзі. Адзін з найвыбітнейшых прадстаўнікоў міжнароднага авангарду.

Разам з Катажынай Кобрай, Юліянам Пшыбосем і Генрыхам Сташэўскім сузаснавальнік калекцыі сучаснага мастацтва ў музеі Лодзі (Польшча). Нарадзіўся у Менску. Застаўся амаль невядомым і незаўважным для беларускай гісторыі мастацтва.

Уладыслаў Страмінскі, "Вёска" Заходняя Беларусь, 1939, рысунак (папера, аловак)

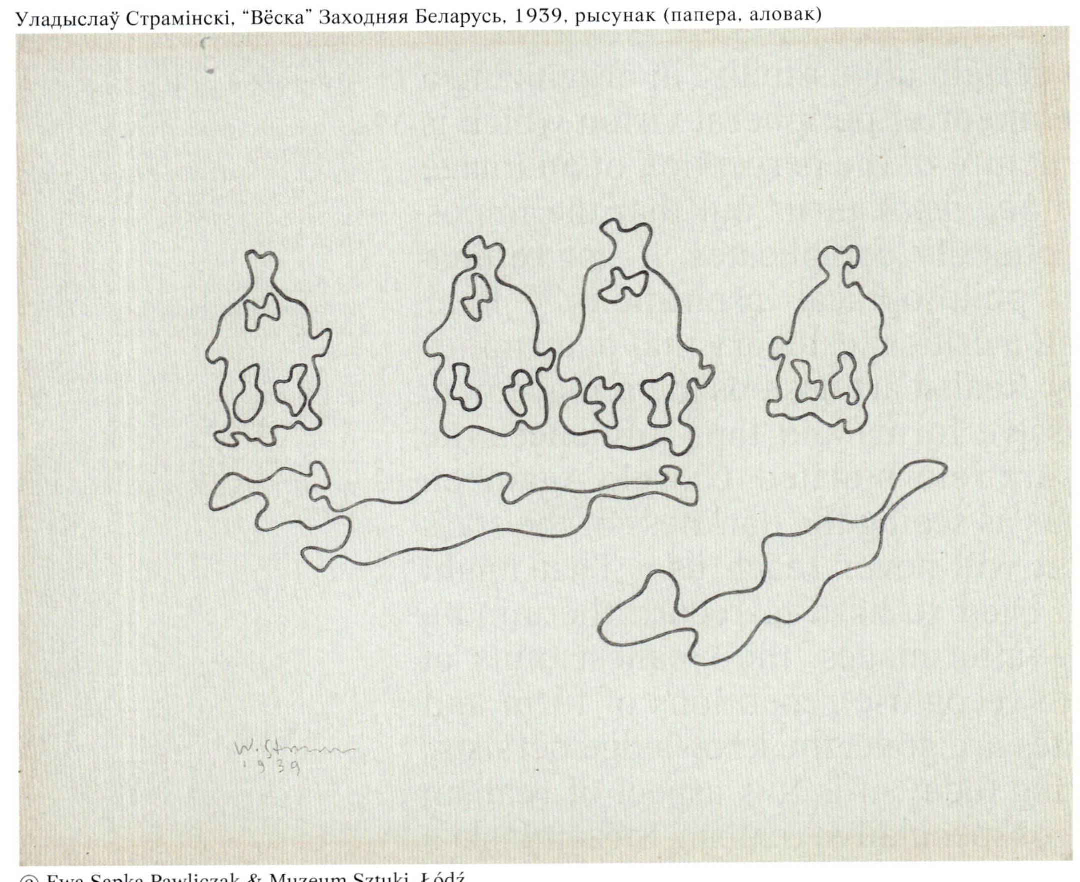

Нарадзіўшыся ў Менску, Страмінскі быў сузаснавальнікам і адным з самых значных прадстаўнікоў польскага і міжнароднага авангарду. У 1919–1921 гг. разам з жонкай Катажынай Кобрай ён прадстаўляў у Смаленску аб'яднанне мастакоў УНОВІС, заснаванае Казімірам Малевічам у Віцебску. У 1923 г. разам з літоўскім мастаком Вітаўтасам Кайрюкшцісам зладзіў першую ва Ўсходняй Еўропе выставу сучаснага еўрапейскага мастацтва ў Вільні.

"Тэорыя бачання" з'яўляецца найважнейшай тэарэтычнай публікацыяй Страмінскага, якая пабачыла свет ужо пасля яго смерці. У творы ён усталёўвае сувязь паміж грамадскапалітычным асяроддзем і гісторыяй мастацтва, якую аўтар апісвае праз візуальнае ўзаемадзеянне паміж грамадствам і рухаючай сілай мадэрнізацыі.

Władysław Strzemiński, A man and a landscape with houses, Western Belarus, 1939, drawing paper, crayon

Władysław Strzemiński was a co-founder and one of the most significant members of the Polish and international avant-garde. Between 1919 and 1921, together with his wife Katarzyna Kobro, he represented the artists' association UNOVIS in Smolensk, led by Kasimir Malewitsch. In 1923 he opened the first exhibition of contemporary European art in Vilnius, with Vytautas Kairiūkštis. *Theory of Seeing* is the most important theoretical publication by Strzemiński, who lost an eye and an arm in World War I. In this work he established a link between the socio-political conditions and the history of art, which he described as a kind of visual communication with the world and a driving force of modernisation.

Władysław Strzemiński

Władysław Strzemiński, painter, art theorist, educator, representative of the Polish avant-garde, born in Minsk in 1893, died in Łódź in 1952. Member and founder of numerous art associations of the early 20th century, including the "a.r." group, with its unique International Modern Art Collection that forms the basis of Muzeum Sztuki in Łódź. Strzemiński remained entirely unknown to and absent from the Belarusian history of art.

Вольга Архіпава

Вольга Архіпава (*1974) – мастацтвазнаўца, культуролаг. Нарадзілася ў Паставах (Беларусь). З 1998 па 2022 працавала ў Нацыянальным мастацкім музеі Рэспублікі Беларусь навуковым супрацоўнікам у аддзеле беларускага мастацтва XX–XXI стагоддзяў. Займалася вывучэннем і складаннем біяграфій мастакоў XX стагоддзя, працавала захавальніцай калекцыі "Беларускі жывапіс". За гады працы ў музеі зрабіла больш за 50 куратарскіх праектаў, сярод якіх амаль дзесяцігадовы даследчы праект "Сусвет Язэпа Драздовіча".

Язэп Драздовіч: вечны вандроўнік

Вольга Архіпава ў размове з Ганнай Карпенка

ГК Язэп Драздовіч (1888–1954) – фігура для гісторыі беларускага мастацтва неардынарная, у пэўнай ступені памежная: графік, жывапісец, скульптар, пісьменнік, паэт, этнограф, гісторык, філосаф, настаўнік, хірамант, астраном-аматар, аўтар уласнай касмалагічнай канцэпцыі ці проста "бясхатні падарожнік[1]", як ён сам сябе называў. Па яго біяграфіі можна прасачыць, як сацыяльна-палітычныя метамарфозы змянялі, нават у межах аднаго пакалення, лёсы людзей, якія нават за дзесяцігоддзе аказваліся то пад польскай, то пад савецкай, то пад акупанцкай нямецкай уладай. Хто такі Язэп Драздовіч? Якое месца яго постаць займае ў гісторыі Беларусі?

ВА На мой погляд, Язэп Драздовіч – архетып нацыянальнага Адраджэння першай паловы XX стагоддзя. З аднаго боку, гэта чалавек, які верыў у тое, што менавіта веды, адукацыя і асвета – галоўны шлях да змены беларускай свядомасці, а з другога боку, ён займаўся вельмі канкрэтнымі рэчамі, з якіх пачынаецца шлях Беларусі да незалежнасці: гісторыя, мастацтва, народная культура, касмавізіі. Першапачатковую адукацыю атрымаў у Віленскай школе малявання Івана Трутнёва (1906–1909). На той момант гэта быў Паўночна-Заходні край Расійскай імперыі. Падчас Першай сусветнай вайны служыў у войску ў Вольску – спачатку простым жаўнерам, пасля фельчарам. У 1919 годзе, калі была створана БССР, наведаў Мінск. У 1920-я, пасля Рыжскага міру жыў і працаваў у так званай Заходняй Беларусі, якая ў тойчас уваходзіла ва ўсходнія землі Польшчы. Драздовіч, акрамя мастацкай

1 "Я сірата — кругом адзін, бяздомны, бясхатні падарожнік" // з Дзённікаў Я. Драздовіча. https://drazdovich.by/

справы, заўсёды займаўся і выкладчыцкай дзейнасцю: выкладчык у школе ў Глыбокім і Радашкавіцкай беларускай гімназіі імя Францыска Скарыны, кіраўнік мастацкай студыі пры Віленскай беларускай гімназіі, Навагрудская беларуская гімназія. Супрацоўнічаў з Беларускім музеем Івана Луцкевіча[2], для якога ладзіў этнаграфічныя экспедыцыі і археалагічныя раскопкі, перадаваў фальклорныя запісы і мастацкія творы. У 1930-я захапіўся астраноміяй і вандраваў не толькі па Дзісеншчыне[3], але і ў сваіх снах на "іншыя планеты" і падрабязна занатоўваў светабудоўлю іх жыцця ў нататнік. Пасля аб'яднання Беларусі ў 1939 Драздовіч намагаўся прыстасавацца да савецкага жыцця, але ў яго гэта не атрымалася, ён працягваў весці вандроўны лад жыцця, перасоўваючыся ад вёскі да вёскі, зарабляючы маляваннем дываноў і разважаючы з мясцовымі жыхарамі пра гісторыю, мастацтва і космас. Падчас Другой сусветнай вайны хаваўся на хутарах Глыбоччыны. Са спадчынай мастака нам вельмі пашчасціла, яна не згінула ў завірусе часу, і ў выніку захоўваецца ў архівах і музеях Беларусі, Літвы і Польшчы.

ГК Як так сталася, што народжаны ў засценку Пунькі[4] Віцебскай вобласці хлопец з самай базавай мастацкай адукацыяй а) аказаўся ў цэнтры нацыянальна-вызваленчага руху і б) стаў фактычна першым беларускім астраномам-аматарам, які перачытаў амаль усе даступныя для свайго часу кнігі ў Віленскай бібліятэцы пра Космас, каб апісаць сваю унікальную мадэль Сусвету, дзе на кольцах Сатурна ёсць жыццё і сатурняне сустракаюць вясну[5]?

ВА Гэта адбылося вельмі натуральна. З дзяцінства, калі ў яго пачалі праяўляцца мастацкія здольнасці, бліжэй за ўсё для атрымання адпаведнай адукацыі была школа Івана Трутнёва ў Вільні. Туды і накіраваўся юны Язэп. І
І там адразу апынуўся ў беларускім асяроддзі, сярод паэтаў і пісьменнікаў, гісторыкаў і філолагаў (Янка Купала, Якуб Колас, Максім Багдановіч, Вацлаў Ластоўскі, Іван і Антон Луцкевічы, потым Пятро Сергіевіч і Максім Танк і іншыя), якое было створана вакол першай беларускай газеты "Наша ніва[6].

1910–1920-я звязаны з уздымам беларусізацыі[7], у якой Драздовіч прымаў вельмі актыўны ўдзел, супрацоўнічаў з беларускімі выданнямі ў Вільні, пераважна як мастак-графік і ілюстратар, займаўся плакатам, малюнкамі для часопісаў і лемантароў, выдаваў уласныя кнігі, як пісьменнік. Вывучаючы гісторыю і міфалогію Беларусі, Язэп Драздовіч знаходзіў у ёй шмат прыкладаў для будучыні, шмат натхняльнага і выбітнага. Лічыў, што гісторыяй Полацкай зямлі варта ганарыцца

2 Віленскі беларускі музей імя Івана Луцкевіча – або беларускі музей у Вільні. Заснаваны ў 1921 годзе ў Вільні на базе калекцыі вядомага беларускага археолага, краязнаўца, грамадскага і палітычнага дзеяча Івана Луцкевіча, які з дзяцінства пачаў збіраць калекцыю помнікаў беларускай духоўнай і матэрыяльнай культуры. Разам з братам Антонам Луцкевічам быў актыўным удзельнікам беларускага нацыянальнага грамадска-палітычнага руху, сябрам Беларускай народнай Рэспублікі. Пасля далучэння Вільні ў 1939 годзе да Літоўскай ССР (паводле "Дамовы пра перадачу Літоўскай Рэспубліцы г. Вільні і Віленскага краю ды аб узаемадапамозе паміж СССР і Літвой") музей фактычна скончыў сваё існаванне. Асноўная калекцыя адышла Акадэміі навук Літоўскай СССР, частка калекцыі была вывезена савецкімі ўладамі ў Маскву. Беларускай ССР дасталася самая малая частка калекцыі. За антысавецкую дзейнасць тагачасны дырэктар музея Антон Луцкевіч быў прыгавораны да 8 гадоў знаходжання ў Варкуцінскім працоўна-папраўчым лагеры, дзе ў 1942 пайшоў з жыцця. Быў рэабілітаваны Літоўскай ССР у 1989 годзе.

3 Паўночная частка сучаснай Беларусі.

4 Ад засценка зараз засталося толькі пустое поле. Была яшчэ старая ліпа, але яна загінула ад агню.

5 "Сустрэча вясны на Сатурне", палатно, алей, 1932 год, Нацыянальны мастацкі музей Рэспублікі Беларусь

6 "Наша Ніва" – фактычна першая беларуская друкаваная газета, якая выйшла ў Вільні ў 1906 годзе, і якая працягвае сваё існаванне да сённяшняга дня. У 2021 годзе улады Беларусі аб'явілі газету экстрэмісцкай. Зараз рэдакцыя працуе ў выгнанні.

Менавіта на старонках "Нашай Нівы" ў пачатку XX стагоддзя з'яўляліся знакавыя для беларускага нацыянальнага адраджэння тэксты. Напрыклад, знакаміты верш Янкі Купалы, які загінуў пры нявысветленых абставінах у 1937 годзе ў Маскве. Смерць паэта была выстаўлена як самагубства.

– Хто ты гэткі?
– Свой, тутэйшы.
– Чаго хочаш?
– Долі лепшай.
– Якой долі?
– Хлеба, солі.
– А што болей?
– Зямлі, волі.
– Дзе радзіўся?
– Ў сваёй вёсцы.
– Дзе хрысціўся?
– Пры дарожцы.
– Чым асвенчан?
– Кроўю, потам.
– Чым быць хочаш?
– Не быць скотам.
(Янка Купала, 1908 год)

7 Беларусізацыя – шэраг сацыяльна-палітычных і культурных кампаній у раннія часы савецкай улады ў Беларусі, якія былі накіраваныя на будаўніцтва, умацаванне і захаванне беларускай ідэнтычнасці: мовы, культуры, традыцый. Была скасаваная канчаткова ў часы сталінскіх

і ніколі пра гэта не забываць. Адсюль з'яўляюцца такія тэмы ў яго творчасці, як волаты Полацкай зямлі, ад Усяслава Чарадзея да Францыска Скарыны, народная культура і этнаграфія.

ГК Гісторык мастацтва Арсень Ліс[8] называў Я. Драздовіча "вечным вандроўнікам". Вядома, гэта звязана з вялікай колькасцю перамяшчэнняў мастака ад Вільні да Навагрудка, ад Мінска да Рыгі, а таксама па вёсках Дзісеншчыны, дзе ён збіраў шмат этнаграфічнага матэрыяла. Ён не затрымліваўся амаль нідзе больш, чым на тры гады, і нават сам жартаваў з гэтага, называючы лічбу "тры" для сябе магічнай[9]. Але і ўсе яго тэарытычныя працы ("Нябесныя бегі" ці астранамічнае даследаванне "Тэорыя рухаў", якое ён даслаў нават у Акадэмію навук Беларусі) так ці інакш адсылаюць да вечнага шляху – бадзянняў па свеце ў пошуках не столькі лепшай долі, колькі самапазнання і самавызначэння. Чаму гэты канцэпт няспыннага руху быў для Драздовіча такім важным?

ВА На мой погляд, у гэтым ёсць сакрэт творчай асобы. Яна прагне пошукаў і новых пытанняў. І, канешне, па-свойму адказвае на гэтыя пытанні, якімі бы загадкавымі яны не былі. Язэп Драздовіч меў такі характар, гэта яго асаблівасць. Яму было цікава перамяшчацца ад вёскі да вёскі, шукаць мастацкую працу, дзяліцца з людзьмі ведамі, якія прыходзілі да яго ў снах, якія ён хутка занатоўваў па прабуджэнні.

ГК У 1910 годзе Я. Драздовіч трапляе на службу ў імперскія расійскія войскі, а з 1913 года становіцца яшчэ і вайсковым фельчарам. Пасля чаго ў 1917 годзе атрымлівае дыягназ неўрастэнія. Падчас вайсковай службы з'яўляецца цыкл яго першых жывапісных работ "Трызна мінуўшчыны", сярод якіх асабліва вылучаюцца "Злыя чары" 1923 года. як у светапогляд чалавека, які замалёўваў свае касмічныя вандроўкі па Космасе, упісалася вайна[10]?

ВА Язэп Драздовіч сфарміраваўся пад уплывам ідэй сімвалізму, калі людзі верылі ў звышнатуральныя здольнасці чалавечага духу. Неаднаразова Драздовіч падкрэсліваў, што вайна – гэта самае жахлівае, што можа адбыцца ў грамадстве. Пабачыўшы на ўласныя вочы, што такое ваенныя дзеянні, Я. Драздовіч прыходзіць да высновы, што толькі Культура, Асвета і Адукацыя павінны выратаваць чалавецтва ад войнаў. Памяць пра продкаў, павага да памерлых – стрымліваючы фактар ад забойства адзін аднаго. Тэма "Злых чараў" таксама адна з цэнтральных для Драздовіча. Яна звязана з вельмі простай жыццёвай максімай: ніколі не трэба забывацца, што побач з дабром заўсёды

рэпрэсій 30–40 гадоў XX стагоддзя.

8 Арсень Ліс (1934–2018) – беларускі мастацтвазнаўца, фалькларыст, літаратар. Усё жыццё прысвяціў барацьбе за правы беларускай мовы і захаванне беларускай культурнай спадчыны. За гэта не аднойчы выклікаўся ў КДБ (першы раз у 1965 за арганізацыю акцыі па ўдасканальванні вывучэння беларускай мовы і літаратуры). У 70-я гады XX стагоддзя фактычна вярнуў імя Язэпа Драздовіча ў гісторыю не толькі беларускага мастацтва, але і этнаграфіі.

9 "Я – зменная натура – праз кожных тры гады што-небудзь новае пачну. І нішто ў мяне больш трох гадоў не трымаецца. І праз усё жыццё маё так – па тры гады з натхненнем чаго-небудзь вучуся і працую. Тры гады для мяне маюць нейкае значэнне. Тры гады я быў пастухом у падурослыя леты, а разам з гэтым тры гады пісаў вершы паводле тадышняй маёй граматы – у расейскай мове. Тры гады араў ды касіў. Тры гады патраціў на мастацкую школу. І агульнае сваё развіццё – веды праз начытанасць. Тры гады мне належала служыць у салдатах, дзе і вучыўся медыцыне і агульнаму прыродазнаўству. Тры гады (з лішкам) працаваў як фельчар. Тры гады аддаваўся грамадска-супольніцкай працы. Тры гады пісаў як пісьменнік. Тры гады аддаваўся краязнаўству і этнаграфіі. Тры гады (з лішкам) пабываў мастацкім педагогам. І... ужо трэці год як вандроўны народны мастак..."

10 "Бедныя людзі – як тыя рымскія рабы, нявольнікі ў ролі гладзіятараў, сабраныя, зведзеныя на арэну рымскага цырка друг друга забіваць, – пастрадалі на фронце нямала. Колькі з іх жыццё сваё тут палажыла, колькі асірочаных сабой пазаставіла, колькі калекінвалідаў тут адгэтуль з іх пазасталося. А за што і на што? Ні за што і ні нашто. Усе вашыя тут патугі на чэсць і заслугі пайшлі за нішто і на нішто. За ваш гераізм і адвагу ніхто "дзякуй" нідзе не сказаў і не скажыць. Звялі вас на ўзаемную бойню ўладыкі зямныя дзеля ўлады і славы сваёй ... Звялі вас і самі ўпалі — паваліліся іхныя гордыя троны ... На іх месцы прыйдуць важакі чынгісханаўскага тыпу, Мамаі, Тамерланы, і таксама падуць, а разам з імі і іхныя ўлады ... "Упадзець падрублены Мамаеўскі шацёр, і арда кінецца ў бегства"... "А разам са смерцю Тамерлана знікнець права й граніцы Тамерланаўскай дзяржавы ...", – так Я. Драздовіч апісваў свой ваенны вопыт ва ўспамінах

ёсць зло, а чалавек можа выбіраць свой бок. Паколькі Драздовіч верыў у звышнатуральнае, ён верыў і ў моц чалавечага духу, яго здольнасць. супрацьстаяць агрэсіі і гвалту.

ГК Язэп Дразовіч быў сучаснікам нараджэння авангарднага руху ў Віцебскім аб'яднанні УНОВИС, ён паходзіў з Віцебшчыны і жыў там, але ніколі нічога пра гэта не згадвае нават у сваіх дзённіках, будучы больш уцягнутым у віленскую суполку нацыянальна-вызваленчага руху. Але і туды Драздовіч не тое, каб быў добра ўпісаны, нібы пачуваючы сябе вечным аўтсайдарам ... у 1930-я ён вяртаецца з Вільні на Віцебшчыну і фактычна становіцца там мастаком-вандроўнікам, які зарабляе кавалак хлеба роспісам дываноў – папулярным у тагачаснага насельніцтва відам мастацтва[11], які фактычна знік у савецкі час пасля заканчэння Другой сусветнай вайны. Чаму Я. Драздовіч, цела якога знайшлі людзі на дарозе ў адной з вёсак, так ніколі і не здолеў стаць уплывовай фігурай свайго часу ў параўнанні з фігурамі авангарду?

ВА Атрымаўшы класічную для свайго часу базавую мастацкую адукацыю, Драздовіч стаў упартым рэалістам. Нават калі ён маляваў жыццё на іншых планетах, ён рабіў гэта як мастак-рэаліст. Тое, што ён бачыў у сваіх самнамбулічных снах, потым падрабязна апісваў як этнограф або навуковец. А калі чагосьці не разумеў, так і пісаў – "нешта нейкае". Нягледзячы на тое, што мастак маляваў толькі тое, што ведаў і бачыў, мы знаходзім ў яго творах прыкмету сімвалізму, сюррэалізму, футурызму і містычнага рэалізму. Гэта магчыма параўнаць з творчымі пошукамі Чурлёніса і Рэрыха – намаляваць тое, чаго не бачна, але тое, што існуе, як музыка, душа, думка, пачуцце, паветра. Тое, што мастак не стаў папулярным у свой час, а вядомасць да яго прыйшла ўжо пасля смерці, – з'ява вельмі распаўсюджаная ў гісторыі мастацтва Беларусам пашанцавала, што спадчына Язэпа Драздовіча захавалася, і мы маем гэту магчымасць адкрываць для сябе гэтую асобу зноў і зноў. На жаль, не ўсім мастакам тых часоў так пашчасціла.

ГК Я. Драздовіч верыў, што здабыць сацыяльна-палітычныя і грамадскія свабоды можна толькі праз развіццё персанальнай духоўнасці і асветы. Не вельмі папулярная для часоў сацыялістычнай рэвалюцыі думка, заснаваная на спірытуальнасці, а не на палітычнай барацьбе. Драздовіч быў фактычна першым, хто зрабіў кананічную выяву беларускага першадрукара Францыска Скарыны. Разуменне свабоды для Я. Драздовіча – гэта недасягальнасць касмічнай рэальнасці ці неабходнае вымярэнне чалавечага жыцця, неабходнае "тут і цяпер"?

11 Звычайна праца над маляванкай цягнулася тры дні. Замоўца мусіў забяспечыць мастака матэрыялам – ільняным саматканым палатном, пафарбаваным зазвычай у чорны ці цёмна-сіні колер. Драздовіч часцей за ўсё размалёўваў дываны алейнымі фарбамі, часам – тэмперай.

ВА Такая з'ява, як спірытызм, вера ў паралельныя сусветы напрыканцы XIX стагоддзя была вельмі распаўсюджана ў Еўропе. Гэтым захапляліся, напрыклад, Хільма аф Клінт, Багуслаў Адамовіч і шмат іншых мастакоў і культурных дзеячаў. Для Драздовіча ў гэтую катэгорыю пападаюць не толькі жыхары іншых планет, але і персанажы старажытнай гісторыі, якія з'яўляліся прыкладамі гуманістычнага разумення і пазнання рэчаіснасці. У сваім спірытуалісцкі-пазнавальным вопыце Драздовіч вольна вандраваў у мінулае, сучаснае і будучыню. Францыск Скарына – прыклад чалавека, які пакінуў свой родны Полацк, "пайшоў да навукі" і вярнуўся на радзіму для таго, каб служыць свайму народу ў вобразе першадрукара, які зрабіў веды не толькі даступнымі, але і ўвасобленымі ў форму роднага слова, беларускую мову.

Касмічныя апісанні, як і гістарычныя рэтраспектывы Язэпа Драздовіча, былі для яго таксама і пэўным шляхам самапазнання. У сваёй рукапіснай кнізе "Дзе Мы і Хто Мы?"[12] 1937 года, якая пабудаваная па прынцыпе дыялогу, з пытаннямі і адказамі на іх, Драздовіч проста апісвае іншыя сусветы з мэтай падзяліцца здабытымі, як яму здавалася, сакральнымі ведамі з тымі, на каго гэтае святло ведаў яшчэ не пралілася. Напісанне і гэтай кнігі напрыканцы 30-х гадоў XX стагоддзя, у адзін з самых цёмных часоў гісторыі Беларусі, дадае гэтаму свету асаблівае вымярэнне.

12 У 1930-я Я. Драздовіч піша шэраг прац па астраноміі, прысвечаных існаванню жыцця на іншых планетах сонечнай сістэмы: "Тэорыя рухаў", "Аб паходжанні падвойных зорак", "Жыццё на Марсе", "Паходжанне самакрутных планет". "Паходжанне самакрутных планет" ён нават адсылае ў Дзяржаўны астранамічны інстытут імя П. Штэрнберга, у Акадэмію навук БССР і на фізіка-матэматычны факультэт Беларускага дзяржаўнага ўніверсітэта.

Язэп Драздовіч

Язэп Драздовіч (1888–1954) – мастак, педагог, этнограф, паэт, філосаф, археолаг, касмолаг. Нарадзіўся ў засценку Пунькі, сучасная Віцебская вобласць. Скончыў у Вільні мастацкую школу рускага жывапісца Івана Трутнёва. Служыў у войску. Усё жыццё прысвяціў вандроўкам па Беларусі ў пошуках этнаграфічнага і этналінгвістычнага матэрыялу, а таксама мастацкаму навучанню простых людзей. Памёр у 1954 годзе ад голаду і хваробы. Яго кніга пра паходжанне і будову планет Сонечнай сістэмы "Нябесныя бегі", выдадзеная ў 1931 у Вільні, з'яўляецца адным з першых прыкладаў касмалагічнай канцэпцыі ў Беларусі.

Язэп Драздовіч, "Злыя чары", з калекцыі Літоўскага Нацыянальнага мастацкага музея. Фота: Ян Шэўчык

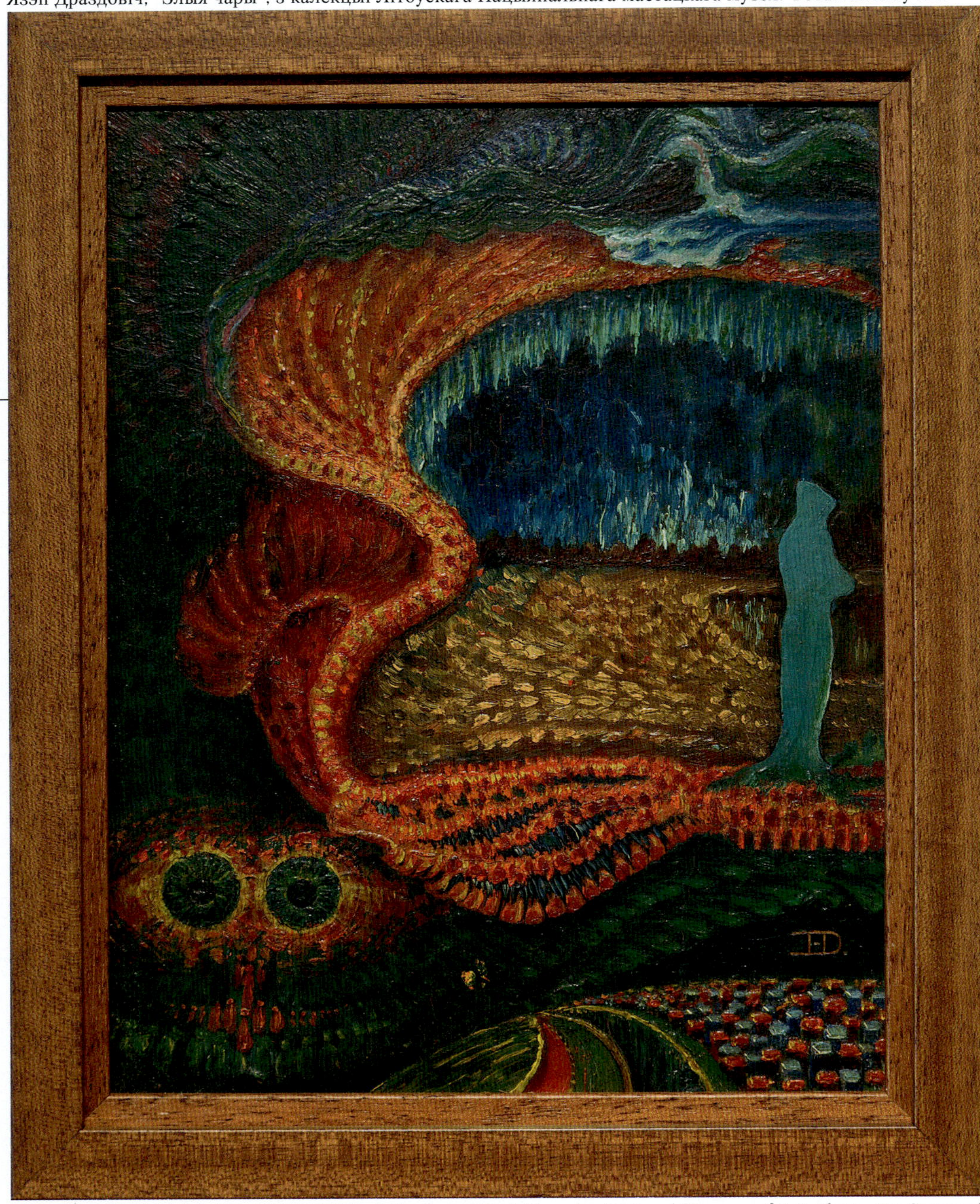

Jazep Drazdovič, Evil Spirits, 1912–1913, Collection of the Lithuanian National Museum of Art. Photo: Jan Szewczyk

Язэп Драздовіч – постаць для беларускага мастацтва ўнікальная. Паэт і мастак, філосаф і касмолаг, які перабіваўся заробкамі з роспісу дываноў у сялянскіх хатах і цела якога было знойдзена на прасёлкавай вясковай дарозе без прыкмет жыцця. Ён называў свае сны "астральнымі падарожжамі-палётамі" і зранку запісваў самнамбулічныя сюжэты з Сатурна, Месяца, Марса.

"Злыя чары" былі напісаныя ў перыяд, калі Драздовіч служыў фельчарам Рускай арміі. Гэта адна з пяці першых жывапісных прац аўтара.

Беларускае слова "чары" адсылае да тагасветнага, трансцэндэнтнага; на іншыя мовы яно часта перадаецца праз канцэпт "вядзьмарства", але прамой аналогіі не мае.

Jazep Drazdovič had a wide range of interests and was self-educated in several scientific disciplines. Among other things, he published a book on the origin and nature of the planets in the solar system. His fascination for celestial bodies went beyond the scientific level. Drazdovič called his dreams "astral flights"; every morning he made drawings of the scenes he remembered from his dreams, which were about life and events on Saturn, Mars or Moon. He often went on to produce paintings based on these dream sketches. Злыя Чары is one of Drazdovič's early works, created while he was working as a paramedic in the Russian army. The Belarusian word Чары refers to spirituality and the immaterial world.

Jazep Drazdovič

Jazep Drazdovič, born in 1888 in Punki village Viviebsk region district, was a painter, educator, ethnographer, archeologist and csomologist. Trained as an artist at the Vilnius Drawing School, established by Ivan Trutnev. Dedicated his life to teaching art to ordinary people in small towns and villages. Died in poverty in 1954. His book Niabesnyja Begi (Celestial Motions) (Vilnius, 1931) was one of the first cosmological studies to be published in Belarus.

Volha Archipava

Volha Archipava, born in 1974 in Pastavy, is an art historian and cultural studies scholar. From 1998 to 2022, she worked at the National Art Museum of the Republic of Belarus as a researcher at the Department of Belarusian Art of the 20th-21st centuries, studying the work of 20th century artists, exploring and compiling their biographies. Apart from that, Archipava was in charge of the Belarusian Painting collection. Over the years of work at the museum, she realised more than 50 curatorial projects, including the almost ten-year-long research project *The World of Jazep Drazdovič*. Archipava lives and works in Poznań.

Jazep Drazdovič: Eternal Wanderer

AK Jazep Drazdovič (1888–1954) is an extraordinary figure in the history of Belarusian art, a liminal character; he was a graphic artist, a painter, a sculptor, a writer, a poet, an ethnographer, a historian, a philosopher, a teacher, a palmist, an amateur astronomer, an author of his own cosmological theory, or simply a "homeless traveller",[1] as he called himself. One can use his biography to trace the way social and political transformations changed the fates of people who found themselves under Polish, then Soviet, then German occupation within just a decade. Who is Jazep Drazdovič? What place does his figure hold in the history of Belarus?

VA In my opinion, Jazep Drazdovič represents the archetype of the national Renaissance of the first half of the 20th century. On the one hand, he believed that it was knowledge, education and enlightenment that would lead to a change in Belarusian mentality. On the other hand, he dealt with very specific things that paved the way for Belarusian independence: history, art, folk culture, and cosmogony. He received his primary education at Ivan Trutnev's art school in Vilnius (1906–1909). At that time, it was Northwestern Krai (Region) of the Russian Empire. During World War I he served in the army in Volsk—first as a private soldier, then as a paramedic. In 1919, when BSSR was founded, he was living in Minsk. In the 1920s, after the Peace of Riga was signed, he lived and worked in the so-called Western Belarus, which was then part of the eastern region of Poland. Besides his artistic pursuits, Drazdovič was always involved in teaching: he taught at a school in Hlybokaje, as well as at the Francysk Skaryna Gymnasium in Radaškovičy; he ran an art studio at the Belarusian Gymnasium in Vilnius and Navahradak Belarusian Gymnasium. He cooperated with Ivan Luckievič Belarusian Museum,[2] for which he organised ethnographic expeditions and archaeological excavations, and also folklore records and works of art. In the 1930s, he developed an interest in astronomy and started travelling, not only around the Dzisna district where he was living,[3] but also—in his dreams—to "other planets", making detailed records of the structure of their worlds in a notebook. After the reunification of Belarus in 1939, Drazdovič

1 "I am an orphan, a lonely homeless destitute traveller"//from the diaries of Jazep Drazdovič. https://drazdovich.by/

2 Ivan Luckievič Belarusian Museum, or the Belarusian Museum in Vilnius. It was founded in 1921 on the basis of the collection of Ivan Luckievič—a well-known Belarusian archaeologist, local history expert, public and political figure who began collecting cultural Belarusian artefacts as a child. Together with his brother, Anton Luckievič, he took an active part in the Belarusian national socio-political movement and was also a member of the Rada (Council) of the Belarusian People's Republic. After Vilnius was incorporated into the Lithuanian SSR in 1939 (pursuant to the "Transfer of Vilnius and the Vilnius Region to the Republic of Lithuania and Soviet-Lithuanian Mutual Assistance Treaty"), the museum virtually ceased to exist. The major part of the collection went to the Academy of Sciences of the Lithuanian SSR; another part was taken to Moscow by the Soviet authorities. What remained in the Belarusian SSR was the smallest part. Anton Luckievič, then head of the museum, was sentenced to 8 years in the Vorkuta Corrective Labour Camp for anti-Soviet activities, where he died in 1942. He was rehabilitated by the Lithuanian SSR in 1989.

3 The northern part of present-day Belarus.

tried to adapt to Soviet life but was unable to do it; he continued his nomadic lifestyle, moving from village to village, earning money by painting carpets, talking to locals about history, art and the cosmos. He survived World War II in hiding in isolated farmsteads in Hlybokaje district. We have been very fortunate with the artist's legacy—it did not perish in the storm of time and is now stored in archives and museums of Belarus, Lithuania and Poland.

AK How did it happen that a person who was born in a small zascienak[4] of Punki, Viciebsk region, and received the most basic art education a) found himself in the centre of the national liberation movement and b) actually became the first Belarusian amateur astronomer who read almost all books on the cosmos he could get at the Vilnius library to describe his unique model of the universe—a model in which the rings of Saturn are inhabited, and the Saturnians greet the arrival of spring?[5]

VA This happened naturally. He showed artistic talent since he was a child, and the nearest place for him to receive proper education was Ivan Trutnev's school in Vilnius. That's where young Jazep went. Once there, he found himself in the Belarusian circle, among poets and writers, historians and philologists (Janka Kupala, Jakub Kolas, Maksim Bahdanovič, Vaclaŭ Lastoŭski, Ivan and Anton Luckievič, later Piotr Sierhijevič and Maxim Tank, etc.),—the milieu formed around the first Belarusian newspaper *Naša Niva*.[6]

The 1910s and 1920s are associated with the rise of Belarusisation,[7] to which Drazdovič contributed very actively, cooperating with Belarusian publishers in Vilnius, mostly as a graphic artist and illustrator, working on posters, illustrations for magazines and primers, and publishing his own books as a writer. As he was studying the history and mythology of Belarus, Jazep Drazdovič found many outstanding and inspiring episodes that could be of use future generations. He believed that the history of Polack was something to be proud of, something to never forget. Hence the appearance of themes such as the "giants" of the Polack land (from Usiaslaŭ Čaradzei to Francysk Skaryna), folk culture and ethnography in his work.

AK Art historian Arsen Lis[8] called Jazep Drazdovič "an eternal wanderer". This, of course, was due to the artist's many trips from Vilnius to Navahradak, from Minsk to Riga, and to the villages of Dzisna district, where he collected a lot of ethnographic material. He hardly stayed in one place for more than three years and even joked about it, saying that three was a magical number for him.[9] All his theoretical writings ("The Heavenly Races" or his astronomical study, "The The-

4 Zascienak—a small rural settlement where petty nobility lived. Now all that is left of Punki is an empty field. There was also an old linden, but a fire destroyed it.

5 "Greeting the Spring on Saturn", oil on canvas, 1932, The National Art Museum of the Republic of Belarus.

6 *Naša Niva* is is one of the oldest Belarusian weekly newspapers, first published in Vilnius in 1906. It exists to this day. In 2021, Belarusian authorities declared the newspaper extremist. Its editorial team is now working in exile. It was on the pages of Naša Niva that the most important writings for the Belarusian national revival appeared in the early twentieth century. For example, the famous poem by Janka Kupala, who died under unexplained circumstances in Moscow in 1942. The poet's death was presented as a suicide.

– Who are you?
– A local.
– What do you want?
– A better life.
– What life?
– Bread and salt.
– What is it you want more?
– L and freedom.
– Where were you born?
– In my village.
– Where were you baptised?
– By the roadside.
– What were you blessed with?
– Blood and sweat.
– What do you want to be?
– I don't want to be cattle.
Yanka Kupala, 1908

7 Belarusisation is a series of socio-political and cultural campaigns in the early years of Soviet rule in Belarus, which were aimed at building, strengthening and preserving Belarusian identity: language, culture and traditions. It was eventually abolished during the Stalinist repressions of the 1930s and 1940s.

8 Arsen Lis (1934–2018)–Belarusian art historian, folklorist and writer. He dedicated his entire life to the fight for the rights of the Belarusian language and the preservation of the Belarusian cultural heritage. For this, he was repeatedly summoned to the KGB (he received the first summons in 1965 for organising a campaign to improve the studies of the Belarusian language and literature). In the 1970s, he effectively brought the name of Jazep Drazdovič back into the history of Belarusian art and ethnography.

9 "I am of an ever-changing nature—every three years I start something new. And nothing lasts for more than three years. It has been like this all my life—I passionately learn things and work for three years at a time. There's some meaning for me in ya three-year period. I was a shepherd as a teenager for three years, and while at it, I wrote poetry according to my level of education at the time, in Russian. For three years, I ploughed and mowed. I spent three years in art school. I grew and gained common knowledge from books. I had to serve three years in the army, where I studied medicine and natural science. I worked as a paramedic for (over) three years. For three years, I devoted myself to social and public work. I was a writer for three years. For three years, I gave myself to local history and ethnography. I happened to teach art for (over) three years. And ... It's my third year as a travelling folk artist..."

ory of Motions", which he even sent to the Belarusian Academy of Sciences), too, refer in one way or another to the eternal path—wandering around the world in search not so much of a better fate as of self-knowledge and self-determination. Why was this concept of perpetual motion so important to Drazdovič?

VA In my opinion, this is the secret of creative individuals. They feel a need to search and face new questions. And of course, they answer these questions in their own way, however puzzling they may be. This is what Jazep Drazdovič was like, this was his idiosyncrasy. He enjoyed moving from village to village, looking for work as an artist, and telling people about things he learned in his dreams—he would write them down quickly upon waking up.

AK In 1910, Jazep Drazdovič joined the Imperial Russian Army, and in 1913, he became a paramedic. He was then diagnosed with neurasthenia in 1917. His first series of paintings, "Funeral Feast of the Past", of which "Evil Spirits" (1923) is particularly noteworthy, was created during his military service. How did war fit into the worldview of a person who sketched out his space travels?[10]

VA Symbolism, with its belief in the supernatural abilities of the human spirit, was an influence on him. Drazdovič repeatedly pointed out that war was the worst thing that could happen in society. Having seen with his own eyes what warfare was like, Jazep Drazdovič concluded that only culture, enlightenment and education would save humanity from wars. Honouring the memory of ancestors and respecting the dead could be a deterrent to killing each other. "Evil Spirits" is also one of the central themes for Drazdovič. It has to do with a very simple maxim: one must never forget that there is always evil next to good, and a human is free to choose either side. Since Drazdovič believed in the supernatural, he also believed in the power of the human spirit and its ability to resist aggression and violence.

AK Jazep Drazdovič, a native of Viciebsk region, lived at the time when the avant-garde movement was being born in the UNOVIS association in Viciebsk, but he never wrote about it—not even in his diaries —, being more involved in the national liberation movement in Vilnius. Yet he did not fit in well there either; it seems that he felt like an eternal outsider ... In the 1930s he returned from Vilnius to Viciebsk region and became a travelling artist there, earning a living by painting carpets (a popular art form[11] at the time, it virtually disappeared in the Soviet era after the end of the Great

10 "Poor people—like those Roman slaves, like captives playing the roles of gladiators, brought onto the arena of the Roman circus to kill each other—suffered a great deal on the front. How many of them laid down their lives here, how many orphans were left behind, how many cripples were abandoned then. Why and what for? For nothing. All the efforts you made for the sake of honour and dignity were in vain; they went to waste. Nobody thanked nor will ever thank you for your heroism and bravery. The rulers of the earth brought you together for mutual slaughter to win power and glory for themselves ... They brought you together and fell—their proud thrones collapsed ... Genghis Khan-like warlords, Mamais, Tamerlanes will come in their place, and they, too, will fall, along with their power ... "Mamai's tent will fall, and the horde will scatter ..." "And with Tamerlane's death, the rights and boundaries of Tamerlane's state will disappear ..."—this is how Drazdovič describes his military experience in his memoirs. https://drazdovich.by/

11 Painting wall carpets usually took three days. The client had to provide the artist with the fabric—a woven linen canvas, usually dyed black or navy blue. Drazdovič painted carpets mostly using oil paints, sometimes tempera // Article by Volha Archipava.

Patriotic War). Why had Jazep Drazdovič never become an influential figure of his time, as opposed to the avant-garde artists?

VA Having received a basic art education that was typical of his time, Drazdovič became a dedicated realist. Even when he painted life on other planets, he did so in the manner of a realist artist. What he saw in his somnambulistic dreams he later described minutely, the way an ethnographer or a scientist would do it. If he failed to understand a certain detail, he would refer to it as "a kind of something". Although he only what he knew and saw, we can trace elements of symbolism, surrealism, futurism and mystical realism in his artworks. We can compare this to the creative quests of Čiurlionis and Roerich: portraying something that cannot be seen, but nevertheless exists, such as music, soul, thought, feeling, or the air. As for the fact that the artist was not famous in his time and became renowned after his death, this is a very common phenomenon in the history of art. Belarusians are fortunate that Jazep Drazdovič's legacy has been preserved; it enables us to discover this figure again and again. Sadly, few artists of those times were that lucky.

AK Jazep Drazdovič believed that social and political freedoms could only be gained through personal intellectual growth and education. It was not a very popular idea during the period of the socialist revolution, as it was based on spirituality rather than political struggle. Drazdovič was actually the first to create an iconic image of the first Belarusian printer Francysk Skaryna. Is Drazdovič's understanding of freedom an unreachable cosmic reality or an essential aspect of human life – i. e. essential to the "here and now"?

VA The phenomenon of spiritualism, the belief in parallel universes, was very widespread in late-19th-century Europe. Hilma af Klint, Bogusław Adamowicz and many other artists and cultural figures took an interest in it. For Drazdovič, this category included not only inhabitants of other planets, but also figures from ancient history who were paragons of the humanistic world outlook. In his spiritualistic-cognitive experience, Drazdovič travelled freely to the past, present and future. Francysk Skaryna is an example of a person who left his hometown of Polack, took to science and came back to serve his people as a first printer, making knowledge not only accessible but also embodied in the form of his mother tongue, the Belarusian language.

Drazdovič's cosmic descriptions, as well as his historical retrospectives, were also a sort of a path to self-knowledge. In his 1937 manuscript "Where Are We and Who Are

12 In the 1930s, Jazep Drazdovič writes a number of papers on astronomy concerning the existence of life on other planets in the Solar System: "Theory of Motions", "On the Origin of Double Stars", "Life on Mars", and "The Origin of Self-Rotating Planets". He even sent "The Origin of Self-Rotating Planets" to the Sternberg Astronomical Institute, to the Academy of Sciences of the BSSR and to the Department of Physics and Mathematics of the Belarusian State University.

We?",[12] which is structured like a dialogue, with questions and answers, Drazdovič gives a simple description of other universes, sharing what he thought was sacred knowledge with those upon whom this light of knowledge had not yet been shed. The fact that he wrote this piece in the late 1930s, during one of the darkest periods in the history of Belarus, adds a special dimension to this world.

Эвеліна Домніч Дзмітрый Гельфанд

Эвеліна Домніч (*1972) і Дзмітрый Гельфанд (*1974) – мастацкі дуэт, які працуе ў міждысцыплінарным полі мастацтва, філасофіі, фізікі і інфармацыйных тэхналогій. Эвеліна Домніч нарадзілася ў Менску (Беларусь), Дзмітрый Гельфанд у Санкт-Пецярбургу (Расійская Федэрацыя). Пара жыве і працуе ў Гаазе (Нідэрланды).

Эвеліна Домніч, Дзмітрый Гельфанд, ER=EPR, 2017 вада, лазер, лінейны прывад, гук. Фота: Брыгіта Касперайтэ

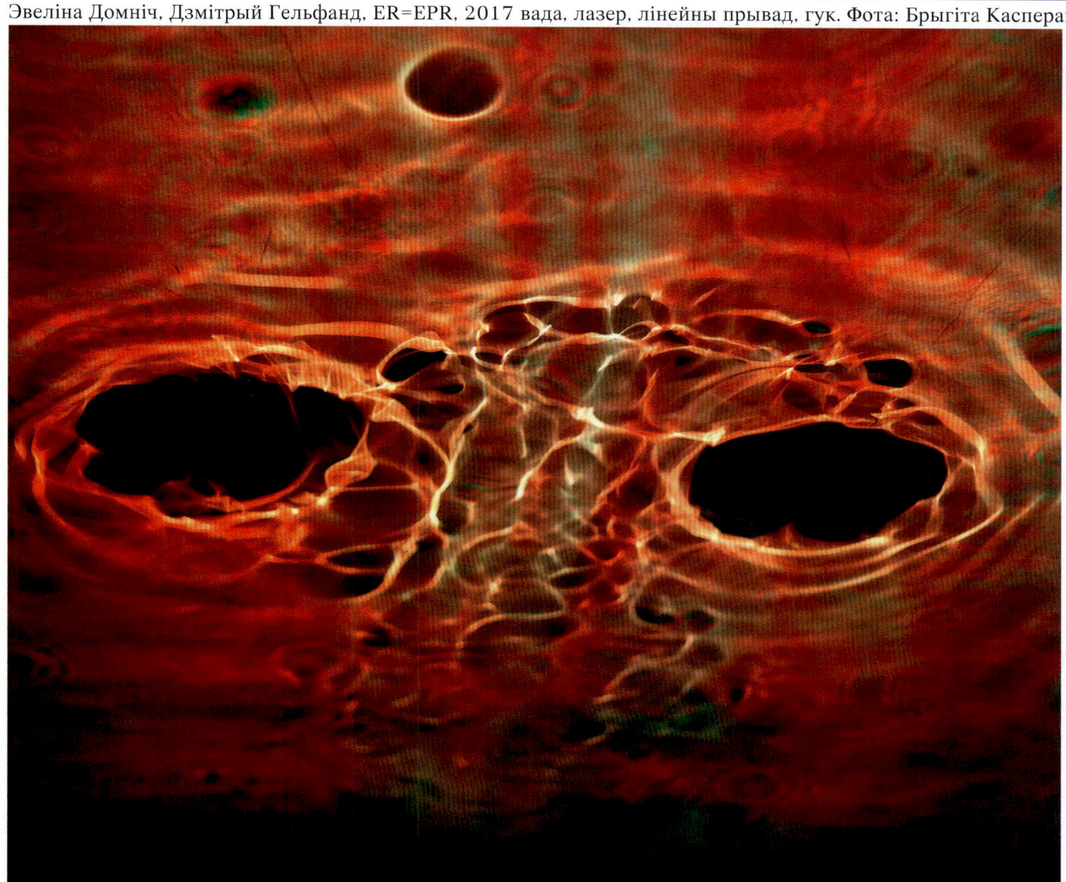

Паводле агульнай тэорыі адноснасці, любая касмічная падзея, якая ўплывае на прасторава-часавы кантынуум, выклікае яго ваганне ў выглядзе рабізны або хвалі. У 2016 годзе лаўрэаты Нобелеўскай прэміі, група навукоўцаў LIGO, выявілі першыя гравітацыйныя хвалі ад сутыкнення дзвюх чорных дзір. Маса адной з іх прыкладна ў 36 разоў перавышала масу Сонца, маса другой адпавядала 29 масам Сонца. Кружачыся ў віхуры адна адной, дзве чорныя дзіры стваралі адзіную варонку прасторы-часу. Упершыню ў гісторыі навукі недаступныя чалавечаму воку з'явы Сусвету атрымалася не "ўбачыць", як у выпадку са светлавымі тэлескопамі, але "пачуць" вібрацыю прасторава-часавай тканіны з дапамогай гравітацыйна-хвалевай прылады.

Сваю працу ER=EPR мастакі Эвеліна Домніч і Дзмітрый Гельфанд задумалі падчас рэзідэнцыі ў LIGO. Яны стварылі гідрадынамічны і светлавы ландшафт, напоўнены ледзь улоўным містычным гучаннем саміх прасторы і часу, які вібруе ад сутыкнення двух нябесных целаў. Выяўлены цягам эксперыменту шэпт гравітацыйнай хвалі лёг у аснову музычнай п'есы, адмыслова напісанай да праекта кампазітарам Уільямам Басінскі.

Навукоўцы Хуан Малдасена і Леанард Саскінд, разглядаючы пытанне аб прыродзе і паходжанні чорных дзір, вылучаюць гіпотэзу ER=EPR. Кратовая нара (ER) – ніткападобны праход, які злучае дзве чорныя дзіры праз іх змесціва, узнікае дзякуючы квантавай заблытанасці (EPR) – да канца не спазнанай з'яве ўзаемасувязі і ўзаемазалежнасці аб'ектаў у Сусвеце.

Эвеліна Домніч Дзмітрый, Гельфанд ў размове з Ганнай Карпенка, 2 красавіка 2023

ГК Вы рэдкі для беларускага мастацкага асяродзя прыклад творцаў, якія з дапамогай мастацкага медыума даследуюць тэмы, якія звычайна падпадаюць у кола навуковых інтарэсаў і даследванняў: тэорыю адноснацсі, атамарныя структуры, узаемадзеянне святла і гуку etc. На пачатку XX стагоддзя, калі чалавецтва яшчэ нават не пабывала у адкрытым космасе, беларускі мастак і астраном-аматар Язэп Драздовіч таксама сфармуляваў сваю тэорыю касмічна-планетарнага устройства. як вы ўпершыню даведаліся пра Язэпа Драздовіча? Ці паўплываў нейкім чынам яго наіўны аматарскі Сусвет на вашыя мастацкія і даследніцкія погляды?

Э/Д Упершыню з творчасцю Язэпа Драздовіча мы пазнаёміліся ў Нацыянальным мастацкім музеі ў Менску. На шчасце, на пачатку XXI стагоддзя адбылося раптоўнае адраджэнне цікавасці да яго творчасці: была арганізавана вялікая рэтраспектыва яго прац у галоўным беларускім музеі, апублікавана некалькі тэарэтычных даследванняў, прысвечаных яго мастацтву і працам – нічога падобнага ў XX стагоддзі не было.

Несумненна, для нас было гонарам выстаўляцца разам з Драздовічам, тым больш што наша інсталяцыя ER=EPR знаходзіцца ў марфалагічным дыялогу са "Злымі чарамі", бадай, самай ранняй з вядомых жывапісных прац Драздовіча. Два чорныя віхуры, якія нагадваюць пару вачэй, што клубяцца ў небе ўяўнага пейзажу. Падобна, што яго ўплыў на нашу мастацкую практыку выходзіць далёка за рамкі звыклай прычынна-выніковай сувязі. Мы былі вельмі здзіўлены, выявіўшы, што на выставе "Калі сонца нізка – цені доўгія" ў Лейпцыгу падчас транспарціроўкі перагарэў сіні дыёд нашага лазера, што зрабіла каляровую палітру ER=EPR амаль ідэнтычнай "Злым чарам" Драздовіча. Замяняць дыёд падчас адкрыцця не было магчымасці, таму гэта быў адзіны раз, калі наша праца была прадстаўлена з такімі змрочнымі адценнямі.

ГК Чаму, на ваш погляд, тэма spirituality стала так актыўна з'яўляцца не толькі ў мастацкім, але і навуковым дыскурсе апошніх дзесяцігоддзяў?

Э/Д Спірытуальнасць – вельмі шырокая тэма для размовы. На працягу апошніх двух тысячагоддзяў гэты тэрмін часта мяняў сваё значэнне, выходзячы за рамкі рэлігійнага. Ён заўсёды прыцягваў увагу філасофіі і мастацтва, але заставаўся па-за межамі навуковага дыскурсу. У нашай мастацкай практыцы спірытуальнасць звязана, перш за ўсё, з тэмамі паходжання жыцця, пераходам ад нежывой матэрыі да жывой. Нягледзячы на ўсе навуковыя дасягненні, гэты паваротны пункт (перахода ад нежывога ў жывое) застаецца загадкай, вечным вырашэннем якой з'яўляецца дух – аніматар, аніма матэрыі. Любы чалавек, які пачынае задумвацца аб феномене паходжання жыцця, як і Драздовіч, зазірае ў Космас. Святло з якога служыла каталізатарам жыцця на Зямлі, дзякуючы працэсу фотасінтэза, што да гэтага часу з'яўляецца асновай усёй біясферы.

Нягледзячы на тое, што біяфізіка фотасінтэзу і квантавая дынаміка, якая ляжыць у яго аснове, ледзь адрозныя адзін ад аднаго, за апошнія трыста гадоў у фатоніцы і оптыцы былі дасягнуты велізарныя поспехі. Даследуючы гэты пашыраны гарызонт, нашы ўласныя фенаменалагічныя пошукі прыроды і марфалогіі святла прывялі да такіх твораў, як ER=EPR – дзе святло, здаецца, паглынаецца віхурамі вадкасці, як гэта адбываецца ў чорных дзюрах. Усё, што вядома аб святле, а таксама аб пprасторы і часе, цалкам гіне ў пашчы чорнай дзіркі.

Evelina Domnitch
Dmitry Gelfand

Evelina Domnitch / Dmitry Gelfand are an artistic duo based in The Hague. Domnitch was born in 1972 in Minsk, Gelfand was born in 1974 in St. Petersburg. They create multi-sensory environments that merge physics, chemistry and computer science with philosophical theories. The duo has collaborated with pioneering research groups, including LIGO (Laser Interferometer Gravitational Wave Observatory), the Atominstitut (TU Vienna), and RySQ (Rydberg Quantum Simulators). They are recipients of the Japan Media Arts Excellence Prize (2007).

Evelina Domnitch, Dmitry Gelfand, ER=EPR, 2017, water, laser, linear actuator, sound: William Basinski. Photo: Jan Szewczyk

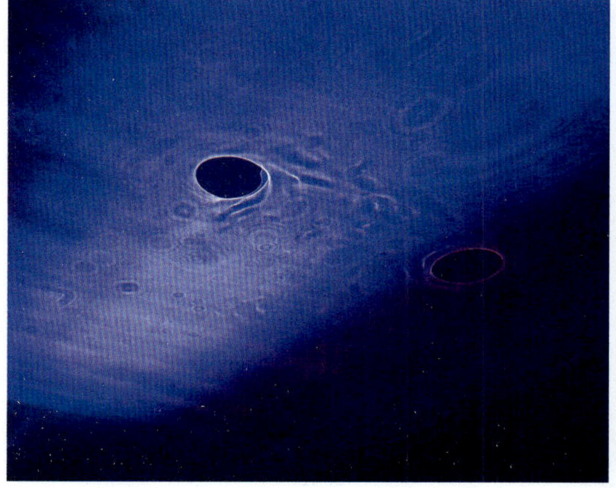

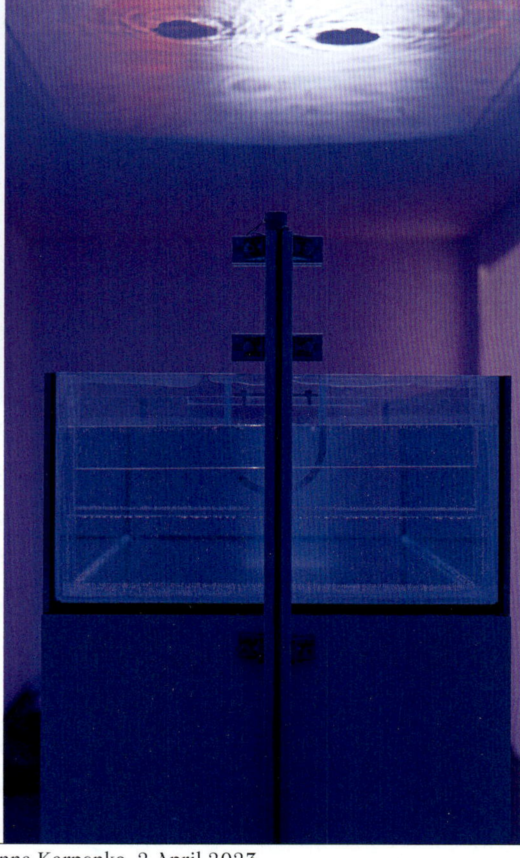

According to the general theory of relativity, every cosmic event leads to a disruption in space-time. In 2015, the gravitational-wave observatory LIGO measured the gravitational waves caused by the merging of two black holes for the first time. Domnitch and Gelfand produced their artistic work ER=EPR during a residency at LIGO. They produced a hydrodynamic and luminous installation filled with the mystical sound of the collision of two celestial bodies. They use the "chirping" sound of waves made audible through the shifting of a frequency, on which William Basinski based his sound composition for this project. In physics, ER=EPR is an assumption according to which two particles are entangled through a wormhole. It combines two ideas of Einstein's: the "spooky action at a distance" and the potential connection of two black holes through a wormhole.

Evelina Domnitch, Dmitry Gelfand, in conversation with Anna Karpenko, 2 April 2023

AK You are a rare example in the Belarusian art scene of people using the artistic medium to explore topics that normally fall into the realm of scientific research: the theory of relativity, atomic structures, the interaction of light and sound, etc. At the beginning of the 20th century, when humanity had not even been to outer space, Jazep Drazdovič, Belarusian artist and amateur astronomer, also formulated his theory of cosmic and planetary structure. How did you first find out about Jazep Drazdovič? Has his naïve amateur universe influenced your artistic and academic outlook in any way?

D/G The first time we encountered Drazdovič's art was at the National Art Museum in Minsk. Luckily, there was a sudden revival of interest in his oeuvre at the beginning of the 21st century: an in-depth retrospective show at the main Belarusian museum and several serious volumes dedicated to his art and writings were published—nothing of the sort happened in the 20th century.

Undoubtedly, it was an honour to be exhibited alongside Drazdovič, especially because our installation ER=EPR is in morphological dialogue with "Evil Spells", perhaps the earliest known painting by Drazdovič. The work depicts two vortices that resemble a pair of eyes swirling in the sky of an imaginary landscape. It seems that his influence on our work extends far beyond customary causality. When the exhibition “When The Sun Is Low—The Shadows Are Long” travelled to Leipzig, we were quite surprised to discover that the blue diode of our laser had burned out during transportation, rendering the colour palette of ER=EPR identical to Drazdovič’s painting. We didn’t have a chance to replace the diode before the opening; it was the only time that our piece was exhibited in such crepuscular hues.

AK Why do you think the topic of spirituality has been brought up so often in recent decades, and not only in artistic but also in academic discourse?

D/G Spirituality is a hefty topic. Over the last two millennia, the term has frequently shifted its meaning outside the field of religion. It has always been explored in philosophy and art, yet almost entirely excluded from science. In our artistic practice, this subject could be related to the origins of life, the transition from the inanimate to the living matter. Despite all the advances of science, this turning point remains a conundrum, its age-old solution being the spirit—the animator, the anima of matter.

As soon as one begins to ponder upon the phenomenon of the origin of life, one peers into the cosmos, as did Drazdovič. Light from outer space acted as a catalyst for life on Earth through a process called photosynthesis, which continues to form the basis of the biosphere.

Although the biophysics of photosynthesis and its underlying quantum dynamics have barely been discerned, tremendous strides have been made in photonics and optics over the past three hundred years. As a result of exploring this expanding horizon, our own phenomenological pursuit of the nature and morphology of light has led to such artworks as ER=EPR, where light is seemingly being swallowed by liquid vortices, just like it would be swallowed by black holes. Everything that is known about light, space and time vanishes into the jaws of a black hole.

Базіната

Базіната (*1982) – мастак, актывіст. Нарадзіўся, жыве і працуе ў Маладзечне (Беларусь). У мастацкай практыцы сумяшчае партыцыпаторныя метады ўзаемадзеяння з аўдыторыяй, сайт-спецыфічныя інсталяцыя па-за межамі арт-інстытуцый, а таксама аб’екты, створаныя з экалагічных прыродных матэрыялаў.

Базіната, Калі спячы прачнецца, свет стане іншым, 2022, site-specific інсталяцыя. Фота: Брыгіта Касперайтэ

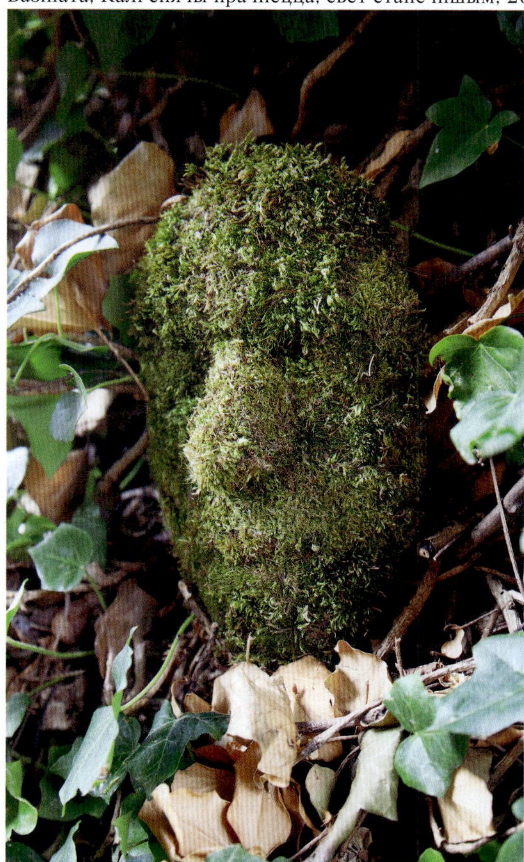

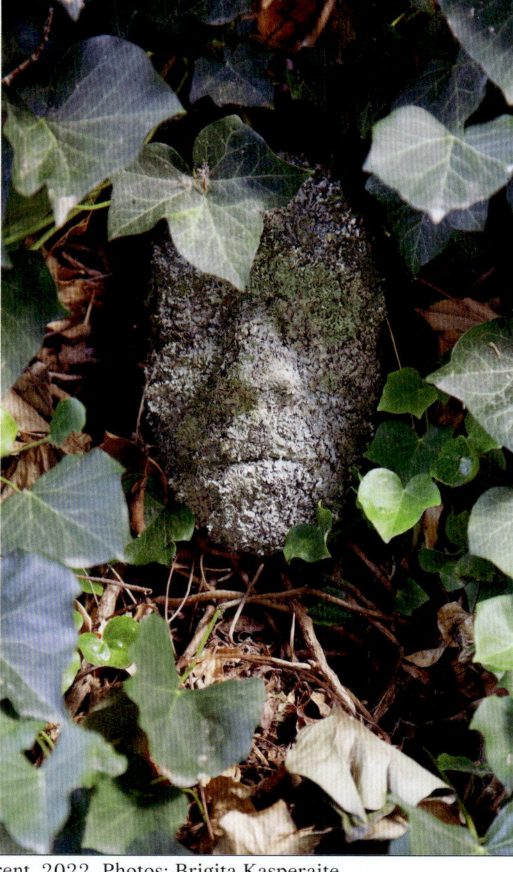

Імкненне скарыць прыроду, падпарадкаваць яе, заўжды было ўласціва чалавеку. Навакольная прастора поўніцца таксічным Эксудатам, што вылучаецца ў прыроднае, лічбавае і антрапалагічнае асяроддзе. Мір патанае ў плыні гэтых адкідаў. Адзіны спосаб вылекавацца ад таксічнасці гэта паглыбіцца ў протаасяроддзе, каб перарадзіцца абсалютна іншай істотай. Адзіным месцам для гэтага можа стаць лес.

"Калі спячы прачнецца ..." – гэта разважанне Базіната пра прынцыповую магчымасць або немагчымасць для розных асяроддзяў і формаў жыцця заставацца нетаталізаванымі звонку, захоўваючы лучнасць жывога і нежывога, калі татальнасць сімбіятычнай сістэмы нівеліруе любыя сілы, якія пагражаюць яе вітальнасці.

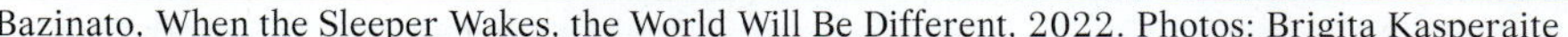

Bazinato, When the Sleeper Wakes, the World Will Be Different, 2022. Photos: Brigita Kasperaite

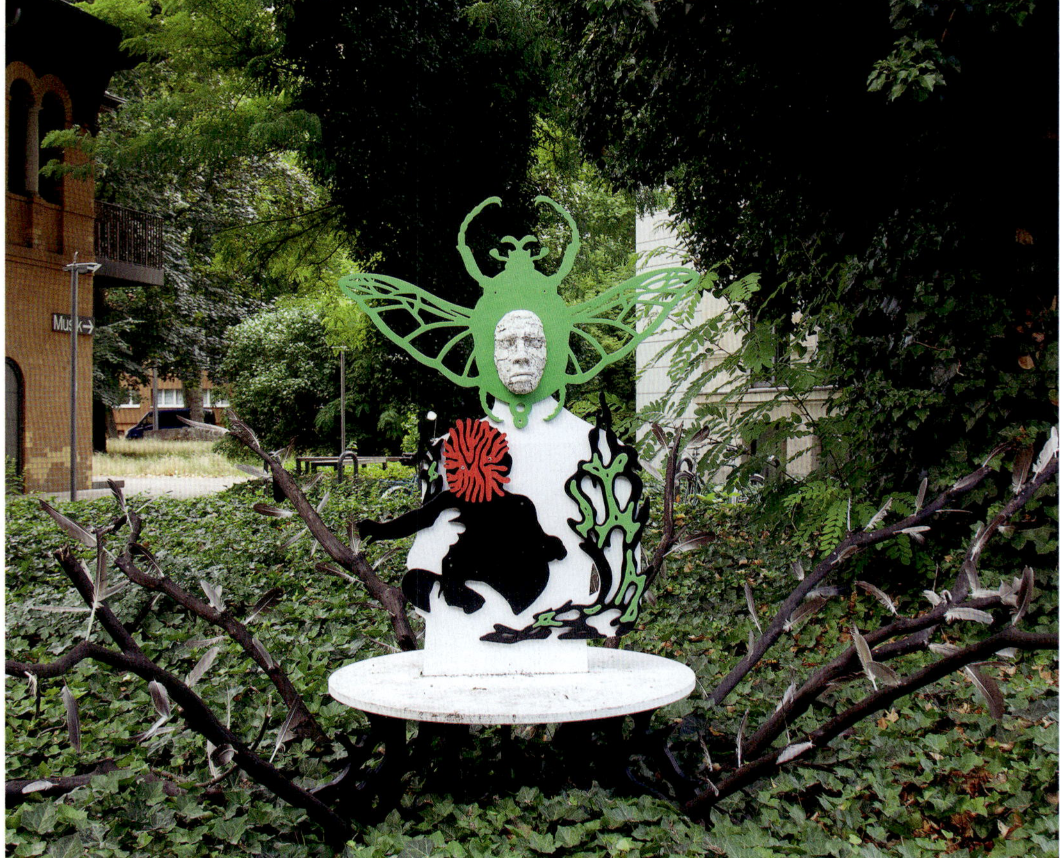

Over the course of its history, the human race has tried to subordinate and tame nature again and again. From a "colonial" perspective, the compulsion to subjugate nature is based on the argument that it is unpredictable and dangerous. Today, contaminated with the poisonous detritus of humankind, the world is in danger of perishing.

Bazinato's artistic idea consists of being submerged in a previous world in order to escape the toxic influences, being reborn as a new entity. He sees the forest as the only place that would be fitting for a process of this nature. In his site-specific installation, Bazinato reflects upon the theoretical possibility or impossibility of protecting diverse life forms and habitats. In the unity of animate and inanimate existence, he identifies the power that would be required to resist the appropriation of nature "from the outside".

Bazinato

Bazinato, born in 1982 in Maladzyechna, is an audiovisual artist, researcher and activist. He studied biology at the Belarusian State Pedagogical University, named after Maxim Tank, and design and visual media at the European Humanities University in Vilnius. He focuses on participatory and site-specific art and is an active participant in the antinuclear and environmental movement in Belarus.

Жана Гладко

Жана Гладко (*1984) – мастачка. Нарадзілася ў Менску. Жыве і працуе ў Осла (Нарвегія). Вучылася ў Беларускай дзяржаўнай акадэміі мастацтваў. У сваёй практыцы працуе з формамі і структурамі розных мастацкіх сістэм, у іх суадносінах з палітыкай памяці і спосабаў сацыяльнай ідэнтычнасці. Сумяшчае мастацкую дзейнасць з вывучэннем астраноміі.

Жана Гладко, Рэальнасць маніфестуе сама сябе, 2022, інсталяцыя, відэа, 04'15''. Фота: Жана Гладко

Зімовае сонцастаянне – час доўгіх ценяў. Перыяд, калі сонца знаходзіцца ў сваёй самай нізкай кропцы, у многіх культурах быў звязаны з нараджэннем новага года, калі светлавы дзень павялічваецца, запаўняючы сабой цемру.

Відэа "Вяртанне Ліліт" было створана Жанай Гладко ў 2020 годзе ў дзень зімовага сонцастаяння. Мастачка, пераадольваючы батафобію (боязь глыбіні і апускання ў ваду), здзяйсняе своеасаблівы рытуал уз'яднання са стыхіяй вады, апускаючыся ў халоднае Балтыйскае мора.

У серыі графічных інсталяцый прадстаўленыя зашыфраваныя даты выхаду з жыцця сваячак мастачкі па мячы і кудзелі, а таксама даты з жыцця самой мастачкі, звязаныя з цыкламі вяртанняў матэматычнай каардынаты Ліліт – астранамічна фіктыўнай кропкі максімальнай аддаленасці Месяца ад Зямлі падчас свайго руху па арбіце.

Zhanna Gladko, Reality Will Manifest Itself, 2022, installation, video, 4:15 min. Photo: Alexandra Ivanciu

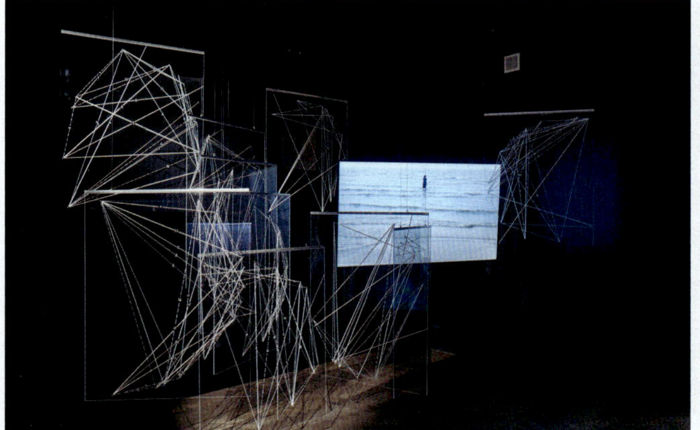

Photo: Jan Szewczyk

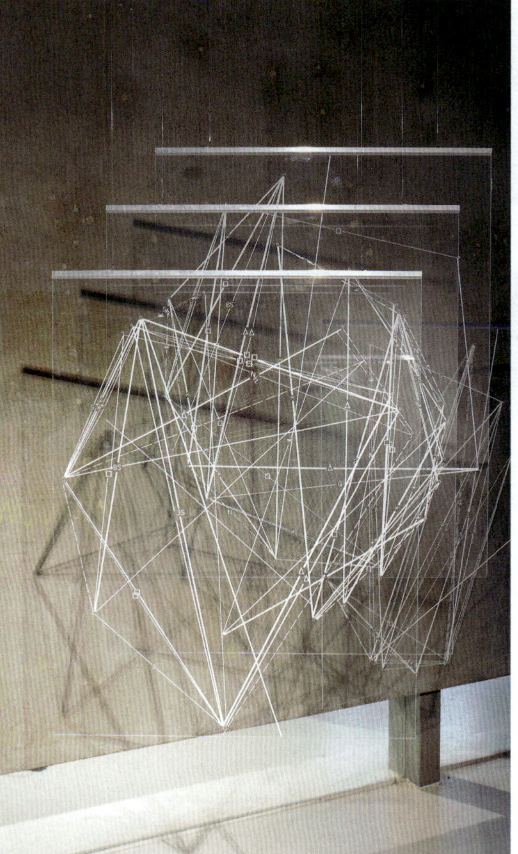

The winter solstice is a time of long shadows. The sun is low on the horizon, and its light disappears quickly as night falls. In many cultures, this time signifies the beginning of a new year. In 2020, on the day of the winter solstice, Zhanna Gladko dived into the Baltic Sea in an act of solemn unification with the water. This was her way of celebrating the "Return of Lilith" and facing her own bathophobia. In astrology, Lilith is known as the "dark twin of the moon", denoting a fictitious point on the lunar orbit. Gladko's enactment is an attempt to escape from partriarchal oppression and to allow for the hidden sides of the human psyche. She also expresses a commitment to the cyclical principle of human existence and individual life. To this end she designs complex graphics based on constellations of the dates of the births and deaths of her relatives, which she links with important data from her own life.

Photos: Zhanna Gladko

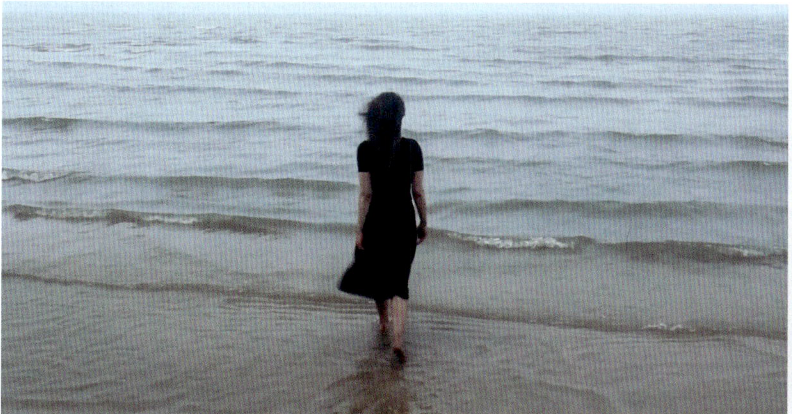

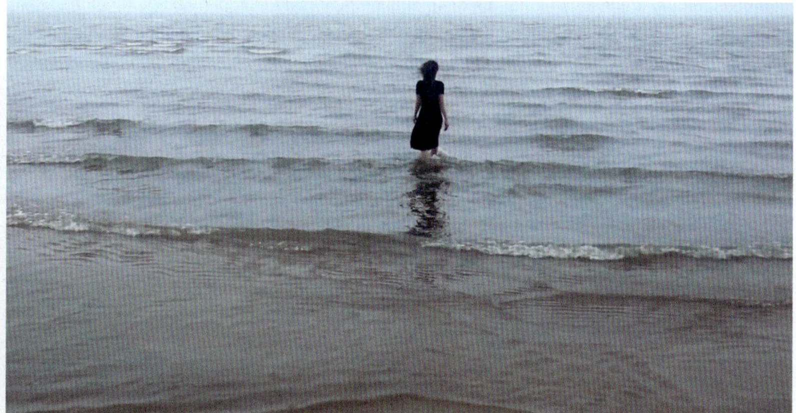

Zhanna Gladko

Zhanna Gladko, born in 1984 in Minsk, where she now lives and works as an artist. Studied at from the Belarusian State Academy of Arts. She works with different mediums (photography, film, installation) on the themes of society systems, religion and culture, history and memory, gender policy and identity crisis, exploring them through personal experience. She has participated in numerous shows for contemporary art in Belarus, Ukraine, Poland, Armenia, Germany, a.o.

Алёна Пазднякова

Алёна Пазднякова (*1984) – мастачка, фатографка. Нарадзілася ў Бабруйску (Беларусь). Жыве і працуе ў Осла (Нарвегія). Атрымала BA па філасофіі (БДУ, Менск), а таксама MA ад Універсітэта Паўднёва-ўсходняй Нарвегіі (USN). Мае членства ў асацыяцаі фатографаў Нарвегіі (The Norwegian Association of Fine Art Photographers (FFF).

Алёна Пазднякова, Агульны сакрэт, 2020, відэа 3'50". Фота: Алёна Пазднякова

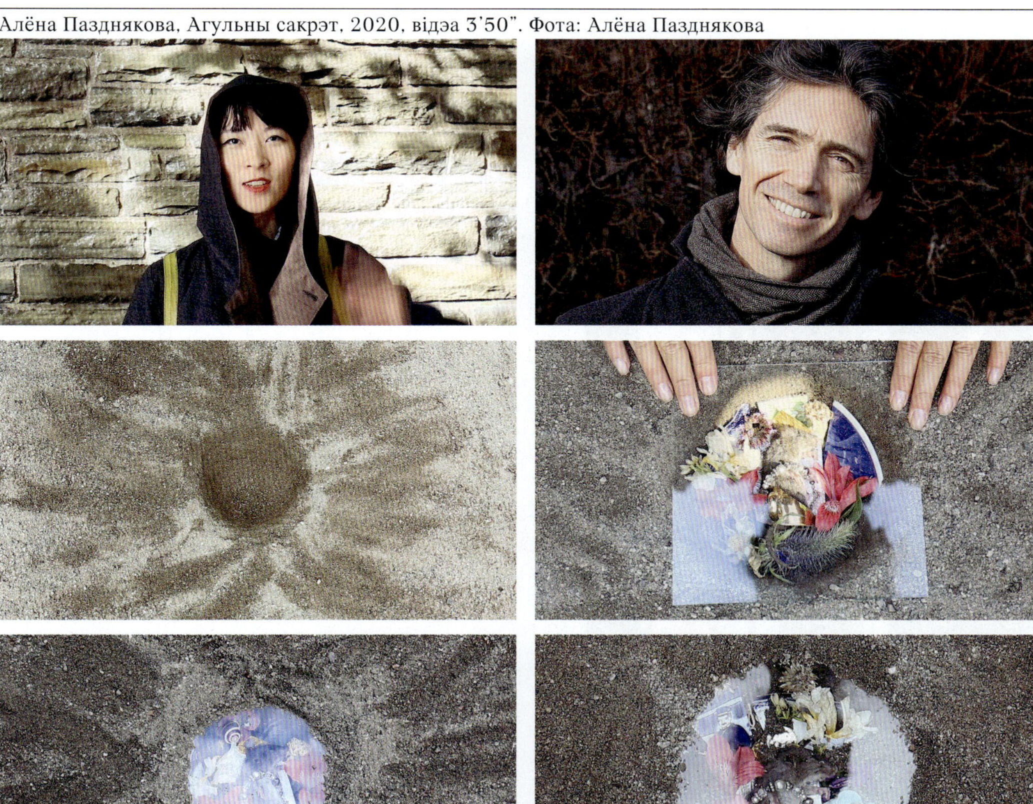

"Сакрэцік" – гэта назва папулярнай у Беларусі дзіцячай гульні, якая заключаецца ў размяшчэнні дробных прадметаў, накрытых шклом, у ямцы ў зямлі. Такім чынам стварaецца схованка, дзе месцяцца асабістыя скарбы ўдзельніка_цы гульні. Гэтыя скарбы маюць падвойную прыроду: яны схаваныя і імкнуцца быць знойдзенымі аднaчасова.

"Успамінаючы гульню даўніх часоў майго дзяцінства, – кажа Алёна Пазднякова, – я разважаю пра парадаксальную асаблівасць чалавечай прыроды: жаданне як дзяліцца, так і ўтрымліваць, як выкрываць, так і хаваць. У сённяшнім заблытаным свеце гэта праца для мяне становіцца пошукам здольнасці атрымаць празрыстасць і доступ адзін да аднаго".

Лацінскае "secretus" – "асобны", часта ўжыванае для абазначэння "патаемнага" – адсылае да чагосьці, што было вырвана з пэўнага свайго кантэксту. Архаічная патрэба ізаляваць для сябе невялікі кавалак навакольнага свету, які належыць толькі нам, у форме схаванага ў зямлі пад шклом сакрэціка.

Aliona Pazdniakova, Common Secret, 2020, video, 3:50 min. Photo: Aliona Pazdniakova

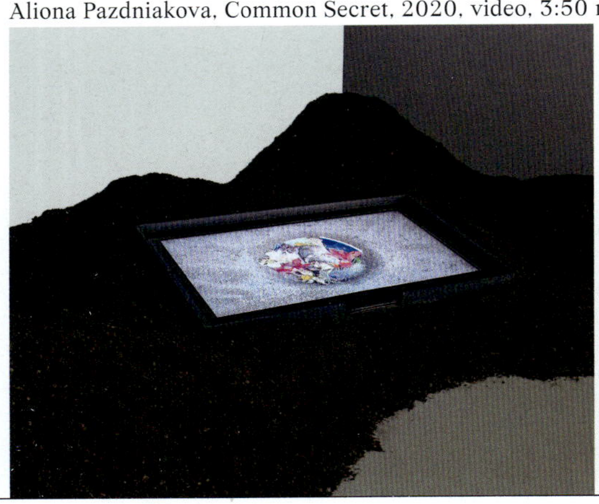

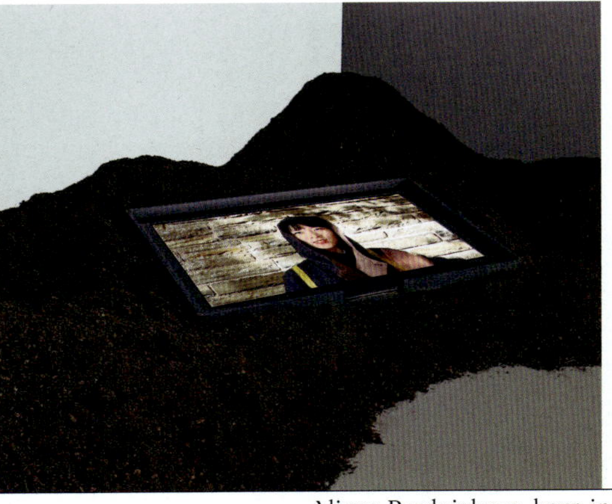

"Secret" is the name of a popular children's game in Belarus. It consists of placing small objects in a hole in the ground and covering them with a pane of glass. This creates a hiding place where personal treasures can be stored. It is hidden and present at the same time. "By recollecting a game of the olden days of my childhood", says Aliona Pazdniakova, "I reflect upon the paradoxical feature of human nature: the desire to both share and preserve, expose and hide. Given today's confused world, this work becomes a quest for the capacity to gain transparency." *Secretus*, the Latin term for secret, denotes something that has been withdrawn from its context. In the wish to claim parts of the world for oneself, Pazdniakova recognises an archaic need of the humankind.

Aliona Pazdniakova

Aliona Pazdniakova, born in 1984 in Babruysk, lives and works as an artist and photographer in Oslo. She studied applied arts (MA), philosophy and social sciences (BA). She is primarily interested in a combination of philosophical and photographic experiences, the phenomenology of art and research on the theme of collective identity and its cultural constructs. She is a member of The Norwegian Association of Fine Art Photographers (FFF).

Антон Сарокін

Антон Сарокін (*1985) – мастак, музыка, які працуе з мультымедыя і гукам. Нарадзіўся ў Менску (Беларусь). Жыве і працуе ў Вільні (Літва). Творы мастака экспанаваліся ў Галерэі сучаснага мастацтва "Ў" (Менск), ЦЭХ (Менск), Корпус (Менск), Technisches Zentrum (Berlin), Akademie Schloss Solitude (Stuttgart), Center of Contemporary Art (Glasgow) і інш.

Антон Сарокін, Знайдзі месца, якому давяраеш, а потым паспрабуй даверыцца яму на некаторы час, 2017

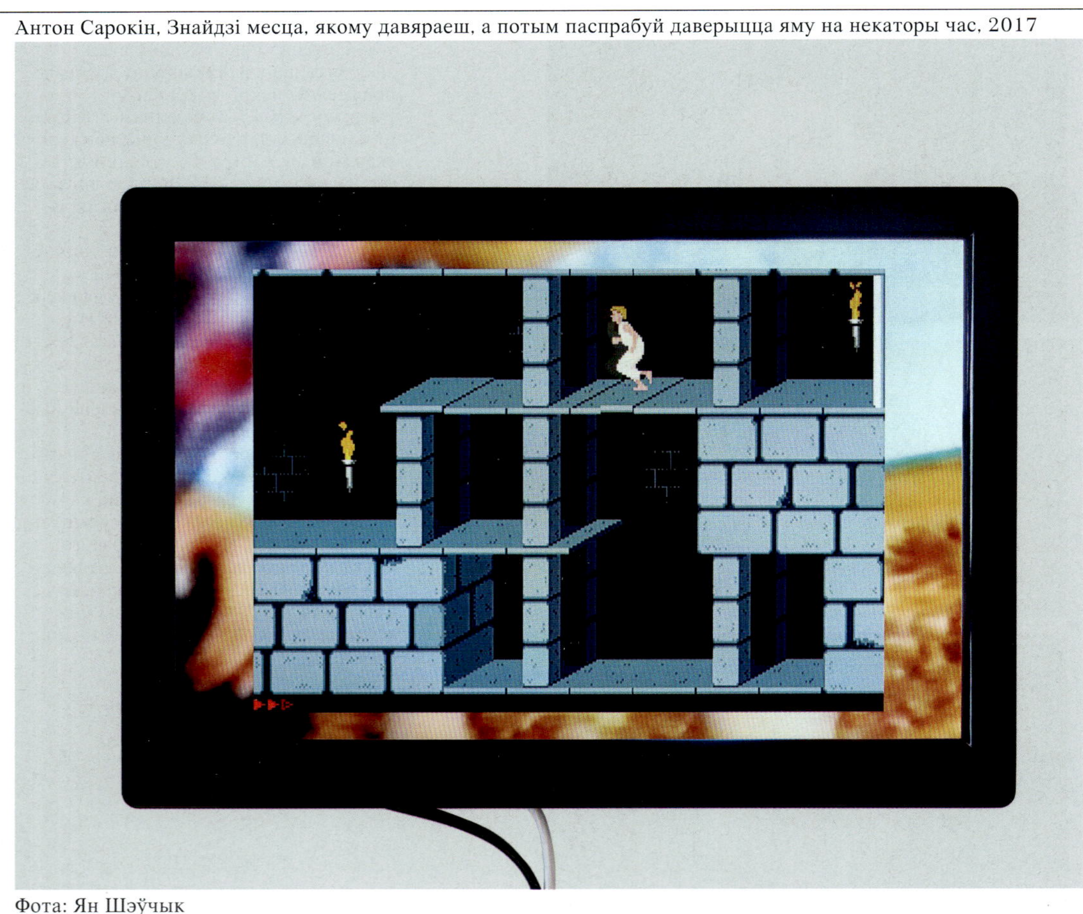

Фота: Ян Шэўчык

Камп'ютарную гульню пачынаюць са знаёмства з месцам – з вывучэння яго ўласцівасцей, геаграфіі, межаў і архітэктуры віртуальнай прасторы. У той час, калі чалавек паглыбляецца ў гульню і перамяшчаецца па віртуальным ландшафце, ён ці яна застаецца статычным(-ай) і фізічна належыць вызначанаму месцу. Гэтыя два віды прасторы – свет гульні і рэальны свет па-за яе межамі – звязаныя ў памяці і выяўляюцца кропкамі доступу і пераходу з аднаго месца і часу ў іншыя.

Антон Сарокін вырас і цяпер выкарыстоўвае любімую гульню свайго дзяцінства, "Прынц Персіі", для таго, каб выправіцца ў мінулае, у дом сваіх бацькоў. Спрабуючы перапісаць дзяцінства, мастак трансфарміруе гульню, агучваючы яе сваім дарослым голасам, змяняючы аповед і парушаючы аднастайнасць візуальных эфектаў. Сарокін прымяняе свой метад працы з гукам і збірае гульнявыя відэаматэрыялы, каб маніпуляваць толькі той часткай рэальнасці, якую можна перазапісаць, і толькі тымі яе гранямі, якія могуць быць трансфарміраваны.

Тэкст: Інга Ліндарэнка

Anton Sarokin, Find a Place You Trust and Then Try Trusting It for a While, 2017. Photos: Anton Sarokin

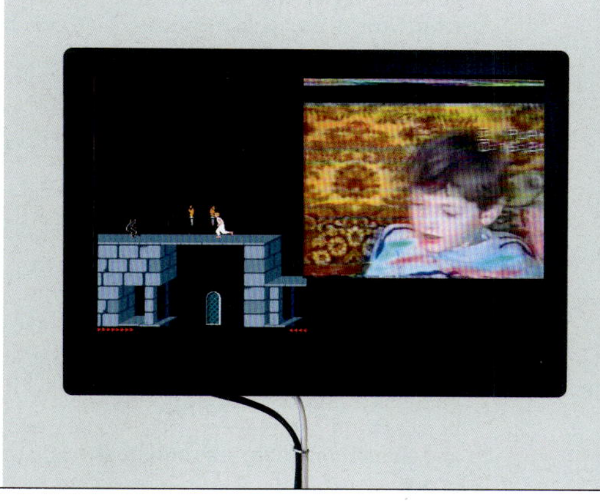

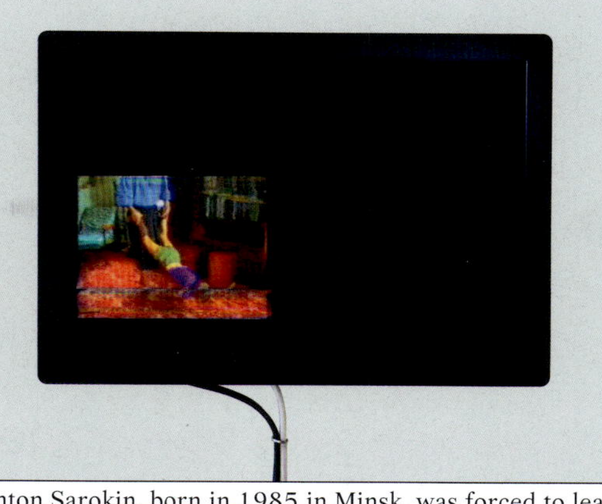

When you are trying out a new computer game, the first thing you do is get to know the characters and use them to explore the virtual playing field. Again and again you sit at the gaming console, spellbound, moving only in virtual space. In this video work, Anton Sarokin creates associations between the gaming world and outside reality. Sarokin's voice is heard in the voiceover, updating familiar old scenes that he has manipulated slightly. He alternates between scenes from "Prince of Persia", his favourite childhood computer game, and excerpts from family videos recorded in his childhood home. There is an overlap between fragments of the past, personal memories and present-day interpretations. Text: Inga Lindarenka

Anton Sarokin

Anton Sarokin, born in 1985 in Minsk, was forced to leave his country in 2020. He works as a multimedia and digital artist and self-taught music producer. Sarokin's research interests include individual and collective memory, the political dimension of sound and silence, the interrelations between music and society and various aspects of psychogeography and hauntology. His works have been exhibited in Minsk (Cech Gallery, ў Gallery of Contemporary Art, Zair Azgur Museum, Museum of the Belarusian Cinema History, Korpus 8, a.o.), Berlin (Tschechisches Zentrum), Stuttgart (Akademie Schloss Solitude), Brest (Prastora KH), Moscow (DKDS, CCIFABRIKA), Glasgow (CCA), Brussels (BOZAR).

Аляксандр Адамаў

Аляксандр Адамаў (*1996) – мастак, крытык, сцэнограф. Нарадзіўся ў вёсцы Паддуб'е (Магілёўскі раён). Стварае гульнявыя канцэптуальныя аб'екты. Жыве і працуе ў Варшаве (Польшча).

Аляксандр Адамаў, Збірашка, з цыклу "Не-цацкі", 2021, рухомы пазл, 5 × 8 см. Фота: Брыгіта Касперайтэ

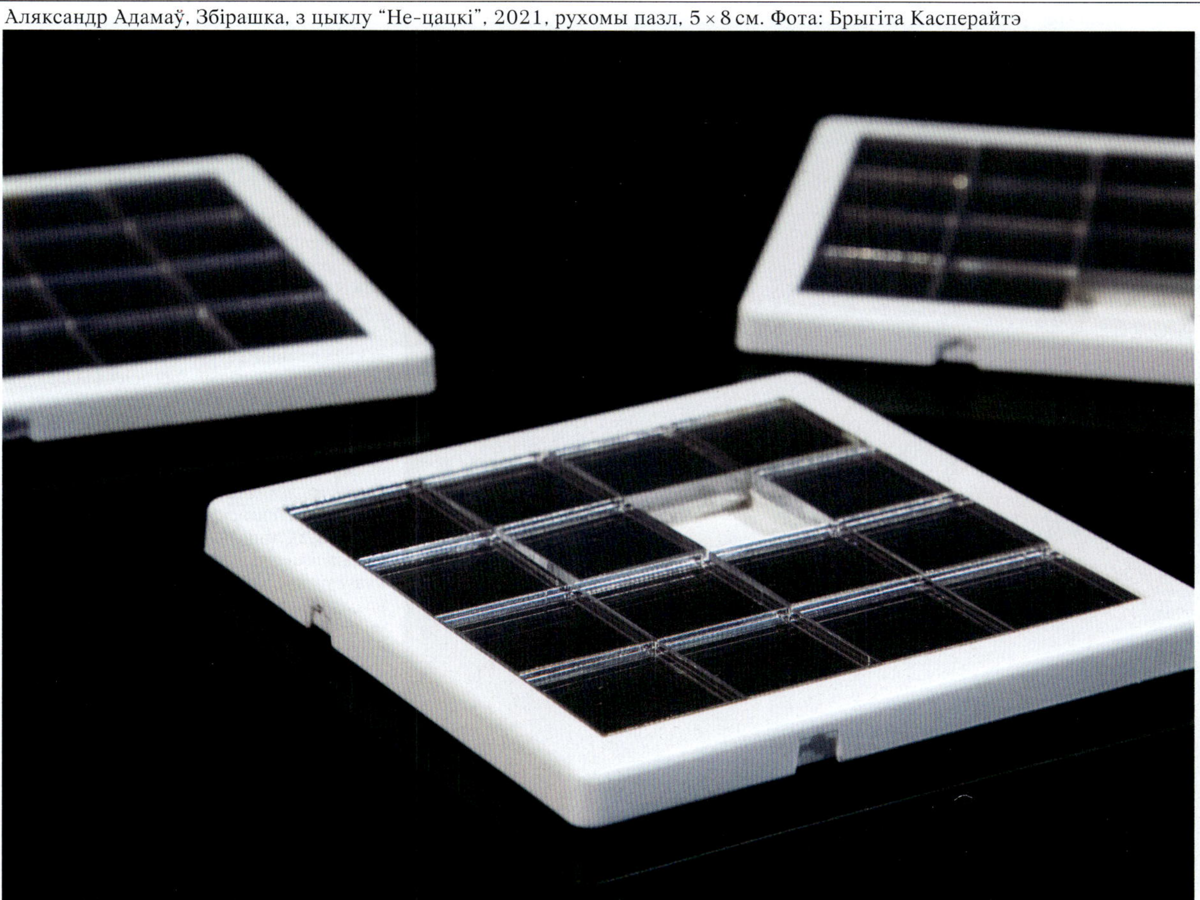

У 2010 годзе беларуская кампанія "Wargaming" выпусціла анлайн-гульню "World of Tanks", галоўнымі дзейнымі асобамі якой сталі баявыя машыны, уцягнутыя ў віртуальныя ваенныя дзеянні перыяду Другой сусветнай вайны. Гульня хутка заваявала папулярнасць у свеце. Каб адзначыць свой поспех, у 2018 годзе "World of Tanks" сумесна з нацыянальнай авіякампаніяй Беларусі прэзентавалі ўласны боінг, які назвалі танкалётам. У 2021 годзе, калі беларускія ўлады прымусова пасадзілі борт "RyanAir", практычна ўсе еўрапейскія краіны закрылі нябесную прастору для самалётаў з Беларусі.

У адрозненне ад вялікай геймерскай карпарацыі, мастак Аляксандр Адамаў працуе не з гульнямі, а з цацкамі. У ягонай калекцыі пазлы, галаваломкі, лабірынты, у якіх аўтар прапануе гульцам змяняць канвенцыянальныя правілы, ставячы пад сумнеў моц законаў над суб'ектам.

Галаваломка "Пятнашкі", якая прыйшла ў Еўропу з Японіі, трансфармаваная мастаком у люстраную "збірашку", якую можна перасоўваць у руках бясконца, бо ў гэтай гульні не можа быць пераможцаў.

Alexander Adamov, The 15-Puzzle, from the series Not Toys, 2021, sliding puzzle, 5 × 8 cm. Photo: Jan Szewczyk

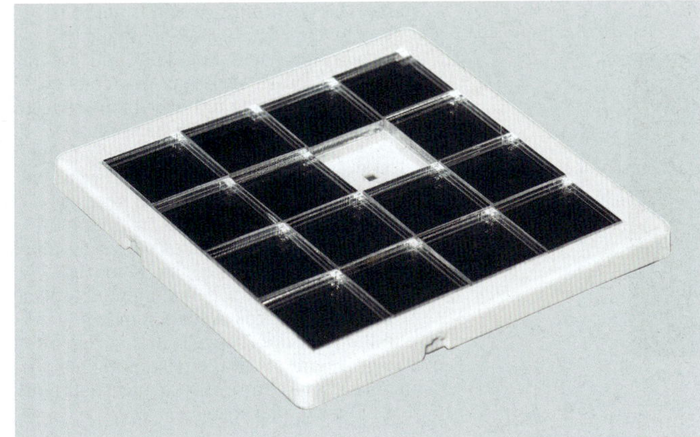

In “World of Tanks”, an online strategy game popular all over the world, battle scenes from World War II are emulated. To celebrate its success, the Belarusian manufacturer Wargaming, in collaboration with the national airline Belavia, produced a Boeing in a camouflage design named “tankolet”. Since the spring of 2021, when Belarusian authorities diverted a passenger aircraft over Belarus and forced it to land, many countries have closed their airspace for Belavia. In contrast to online games involving multiple players, Alexander Adamov’s games are directed towards individuals. He presents the well-known 15-puzzle (sliding puzzle) game as a mirror puzzle. In this way he confronts the players with themselves and their immediate surroundings.

Alexander Adamov

Alexander Adamov, born in 1996 in Paddubje village, Mahileu district in Belarus, is an artist, critic and scenographer, based in Warsaw. He creates minimalist conceptual gestures and objects, most often of an ironic nature.

Ганна Сакалова

Ганна Сакалова (*1975) – мастачка. Нарадзілася ў Менску (Беларусь). Жыве і працуе ў Дзюсельдорфе (Германія). Выпускніца Беларускай дзяржаўнай акадэміі мастацтваў (Менск), Акадэміі мастацтваў у Кёльне, Дзюсельдорфскай арт-акадэміі, а таксама Le Fresnoy – Studio National des Arts Contemporains (Рубэ, Францыя).

Ганна Сакалова, ORNAMENT, 2022, відэаінсталяцыя site specific, 2 відэа “LINEMENT” 12’52’’. Фота: Брыгіта Касперайтэ

Лінія – фундаментальны элемент прасторавай структуры, адна з першых формаў абстрактнага мыслення і спосабу апісання часу як гістарычна лінейнага, дзе падзеі мінулага не могуць перайсці ў будучыню.

У адрозненне ад лініі, арнамент пабудаваны на ідэі бясконцай паўтаральнасці сваіх элементаў і адсылае да архаічных мадэляў узнаўляльнасці часавых цыклаў.

У серыі site-specific інсталяцый “ORNAMENT” Ганна Сакалова працуе з уласным візуальным элементам – “LINEMENT”. Гэта паласа белага святла на чорным фоне, якая рухаецца ў зададзеным рытме і хуткасці і беспярапынна дэманструецца на CRT-маніторах; прынцып трансляцыі малюнка, які літаральна ўяўляе сабой збіранне і пазнейшае выліванне ў прастору пучка святла.

Кананічная суворасць і непластычнасць лініі “LINEMENT” выяўляецца элементам дынамічнага цыкла ўнутры “ORNAMENT”, дзе ва ўпарадкаваную зграбнасць геаметрычнай структуры ўрываецца ірацыянальнасць паўсталай супраць формы плыні святла.

Anna Sokolova, ORNAMENT, 2022, site-specific video installation, 2 videos, LINEMENT, 12:52 min. Photos: Brigita Kaspereite

The line, a fundamental component of spatial entities, is also important for abstract historical thinking. The simplicity and purity of the straight line has often been associated with the perfection of the world. The linear understanding of time, shaped not least by the Christian concept of the last days of the world, underlies a historiography that links events together, all of them leading in a specific direction. An ornament, on the other hand, which consists of the repetition of its components, is closer to archaic and cyclical notions of time. For her site-specific installation entitled ORNAMENT, Sokolova selects a visual element of her own: the LINEMENT is a strip of white light that appears against a black background in a certain rhythm. The light is designed for screens that accumulate a beam of light in order to transmit a signal.

Photos: Anna Sokolova

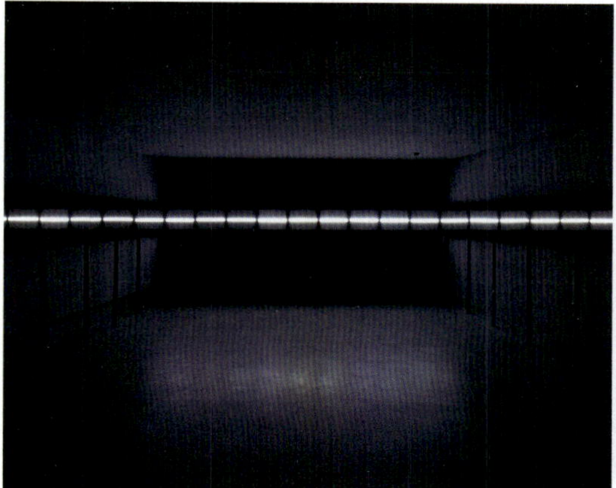

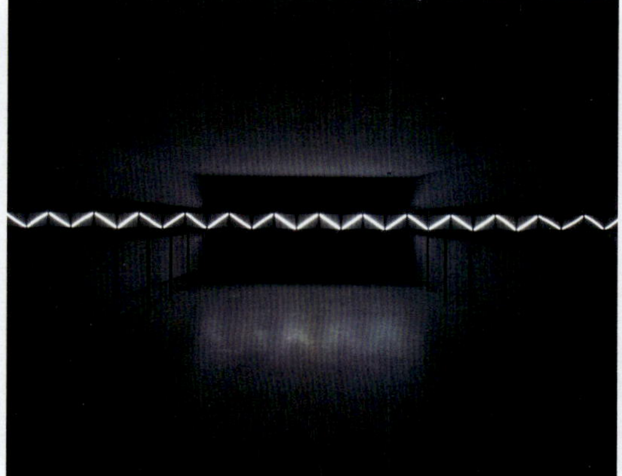

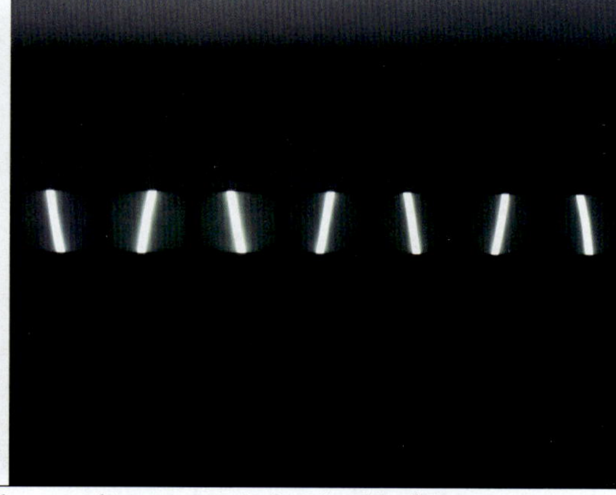

Anna Sokolova

Anna Sokolova, born in 1975 in Minsk, has been working as an artist in Düsseldorf since 2005. She graduated from the Belarusian State Academy of Arts, Le Fresnoy – National Studio for Contemporary Art in Tourcoing, and the Academy of Media Arts Cologne (KHM).

Ірына Ануфрыева

Ірына Ануфрыева (*1982) – мастачка, якая працуе з медыумам танца, харэограф. Нарадзілася ў Гомелі (Беларусь). Жыве і працуе ў Стакгольме (Швецыя). MA па праграме Новых Перфарматыўных Практык у Стакгольмскім універсітэце Мастацтваў. Яе творы экспанаваліся на фестывалі Open Look (Санкт-Пецярбург), Fylkigen, Atalante, а таксама Bonniers Konsthall у Швецыі.

Ірына Ануфрыева, у пустаце, 2018, музыка (Schrei 27, 1996) Дыяманда Галас. Фота: Ірына Ануфрыева

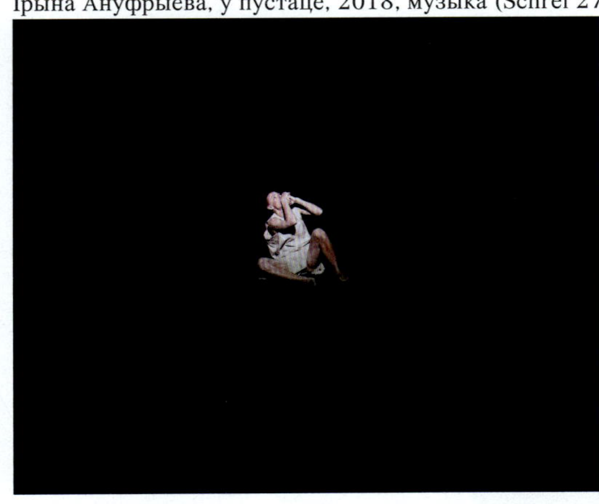
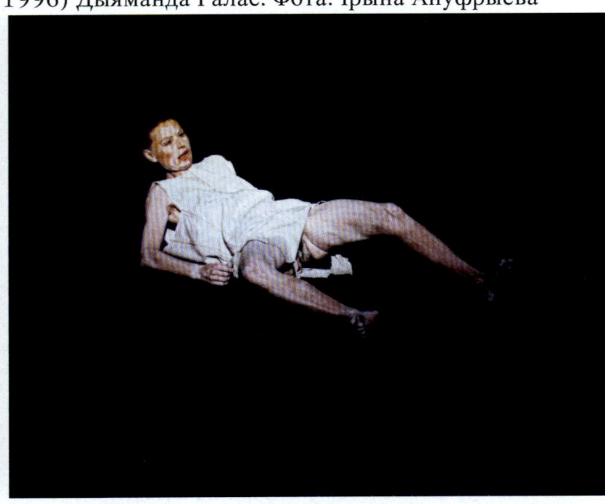
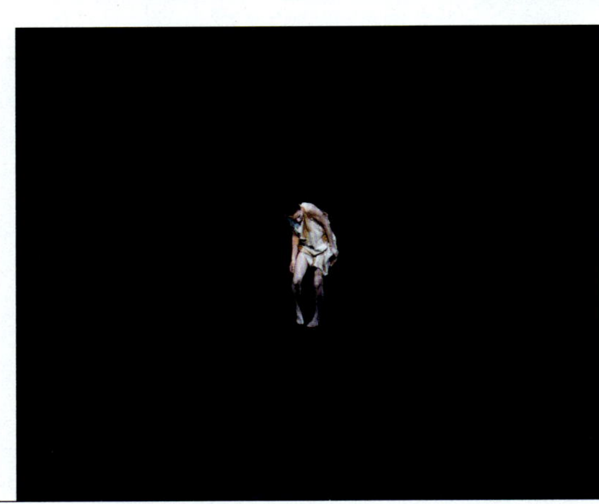
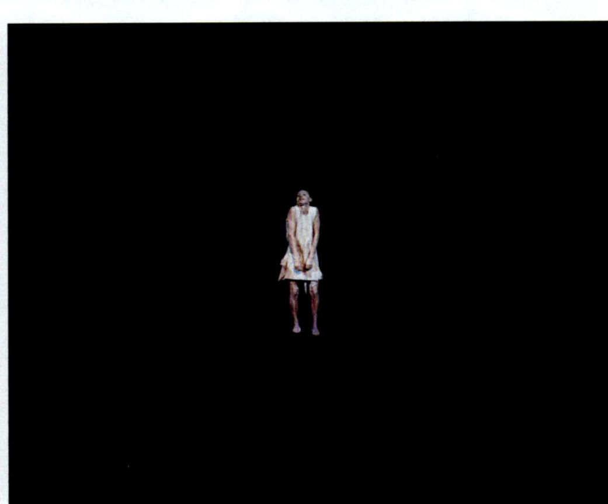

Што памятае ізаляванае цела, якое прайшло катаванне, калі знікае крыніца болю? Такая памяць, у адрозненне ад кароткачасовай памяці свядомасці, не мае формы мінулага часу. Боль, актуалізаваны момантам "цяпер". Пакуты не маюць статусу аб'екта, але разгортваюцца ў часе незавершаным працэсам.

Прастора пустаты, якая пазбягае азначэнняў. "У пустаце" – гэта месца танцаў, дзе немата з'яўляецца адзінай магчымай мовай супрацьстаяння смерці.

Твор "У пустаце" мастачкі Ірыны Ануфрыевай існуе разам са "Schrei 27" (1996) кампазітаркі і спявачкі Дыяманды Галас.

Irina Anufrieva, VOID, 2018, Music: Diamanda Galas (Schrei 27, 1996). Photo: Irina Anufrieva

What does an individual tortured body remember when the source of its pain is no longer there? For Irina Anufrieva, whose work VOID addresses the theme of the physical and psychological consequences of imprisonment and torture, the memory of pain knows no past. Inseparable from the body, the pain is present in every living moment. Suffering knows no external circumstances, but manifests itself in a continual process. VOID is a place of emptiness that defies any kind of definition, a place of dance where wordlessness is the only possible language for resistance to death. VOID is based on the sound and performance piece "Schrei 27" (1996) by the composer and singer Diamanda Galas.

waning is light, the gentle trembling
only an image, and not the body
and being empty
I am the Void
dripping with reflections
the air of silence, it drags me
imagined to vanish, to melt like snow
a mirror without a body, without a trace to vibrate
it hands you darkness, a key to fragile
a room of glass to dance, a broken echo
to forget...
I am a sign, 'I' sacrificed
a place of empty, nothingness
I am an absent smile, and scream unheard.

I. ANUFRIEVA, April 23, 2021.

Irina Anufrieva

Irina Anufrieva, born in 1982 in Homiel, is an independent dancer and choreographer based in Stockholm. She was educated at SU-EN Butoh Company in Sweden (2004–2009). Her works have been presented at the Open Look Festival in St. Petersburg, Fylkingen, Atalante and Bonniers Konsthall in Sweden, ў Gallery of Contemporary Art in Minsk. Currently she is part of the Master's Programme New Performative Practices at Stockholm University of the Arts.

Ганна Карпенка

Ганна Карпенка (*1985) – куратарка, аўтарка тэкстаў па мастацтве і культуры. Нарадзілася ў Менску (Беларусь), жыве і працуе ў Лейпцыгу і Берліне (Германія). Скончыла філасофскі факультэт БДУ ў Менску. Мае ступень магістра сацыялогіі мастацтва (Еўрапейскі гуманітарны ўніверсітэт, Вільня). У цяперашні час заканчвае магістарскую праграму "Культура куратарства" (Акадэмія прыгожых мастацтваў, Лейпцыг).

Ад мора да сонца: дарогі, скрыжаванні і шляхі праз краіну транзітаў

Частка I: Дарогі

У Беларусі ніколі не было свайго мора. Але так склалася, што менавіта гэта тэрыторыя стала найкарацейшым так званым шляхам "з вараг у грэкі", які злучаў Скандынавію і Візантыю, Поўнач і Поўдзень Еўропы.

Тэрыторыя, заціснутая паміж двума марамі – Балтыйскім і Міжземным. Буферная краіна, гандлёвы і культурны транзіт, які значна эканоміў час у параўнанні са шляхам па марскім узбярэжжы.

Штогод у Беларусь вярталася сваё мора. Па вясне 120 розных рэк, якія ўпадалі ў Прыпяць, пагружалі палову Палесся на Поўдні Беларусі пад ваду. Гэты вялікі водны разліў мы называем "морам Герадота", бо лічыцца, што менавіта яго згадвае ў сувязі з нашымі тэрыторыямі старажытны гісторык.

У XV–XVI стагоддзях гэтае "мора" называюць Сармацкім. Вакол яго паўмістычнага вобраза пачынае фарміравацца не менш містычная і рамантычная ідэя паходжання народаў, якія насялялі тэрыторыі Цэнтральнай і Ўсходняй Еўропы, пад назвай "Сарматызм". Сарматамі (лацінскае "sarmatae") называлі качавыя жывёлагадоўчыя плямёны, якія, як лічыцца, найперш з'явіліся прыкладна ў VI–IV стагоддзях да н.э. У Сібіры, потым, пацясніўшы скіфаў, пасяляліся і на тэрыторыі Паўночнага Прычарнамор'я (сучасная Малдова, Украіна, Румынія і Расія), а затым сталі часткай вялікай Рымскай імперыі.

У часы Рэчы Паспалітай, калі ўсе землі Вялікага Княства Літоўскага (у тым ліку ўся сучасная Беларусь, Літва і частка Ўкраіны) пасля Люблінскай уніі (1569 г.) сталі адной вялікай краінай, тагачаснымі гісторыкамі[1] пачынае фармулявацца і распаўсюджвацца тэорыя паходжання славян Рэчы Паспалітай ад сарматаў. Робіцца гэта для ўмацавання пэўнай сімвалічнай, рэлігійнай і сацыяльнай іерархіі. У шматкультурнай і шматканфесійнай Рэчы Паспалітай, дзе суіснуюць этнічныя продкі сучасных палякаў, літоўцаў, беларусаў, украінцаў, яўрэяў, рускіх, татараў і іншых, замацоўваецца ідэал сарматызму – беласкуры шляхціц-католік, які ў мірны час займаецца гаспадаркай і дзяржавай, але ў ваенны час хутка ператвараецца ў ваяра[2]. Пад уплывам Асветніцтва і абвяшчэння роўнага доступу да ведаў і сацыяльных дабротаў усімі наступнымі рэвалюцыямі (ад Вялікай Французскай да Кастрычніцкай) тэорыя сарматызму хутка сыходзіць у гісторыю, але не страчвае свайго сімвалічнага ўплыву. Вычышчаная ад унутранага зместу да простага называння "сарматызмам" яна будзе часта выкарыстоўвацца ў якасці аргумента-пацверджання "вялікай гераічнай мінуўшчыны" і "Сарматыі" як ідэальнай мадэлі краіны, да якой беларусы прагнуць калі-небудзь павярнуцца.

Сарматычны міф разаб'е беларуская паэтка Марыя Мартысевіч у сваёй паэме "Сарматыя", гераіня якой, па словах Андрэя Хадановіча, "завісае" між нашым невядомым мінулым і няпэўнай сучаснасцю, між легендарнай Сарматыяй і сённяшняй Рэспублікай Беларусь, не менш загадкавай для ўсіх, уключаючы саміх беларусаў"[3].

Я ніколі не бачыла іншай краіны, дзе
гэтак часта пытаюцца: хто мы й куды ідзем? –
і шалеюць гэтак, чуючы ад мудрацоў,
што яны – дурачкі на дарозе ў канец канцоў.
Вельмі часта бывае, што гэтыя мудрацы
звінавачваюцца ў празмерным спажыванні мацы
і выганяюцца з горада пад гарматы.
На іх месца прыходзяць іншыя мудрацы,
якія гавораць ім, што яны – малайцы,
бо мудрэц – гэта той, хто хваліць ва ўсім сармата.

Гераіня "Сарматыі" руйнуе шэраг сацыяльных і культурных міфаў адносна "талерантнасці", "шматкультурнасці" і "вялікасці". Бо аказваецца, што высокадухоўны сармацкі міф пабудаваны на "выбранасці" адных сацыяльных колаў (каталіка-шляхціца) перад усімі астатнімі. Пасля трох падзелаў Рэчы Паспалітай (1772, 1792, 1795), калі беларускія землі апынуцца ў складзе Расійскай імперыі, сармацкі міф не вытрымае гвалтоўнай

1 Марцінам Бельскім ("Хроніка ўсяго свету", 1551) і Марцінам Кромерам ("Аб паходжанні і гісторыі палякаў",1555).

2 Гэты вобраз быў поўнасцю ўвасоблены ў жанры сармацкага партрэта, які маляваў шляхціца сярэдняга веку ў парадным рыцарскім убранні, са зброяй. Менавіта з гэтага партрэта ў Нацыянальным мастацкім музеі ў Менску пачынаецца экспазіцыя "сучаснага беларускага мастацтва".

3 Андрэй Хадановіч, артыкул "Верш тыдня: Марыя Мартысевіч 'З вогнішча – ліст...' (з паэмы 'Сарматыя')": https://budzma.org/news/vyersh-tydnya-martysyevic.html

русіфікацыі і трансфармуецца ў паўмістычную легенду, дзе ўжо дакладна невядома, ці былі гэтыя сарматы на беларускіх землях увогуле.

У корпусе эсэ, аб'яднаных пад назвай "Мяне няма: роздумы на руінах чалавека" (1998), беларускі філосаф Валянцін Акудовіч называе Беларусь "Архіпелагам". Робіць ён гэта на падставе таго, што напрыканцы 1990-х і ў пачатку нулявых быць у Беларусі беларусам – не "пашпартным", а тым, хто размаўляе на беларускай мове, ведае гісторыю сваёй краіны і атаясамлівае сябе з ёй праз свае каштоўнасці – было падобным на быццё дробных астравоў пасярод "неабсяжнага мора расейшчыны: расейскай культуры, расейскай сьвядомасьці, расейскай мовы".

14 мая 1995 года пасля першага няпоўнага года свайго прэзідэнцтва Лукашэнка ініцыюе правядзенне рэферэндуму, супраць якога адразу выступаюць прадэмакратычныя і антысавецкія колы беларускага грамадства. Падставай для яго паміж іншых[4] будуць заяўленыя пытанні паглыбленай эканамічнай і палітычнай інтэграцыі з Расіяй, наданне расейскай мове статусу дзяржаўнай (разам з беларускай), а таксама вяртанне савецкай сімволікі (герба, гімна і сцяга), ад якіх Беларусь адмовілася літаральна ў 1991 годзе, абвясціўшы незалежнасць і выйшаўшы з СССР.

Пытанне эканамічнай інтэграцыі з Расіяй як адно з асноўных Лукашэнка будзе выкарыстоўваць ад самага пачатку сваёй палітычнай кар'еры. І гэта невыпадкова.

У 1992 годзе паміж краінамі былога СССР былі падпісаныя так званыя Бішкекскія пагадненні, якія вызначалі правы ўласнасці над аб'ектамі былой усесаюзнай маёмасці, якая аказалася на тэрыторыі розных цяпер ужо незалежных дзяржаў. Адным з найважнейшых падобных аб'ектаў была газатранспартная сетка, якая праходзіла па тэрыторыі Беларусі і перапраўляла газ з СССР у Заходнюю Еўропу.

У 1950–1970-я гады вялася актыўная распрацоўка газавых радовішчаў на Ўрале, у Сібіры, Заходняй Украіне. У 1965 годзе ў СССР ствараецца міністэрства газавай прамысловасці, якое будзе адказваць за вядомае пагадненне – "газ у абмен на трубы" (1970), па якім газ у вялікіх аб'ёмах пачне паступаць у Нямеччыну і Аўстрыю, а банк "Deutsche Bank" выдасць крэдыт на пакупку труб вялікага дыяметра ад нямецкага пастаўніка для пракладкі газаправода. Так, дзякуючы пагадненню паміж Масквой і Бонам, пачалося будаўніцтва газатранспартных сетак, якія транзітам праходзілі па тэрыторыі Беларусі, Украіны, Літвы, Латвіі, Чэхіі і Польшчы.

У 1992 годзе былое міністэрства газавай прамысловасці СССР будзе прыватызаванае і пераўтворыцца ўжо ў прыватную расійскую кампанію "Газпрам". А транзіт газу ў Еўропу набудзе новае геапалітычнае і эканамічнае вымярэнне. Менавіта транзіт газу праз тэрыторыю Беларусі стане прадметам шматгадовага гандлю паміж Лукашэнкам і Крамлём з аднаго боку і дыстанцыйнага назіральніка Еўрапейскага Саюза з іншага[5].

4 Перш за ўсё, права прэзідэнта распускаць парламент, якое прывядзе ў 1996 годзе да фактычнага змянення Канстытуцыі і замацавання на наступныя 27 гадоў неабмежаванай улады Лукашэнкі.

5 Пасля кожных выбараў, калі Лукашэнка чарговы раз перамагаў і нібыта атрымліваў 80% галасоў і больш, тысячы людзей выходзілі на вуліцы ў знак пратэсту. Іх жорстка збівалі і арыштоўвалі. Пасля гэтага палітычныя зняволеныя ў Беларусі станавіліся прадметам гандлю: знsocце санкцый ад ЕС і ЗША ў абмен на свабоду людзей у турмах. Але галоўнае – бесперашкоднае аднаўленне газавых паставак з Расіі ў Еўропу праз Беларусь.

У 1992 годзе (за два гады да прыходу Лукашэнкі да ўлады) у Беларусі было створана аб'яднанне "Белтрансгаз", а ў 1998 – "Белгазпрамбанк", які абслугоўваў інтарэсы "Газпрама". Старшынёй Праўлення гэтага банка быў Віктар Бабарыка. У 2020 годзе ён высуне сваю кандыдатуру на прэзідэнцкіх выбарах у Беларусі, але не дойдзе да этапу галасавання і разам з сынам, які ўзначальваў перадвыбарны штаб, будзе арыштаваны і зняволены ў СІЗА КДБ. 6 ліпеня 2021 года Віктар Бабарыка быў асуджаны на 14 гадоў турмы агульнага рэжыму[6].

У 2011 годзе "Белгазпрамбанк" аб'явіў пра стварэнне карпаратыўнай калекцыі з назвай "Мастакі Парыжскай школы". У яе ўвайшлі набытыя на сусветных аўкцыёнах працы Марка Шагала, Хаіма Суціна, Восіпа Цадкіна[7] і іншых, як іх часта называлі прадстаўнікі банкаўскай калекцыі, "мастакоў яўрэйскага паходжання[8]". Многія з іх нарадзіліся альбо жылі на тэрыторыі Беларусі, у тым ліку ў Віцебску – яшчэ адной кропцы "транзіту", цяпер ужо культурнага, паміж Расійскай імперыяй і яўрэйскім мастацкім авангардам.

6 На момант напісання гэтага тэксту пра стан Віктара Бабарыкі ў турме няма звестак ужо больш за 120 дзён. Палітвязням у Беларусі забароненыя спатканні з роднымі, перапіска і часта нават прагулкі і сустрэчы з адвакатамі.

7 Цягам наступных гадоў калекцыя істотна пашырылася і Белгазпрамбанк заснаваў пад яе юрыдычную асобу "Арт-Беларусь". На сайце праекта змешчаныя словы падтрымкі Старшыні Праўлення расійскага "Газпрама" Аляксея Мілера: "Дарагія сябры! Поспехаў Вам ва ўсіх праектах і пачынаннях па падтрымцы беларускай культуры і мастацтва" Газпрам заўжды побач!" https://artbelarus.by/ru/about.html
У 2020 годзе пасля арышту Віктара Бабарыкі калекцыя "Белгазпрамбанка" была экспрапрыіраваная беларускай дзяржавай. Доўгі час пра яе месцазнаходжанне нічога не было вядома. У тым ліку не было вядома, дзе знаходзілася адна з самых дарагіх працаў у калекцыі – "Ева" Хаіма Суціна, якая стала сімвалам беларускіх пратэстаў у 2020 годзе. Выяву маўклівай жанчыны са складзенымі на грудзях рукамі часта выкарыстоўвалі ў якасці плаката на маршах, а мастачка Надзя Саяпіна правяла ў прасторы, дзе экспанавалася "Ева", маўклівы перформанс, пасля чаго таксама была арыштаваная.

Частка II
СКРЫЖАВАННІ

Адпаведна лагічнаму азначэнню, транзітыўнасць мае на ўвазе такі тып адносін паміж аб'ектамі, які пераадольвае субстанцыйнасць і элементарнасць саміх аб'ектаў. Іншымі словамі, сам працэс транзіту, перадачы, узаемадзеяння аказваецца большым, чым элементы, якія ўзаемадзейнічаюць унутры яго. Акрамя таго, закон транзітыўнасці ўключае такі тып трыянгулярнай лагічнай сувязі, калі элемент а праўдзівы адносна элемента В і элемент В праўдзівы адносна элемента С, то слушна таксама, што а праўдзівы адносна С.

Такая, на першы погляд недатычная культурнага поля, лагічная сітуацыя аказваецца абсалютна рэферэнтнай, калі звярнуцца да гісторыі авангарду і таго месца, якое ў ім займаў беларускі Віцебск са з'яўленнем УНОВІСа. Лагічная сувязь парушылася, калі паміж так званым "рускім авангардам" (А) і "еўрапейскім Баухаусам" (С) знік транзітны, але звязаны калісьці "адносінамі праўдзівасці" з а і С элемент В – Беларусь.

Малевіч апынуўся ў Віцебску[9] ў 1919 годзе па запрашэнні свайго даўняга сябра Лазара Лісіцкага, які некалькі месяцаў таму, у сваю чаргу, прыехаў туды па запрашэнні свайго настаўніка Марка Шагала. У студзені 1919 года ўпаўнаважаны па

8 https://www.dw.com/ru/evrejskie-hudozniki-parizskoj-skoly/a-64470340

9 Пасля падзелаў Рэчы Паспалітай горад Віцебск апынуўся ў складзе Расійскай імперыі.

справах мастацтва Віцебскай губерні Марк Шагал займеў магчымасць адкрыць "працоўную школу", якая атрымала статус "народнай мастацкай вучэльні" Школа перадусім мусіла абслугоўваць інтарэсы горада (плакаты, рэкламныя шыльды, савецкія прапагандысцкія матэрыялы). Аднак М. Шагал ад самага пачатку бачыў у ёй платформу па імплементацыі тэорыі новага "левага мастацтва", якое перакрочыла буржуазнае расслаенне і нарэшце стала даступным для шырокіх колаў: "Мары пра тое, каб дзеці гарадской беднаты, якія дзесьці па дамах любоўна пэцкалі паперу, далучаліся да мастацтва, – ажыццяўляюцца ... Мы можам сабе дазволіць раскошу 'гуляцца з агнём', і ў нашых сценах прадстаўленыя і функцыянуюць свабодна кіраўніцтвы і майстэрні ўсіх кірункаў ад левага да 'правых' уключна"[10].

Для выканання высокай місіі новага мастацтва Шагал збірае вакол вучэльні найлепшых са ўсёй былой імперый, што было смелым і адчайным крокам – сарваць Лісіцкага, Малевіча ў Віцебск з эпіцэнтра тагачаснага мастацкага жыцця ў Маскве і Пецярбургу. У адным з лістоў 1918 года Шагал напіша:

> "Скончым, аднак, гэтую нататку "крыкам".
> Людзей! Мастакоў! Рэвалюцыянераў-мастакоў!
> Сталічных у правінцыю! Да нас!
> Якімі калачамі вас заманіць?[11]"

Калачы знайшліся хутка. Адна з прычын пераезду Малевіча ў Віцебск была празаічная – паслярэвалюцыйны галодны Пецярбург не пакідаў мастаку шанцаў пракарміць сям'ю ў той час, як атрыманае Шагалам фінансаванне ад "Наркомпроса" (Народнага камісарыята асветы) гарантавала няхай невялікі, але сталы даход у горадзе.

Віцебск спачатку зрабіў на Малевіча правінцыяльна цяжкое ўражанне: "... зусім неўзабаве прыйшлося сабрацца і з'ехаць у Віцебск; апошні робіць на мяне ўражанне ссылкі".

Тым не менш, у "ссылцы" ў Малевіча атрымліваецца імгненна заваяваць прыхільнасць і вернасць студэнтаў Віцебскай народнай мастацкай вучэльні, і ўжо ў пачатку 1920 года былыя вучні Шагала (Ніна Коган, Ілля Чашнік, Лазар Хідекель) разам з Верай Ермалаевай і самім Малевічам пачынаюць называць сябе "Паслядоўнікамі новага мастацтва", а затым замяняюць "паслядоўнікаў" на "сцвярджальнікаў" ("Утвердители Нового ИСкусства").

Так нечакана цяжка правінцыяльны для К. Малевіча Віцебск становіцца эксперыментальнай прасторай рэвалюцыйнага мастацкага выказвання[12]. Тут ён піша праграмныя для тэорыі авангарду тэксты ("Бог не скинут", "О новых ситсемах в искусстве"), шмат выкладае і камунікуе з вучнямі-аднадумцамі. Аднак з прыходам у 1921 годзе НЭПа (Новай эканамічнай палітыкі) і зменай сістэмы фінансавання і статусу авангарднага мастацтва з замацавальніка пазіцый савецкай культуры

10 Марк Шагал, артыкул "О Витебском Народном художественном училище". – "Школа и революция", 1919. С. 24–25

11 Марк Шагал. Письмо из Витебска // Искусство Коммуны 1918, №36 с. 2–3. Трэба неяк так: Марк Шагал. Письмо из Витебска // Искусство Коммуны, 1918. – №36. С. 2–3.

12 У 1920 годзе да гадавіны Кастрычніцкай рэвалюцыі Уновісаўцы дэкаруюць фасады будынкаў, размалёўваюць трамвай, мантуюць супрэматычныя фігуры і шыльды. На некалькі дзён Віцебск пераўтвараецца ў адну маштабную выставу сцвярджальнікаў новага мастацтва.

на антырэвалюцыйнае і антысавецкае, Віцебская народная мастацкая вучэльня і праект УНОВІС перажываюць не найлепшыя часы[13]. І ўжо ў 1922 годзе Малевіч і Вера Ермалаева выязджаюць з Віцебска, захапіўшы з сабой увесь архіў УНОВІСа.

Нягледзячы на драматычную кароткасць жыцця УНОВІСа ў Віцебску, менавіта за гэтыя два гады (1920–1922) праект Малевіча пашыраецца і філіялы УНОВІСа адкрываюцца ў Адэсе, Саратаве, Пермі, Арэнбургу і Смаленску. Дагэтуль не звязаныя ніякімі агульнымі культурнымі кодамі месцы нечакана ўтвараюць моцную сетку абмену ідэямі, ведамі, выставамі.

Кіраўніком аддзялення УНОВІСа ў Смаленску становіцца былы студэнт Малевіча і Татліна ў Свабодных Мастацкіх Майстэрняў у Маскве, ураджэнец Менска Ўладыслаў Стрэмінскі. як і Малевіч у Віцебску, у Смаленску Стрэмінскі апынуўся незапланавана[14].

У 1918 годзе "Наркомпроса" ініцыяваў стварэнне сеткі музеяў жывапіснай культуры: упершыню ў гісторыі гэта павінны былі быць дэцэнтралізаваныя (значыць, якія існуюць далёка за межамі Масквы або Пецярбурга) інстытуцыі, пабудаваныя не на прынцыпах дэманстрацыі мастацтва для публікі, але існуючыя ў фармаце лабараторый, дзе мастакі эксперыментавалі з новымі формамі і ідэямі. Смаленскае аддзяленне УНОВІСа было адной з такіх "мастацкіх лабараторый". У першым наборы студэнтаў аказалася Надзея Хадасевіч-Граноўская-Леже, якая, таксама як і Стрэмінскі, з'ехала з Беларусі, каб стаць мастачкай[15].

У 2018 годзе ў музейным свеце шырока святкавалі стагоддзе авангарду. Асаблівае месца ў праграме святкавання заняў Музей мастацтва ў Лодзі – фактычна першы ў Еўропе музей сучаснага мастацтва (і другі ў свеце пасля Музея сучаснага мастацтва ў Нью-Ёрку "МоМА"), які запачаткавала ўнікальная калекцыя твораў мастацтва, сабраная не мецэнатамі або інстытуцыямі, але самімі мастакамі – групай a. r., заснаванай Стрэмінскім, куды таксама ўваходзілі К. Кобры, Ю. Пшыбась, Г. Стажэўскі.

Цягамі двух гадоў у вядучых еўрапейскіх музеях – Цэнтр Пампіду (Парыж, Францыя), Музей ван Абэ (Эйндхавен, Нідэрланды), Цэнтр мастацтва каралевы Сафіі (Мадрыд, Гішпанія), Музей сучаснага мастацтва (Мальмё, Швецыя), Музей мастацтва ў Лодзі (Польшча) і інш. – была арганізаваная маштабная рэтраспектыва працаў У. Стрэмінскага і К. Кобра з адпаведнай праграмай дыскусій і публікацый, з запрошанымі тэарэтыкамі мастацтва з Нямеччыны, ЗША, Нідэрландаў, Польшчы і Расіі.

Ніводзін з беларускіх даследчыкаў або гісторыкаў мастацтва ў гэтай праграме не ўдзельнічаў. Ад Беларусі засталася толькі згадка месца нараджэння Стрэмінскага – Мінск. І тое пазначаны як горад Расійскай Імперыі.

У пункце транзіту на мапе паміж дзвюма імперыямі (польскай і расійскай), ад якога выбудоўваліся дарогі сусветнага авангарду, ад самога авангарду засталіся хіба што фантомныя болі і спробы аднавіць гісторыю, прысвоеную іншымі.

13 В письме Лазарю Лисицкому из Витебска в Берлин от 4 июля 1922 года Малевич пишет: "...Терпим ужасный голод. Я на волоске. Хлебников уже лежит параличом разбитый...". А уже в другом письме от 17 июня 1924 года Малевич не скрывает эмоций сожаления о потерянном в Витебске времени и по поводу восходящего авторитета своего главного врага Татлина: "...в результате получилось разгром гоп-компании, засевшей в Музее Художественной Культуры во главе с идиотом Татлиным, который, будучи зав. Изо, сдал все позиции правым, сдал и Академию, и Штиглица. Я очень жалею, что потерял много времени в Витебске, а Татлин в это время все возглавлял себя и прозевал все..."
Переписка Казимира Малевича и Эль Лисицкого (1922–1925) / Публ., сост., подготов. текста, коммент. и примеч. А.С. Шатских // Письма Казимира Малевича Эль Лисицкому и Николаю Пунину М.; Пинакотека. 2000. С. 2–21.

14 Больш падрабязная гл. артыкул Даніэля Музычука ў гэтым выданні.

15 У 1919 годзе пятнаццацігадовая Надзя Хадасевіч становіцца студэнткай Вышэйшых Дзяржаўных мастацкіх майстэрняў і ўпершыню трапляе на лекцыі па гісторыі мастацтва да Стрэмінскага, якія ўражваюць яе "здольнасцю вобразнага адлюстравання жыцця". "Зразумела, Стрэмінскі быў пазбаўлены магчымасці ўражваць арыгіналамі, ён вымушаны быў карыстацца расповедам і рэпрадукцыямі. Але жывапісны кругагляд студэнтаў ён стараўся пашырыць і іншым спосабам, запрасіўшы ў майстэрню мастака Казіміра Малевіча, [...] які абвясціў: "Няхай звяржэнне старога мастацкага свету будзе начэрчана на вашых далонях".
Па словах Надзі Хадасевіч-Леже, пра УНОВІС да гэтага моманту яна нічога не ведала, праграмных артыкулаў і тэкстаў не чытала, але "разумела адно: са старым скончана, ідзе абнаўленне ва ўсім. І цяжкое, і радаснае. І Малевіч за гэта. І гэта тычыцца ўсіх. І мяне таксама".
Гл. Е. Дубенецкая. Рассказывает Надя Леже. Москва. Издательство "Детская Литература", 1982.

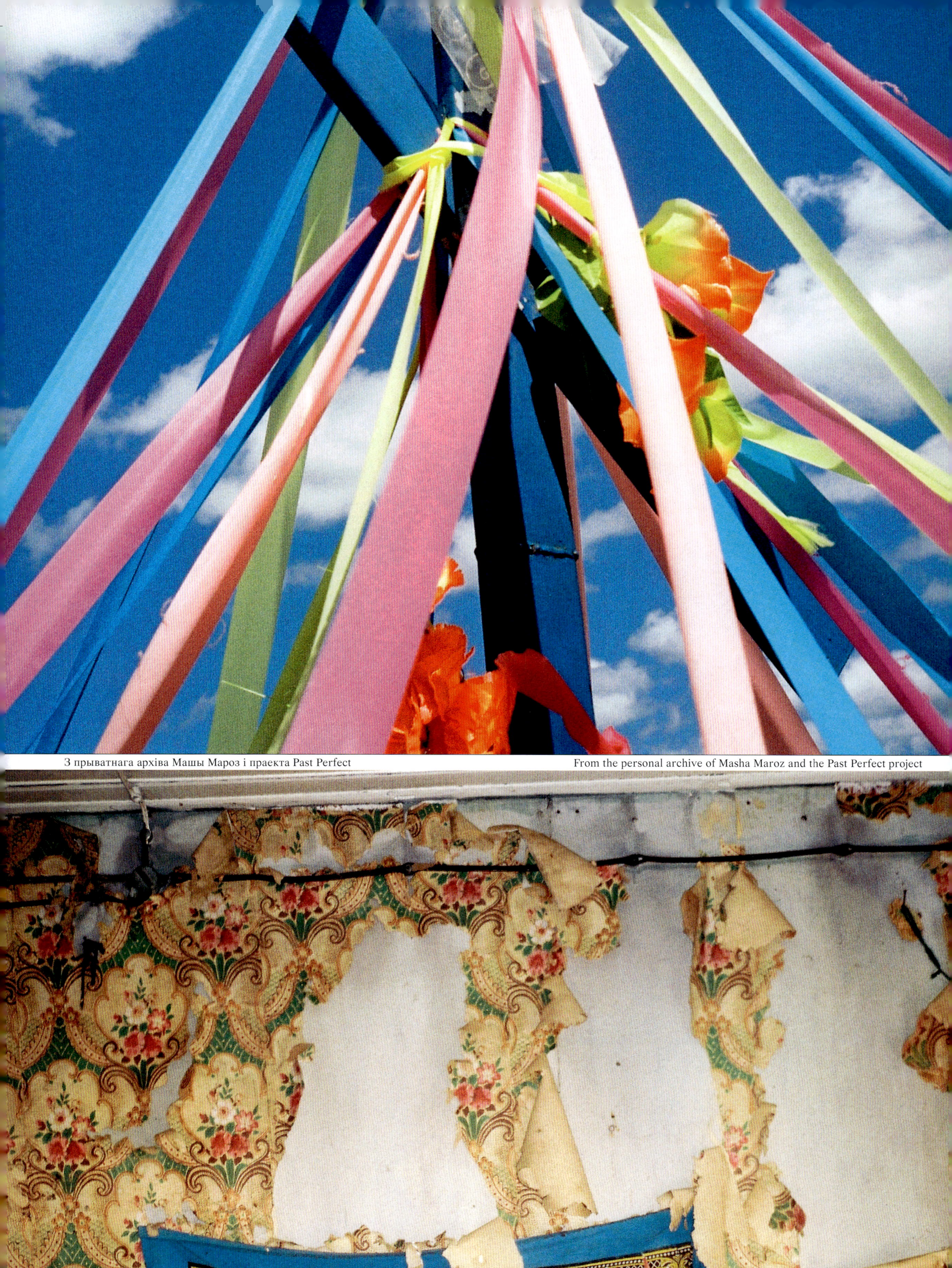

З прыватнага архіва Машы Мароз і праекта Past Perfect

From the personal archive of Masha Maroz and the Past Perfect project

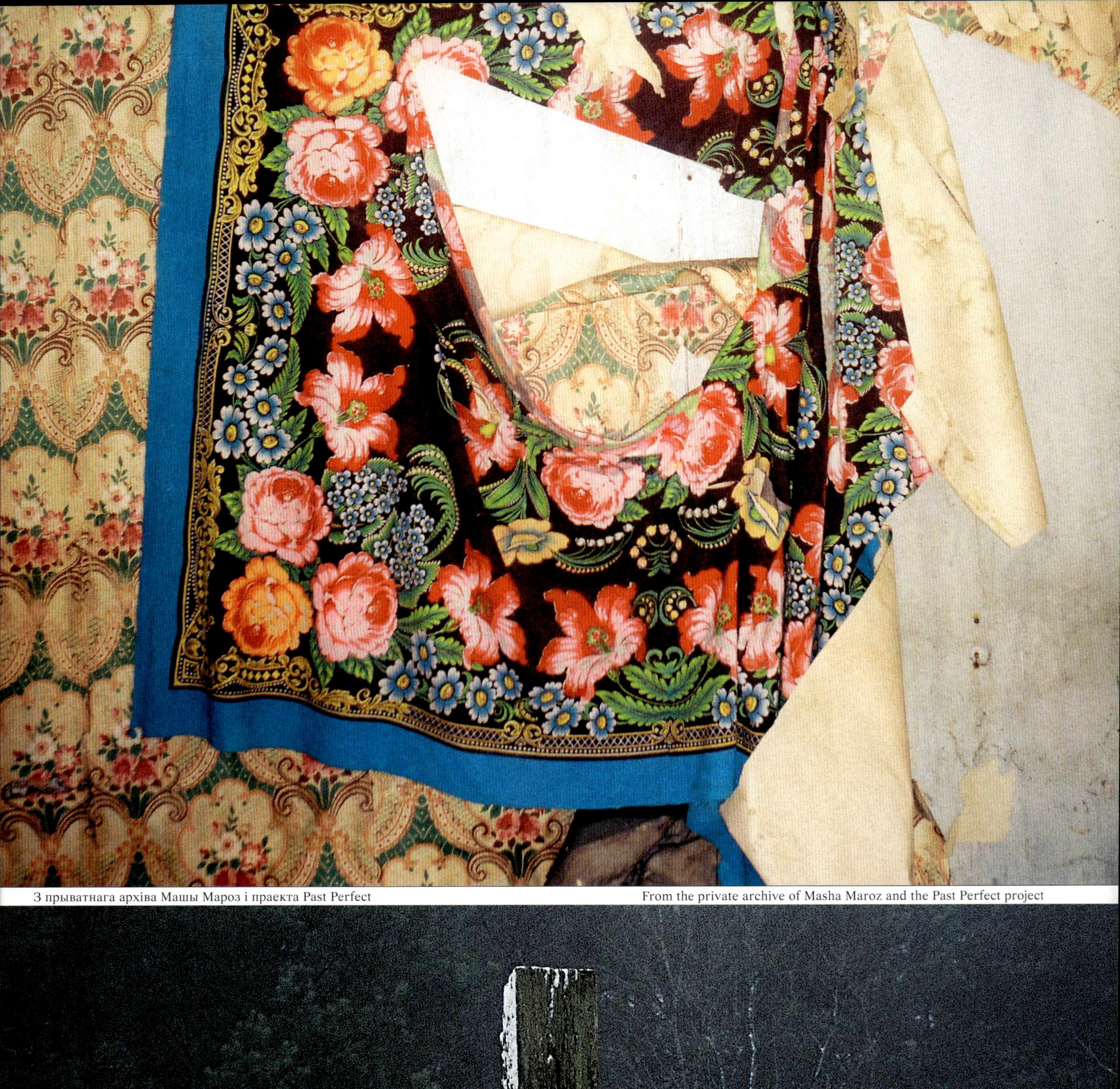

З прыватнага архіва Машы Мароз і праекта Past Perfect

From the private archive of Masha Maroz and the Past Perfect project

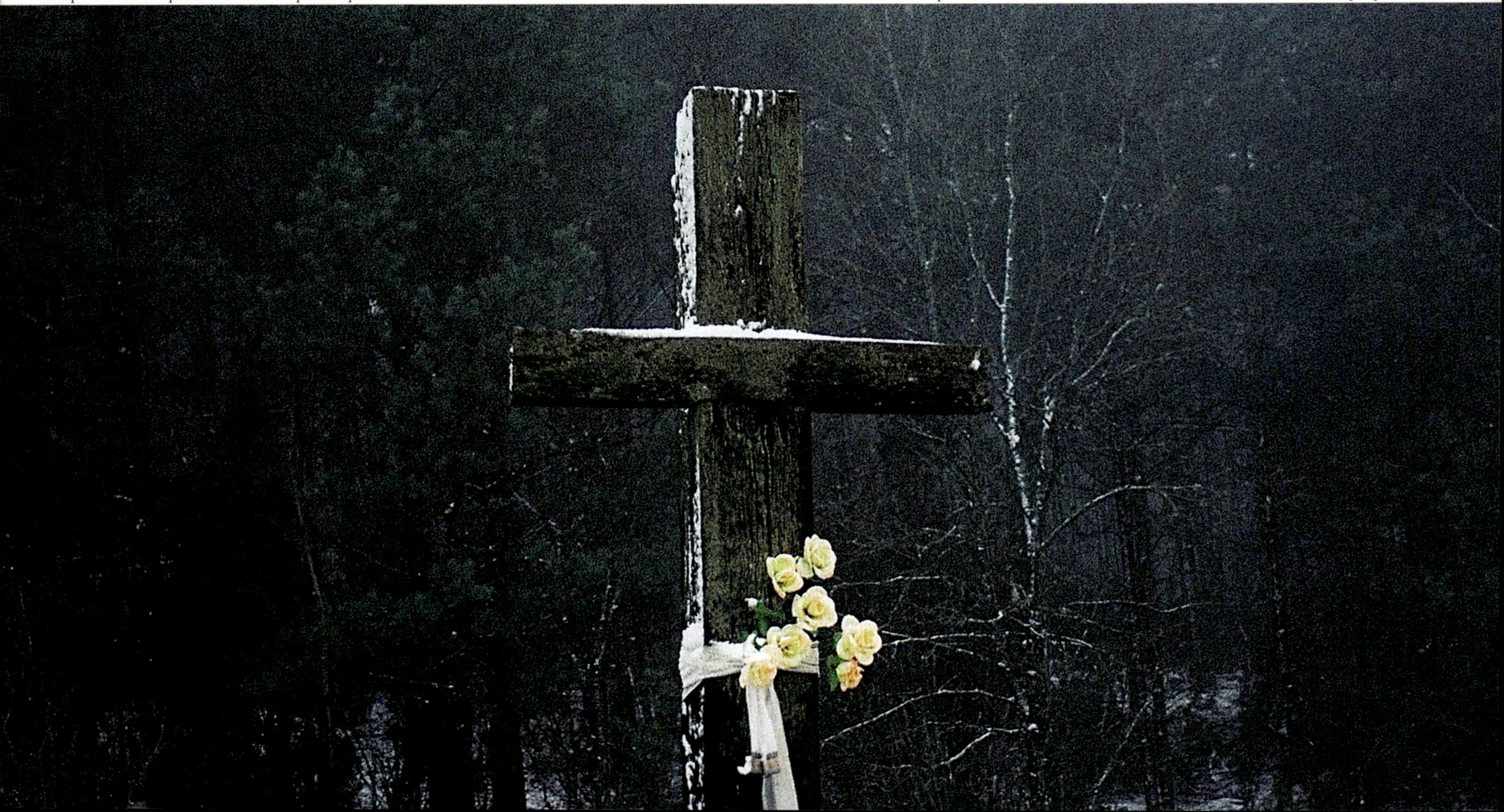

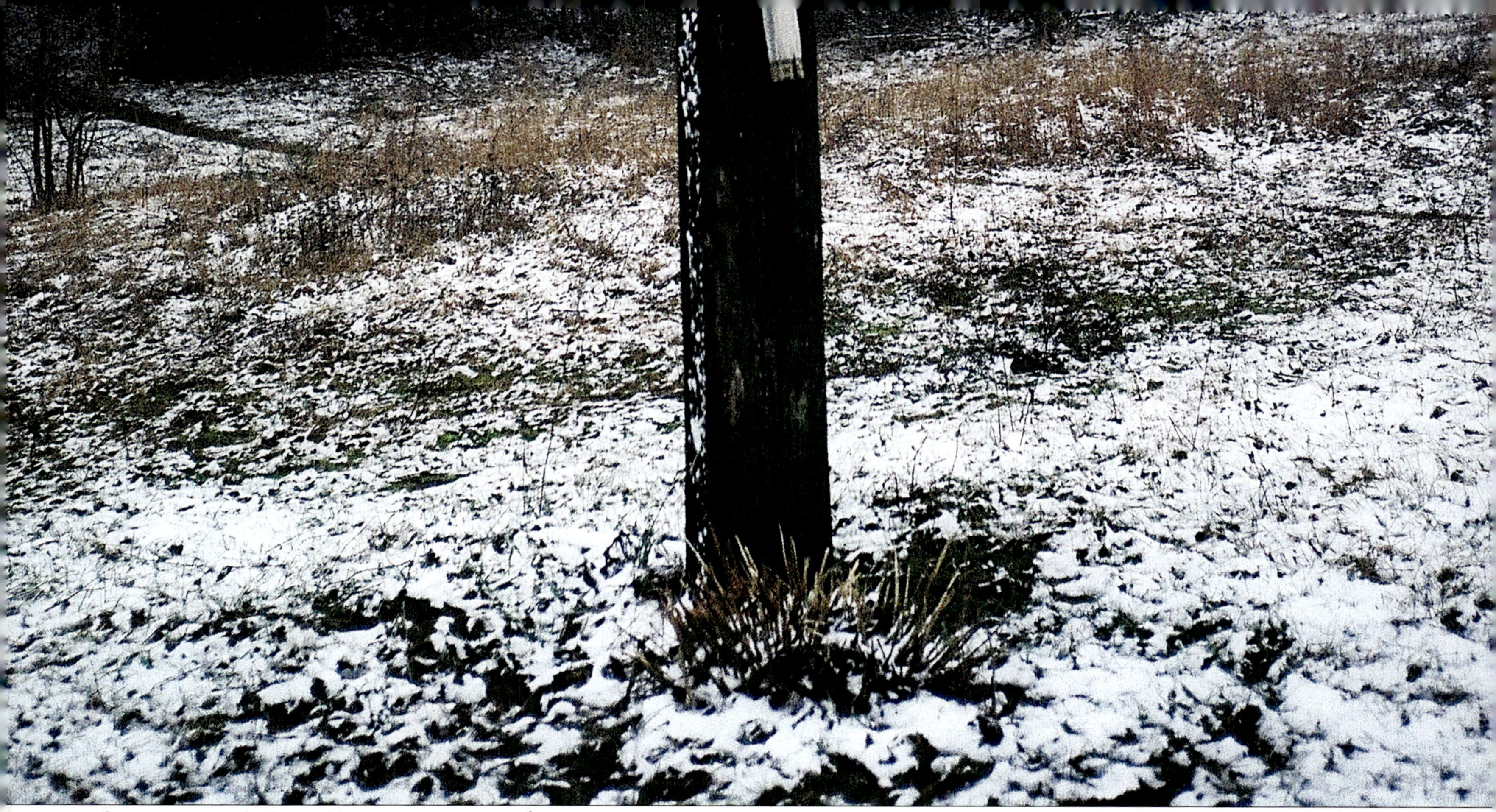

З прыватнага архіва Машы Мароз і праекта Past Perfect

From the private archive of Masha Maroz and the Past Perfect project

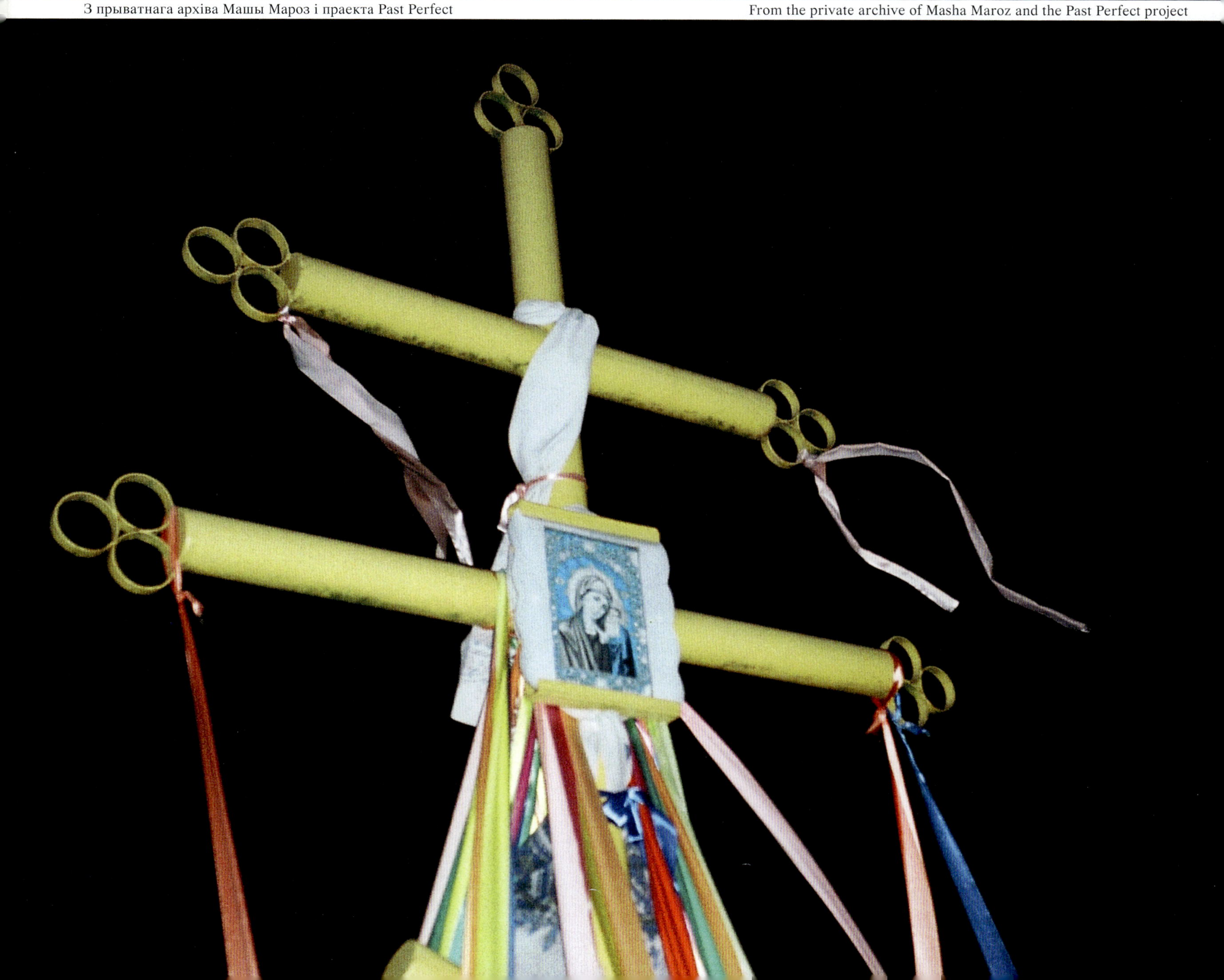

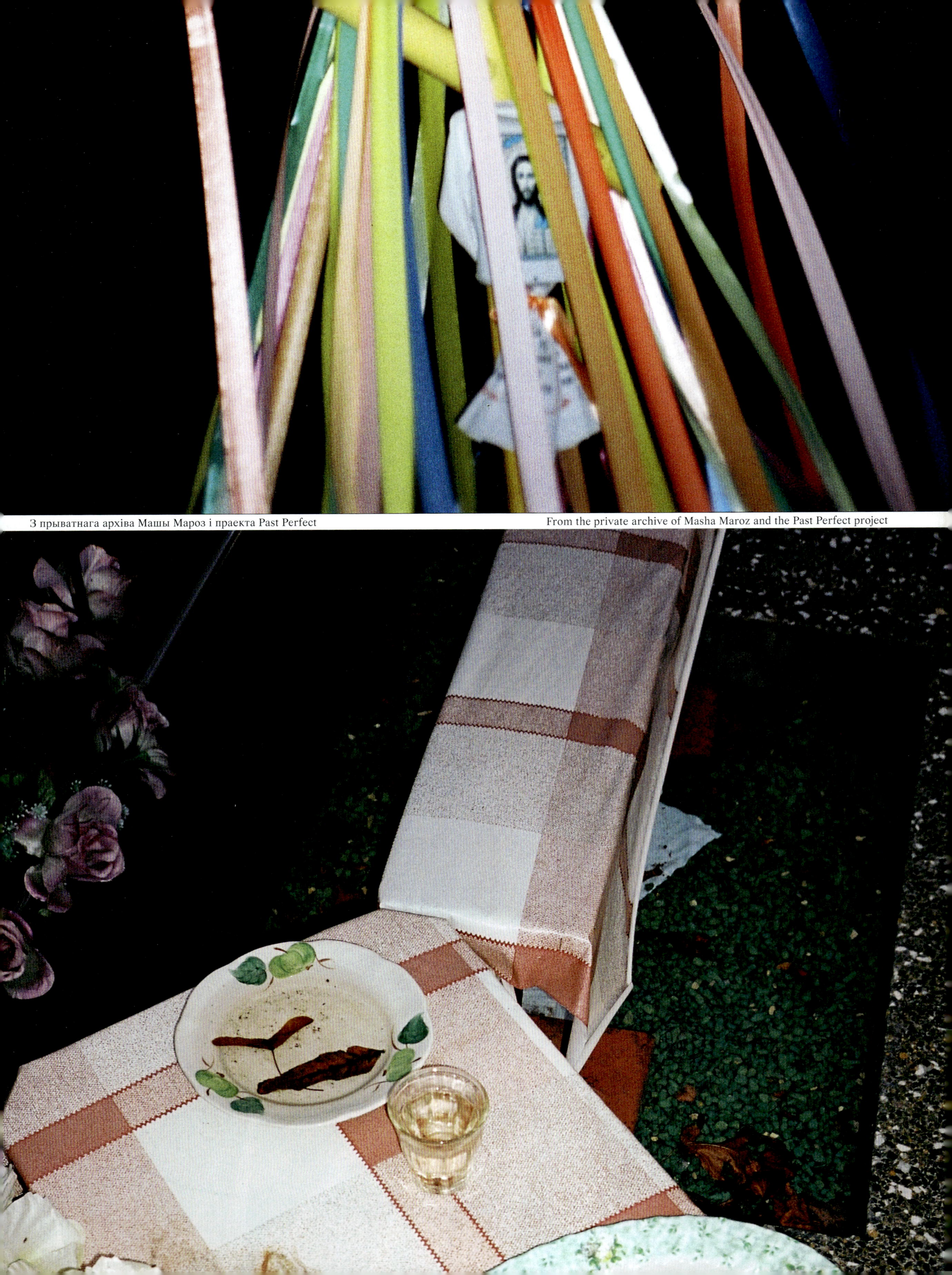

З прыватнага архіва Машы Мароз і праекта Past Perfect

From the private archive of Masha Maroz and the Past Perfect project

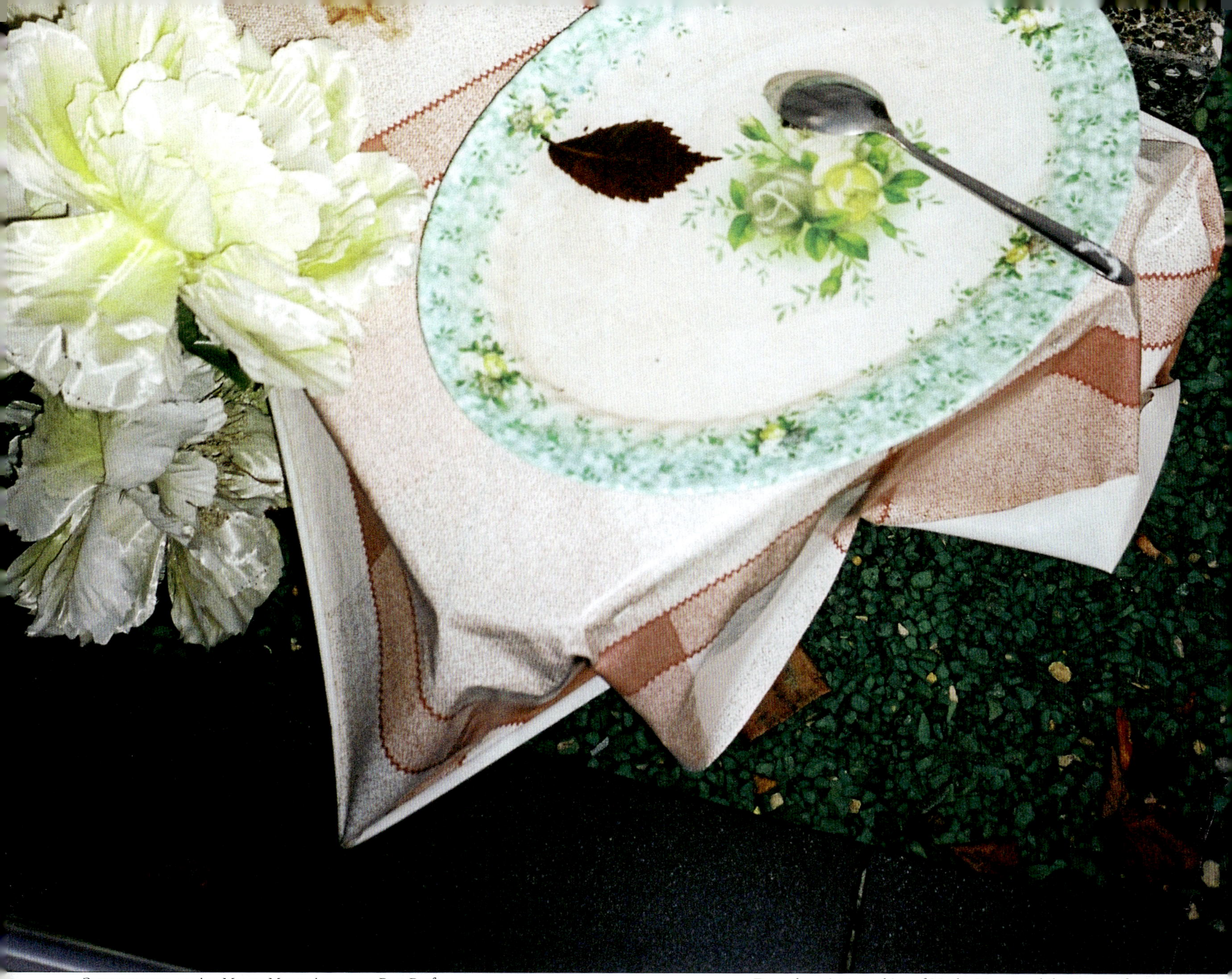

З прыватнага архіва Машы Мароз і праекта Past Perfect

From the private archive of Masha Maroz and the Past Perfect project

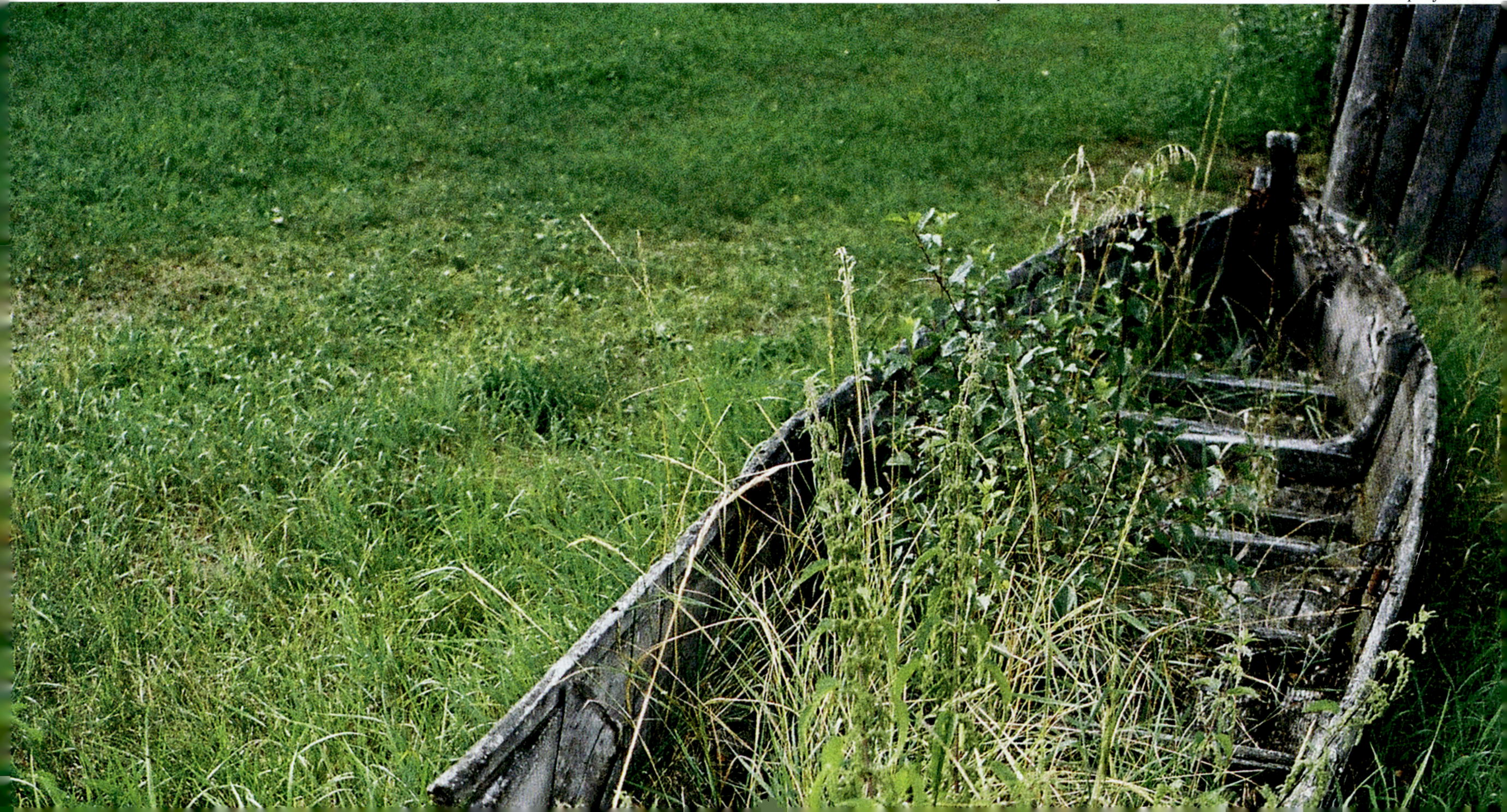

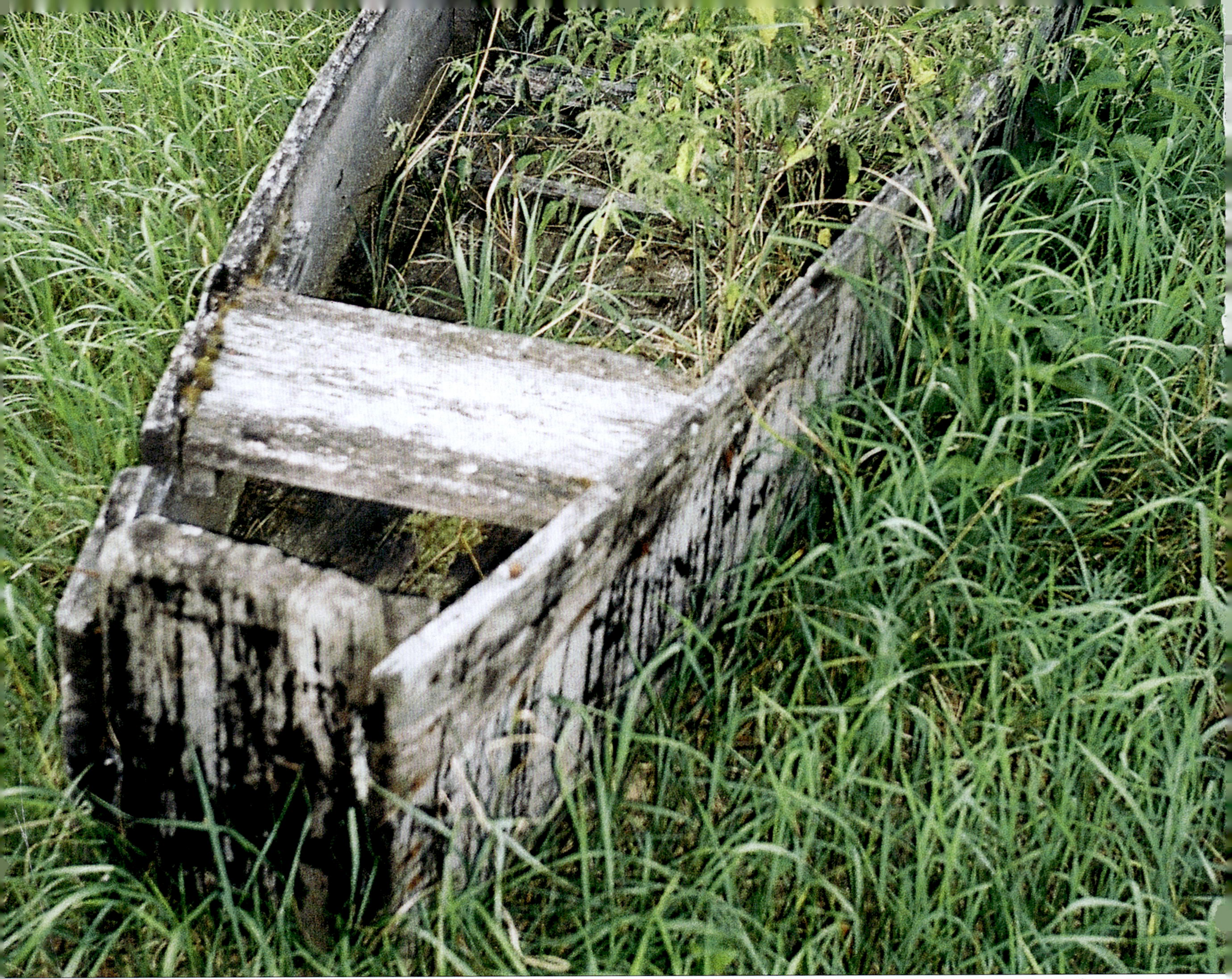

З прыватнага архіва Машы Мароз і праекта Past Perfect

From the private archive of Masha Maroz and the Past Perfect project

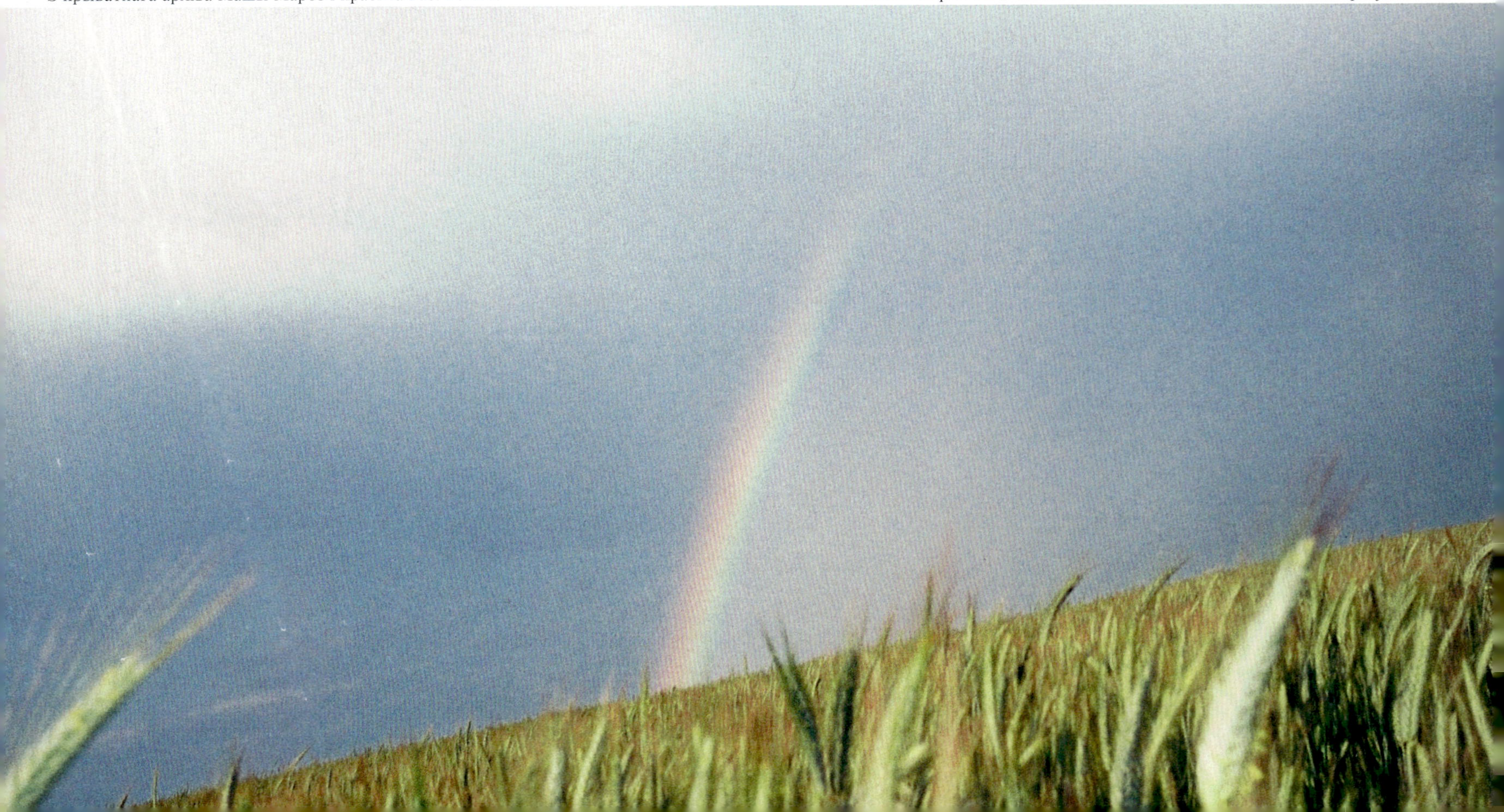

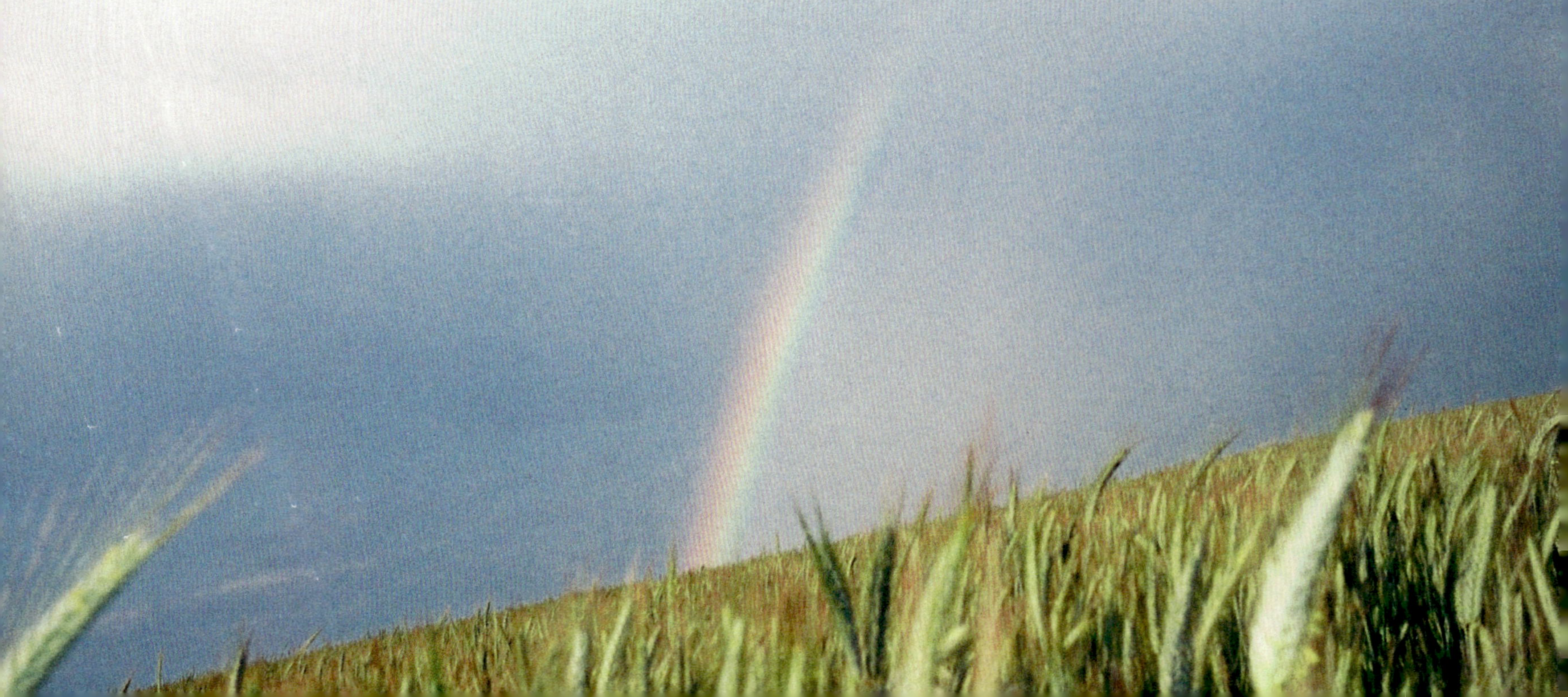

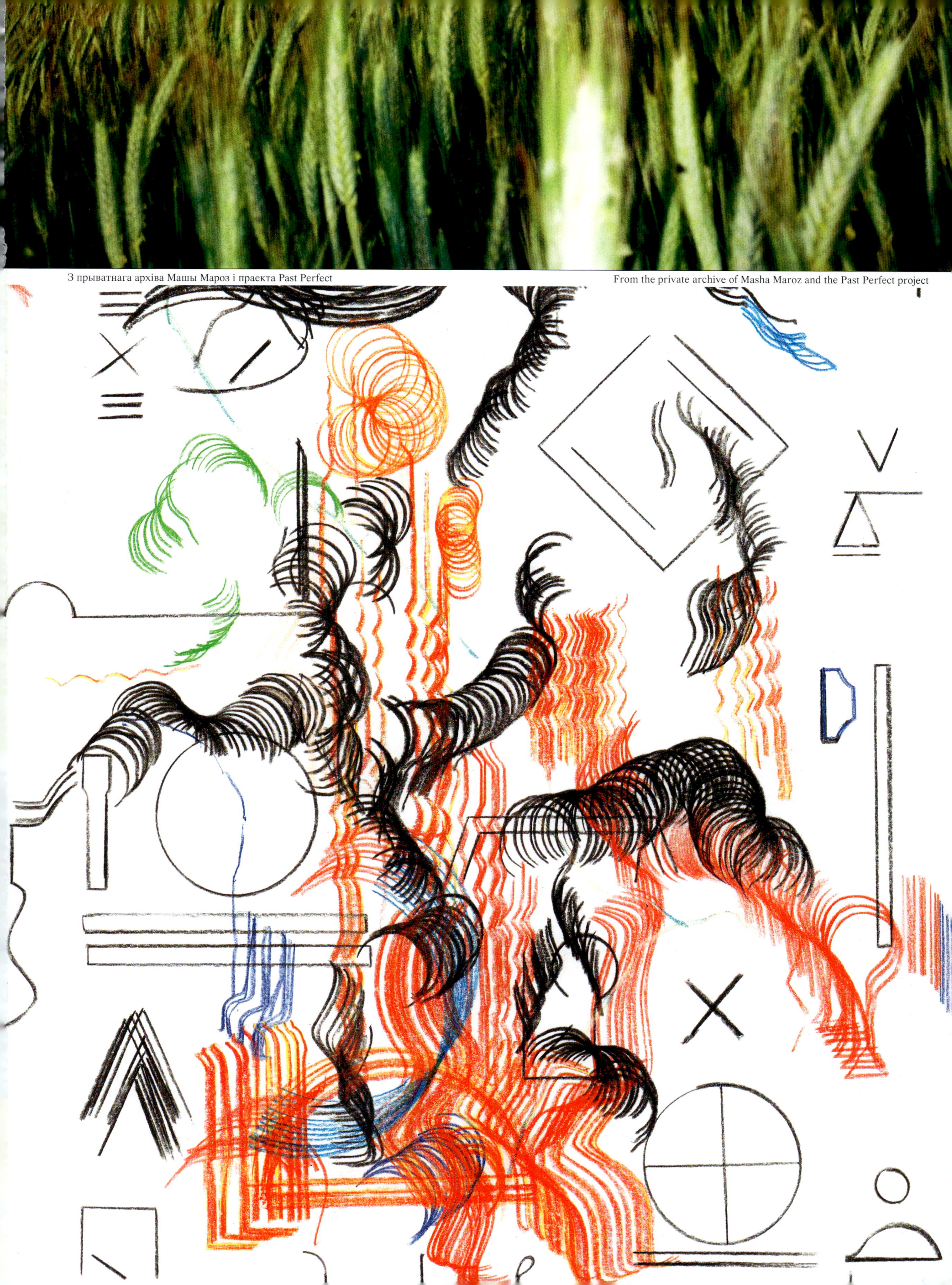

З прыватнага архіва Машы Мароз і праекта Past Perfect

From the private archive of Masha Maroz and the Past Perfect project